Meinem Mann gewidmet

Dank

Mein Mann war mir eine unermüdliche Stütze der Ermutigung. Jahrelang war er geduldig bereit, sich mit dem, was ich schrieb, auseinanderzusetzen und glaubte unerschütterlich an dieses Buch und seinen Sinn. Ich schulde ihm mehr Dank, als ich sagen kann.

Die verbotene Frau

Verena Wermuth

Die verbotene Frau
Meine Jahre mit Scheich Khalid von Dubai

Verlag

3. Auflage 2007

Alle Rechte vorbehalten
Copyright © by
Verena Wermuth und WOA Verlag

Umschlaggestaltung: Suter Bros., Zürich und New Jersey
Umschlagfoto: Marco Serena, Zürich
Styling und Make-up: Michelle Fischer, Zürich und USA
Satz und Lektorat: Adrian Suter, Zürich
Druck und Bindung
Advantage Printpool, Gilching

ISBN 978-3-9522523-8-3
www.woaverlag.ch

Inhalt

Dubai, 1995	9
Wie alles anfing, Torquay 1979	17
Zwischen Himmel und Khalid, 1980-1985	29
Jebel Ali, 1989	65
Mattars Auftritt	82
Harem	88
Die Nacht der Verzweiflung	93
Merryll Lynch Golf-Treffen	102
Die Strasse nach Al Waha	108
Mattars Farm	135
Schwarzer Samstag	161
Erwacht aus Tausendundeiner Nacht	165
Es geschah im Niltal, Dezember 1989	175
Der Al Nasser Clan	200
Weihnachten, 24. Dezember 1989	206
Khalids Geheimnis	226
Telestar I	244
Ramses Hilton	264
Ich, die erste Frau von Scheich Khalid	271
Mama und Khalid	279
Ramadan, Ende April 1990	286
Nachwort	309
Aktuelle Ereignisse, Zürich/Dubai, 2006	311
Worterklärungen	313

Dubai, 1995

Ein feuchtes Gemisch von Meeresluft und Kerosin schlägt uns entgegen, als wir von Bord der Maschine gehen. Ringsum ist alles in tiefes Schwarz getaucht, nur der Terminal leuchtet in der Ferne. «Endlich wieder im geliebten Land», denke ich, und schon fängt mein Herz an zu rasen.

Unterhalb der Gangway wird eine arabische Familie von Leibwächtern mit Limousinen in Empfang genommen. Für einen Moment kommt die Passagierkolonne zum Stillstand. Gebannt sehe ich zu, wie die Meeresbrise sanft über schwarze Schleier streicht und mit den Gewändern spielt. Doch allem Anschein nach bin nur ich empfänglich für die Stimmung, die uns umgibt. Mein Mann Franz bemerkt nüchtern: «Hier riechts nach Kerosin und Weihrauch.»

Als die Triebwerke einer Pakistan Airlines von der Landebahn her aufheulen, nimmt mein Herz nochmals einen Satz. Entnervt versuche ich mir einzureden, dass mich die ganze Vergangenheit kalt lässt. Doch das glaube ich selbst nicht. Einzig die Gewissheit, dass ich inzwischen hochoffiziell verheiratet bin, hilft mir, stolz und aufrecht zu gehen. Aber die Nervosität bleibt.

Als wir die Ankunftshalle betreten, herrscht reger Betrieb. Indische und pakistanische Reiseagenten winken mit Visa und rufen die Namen einreisender Passagiere aus. Wohin mein Blick auch fällt, von allen Seiten rücken Männer in schneeweissen Kandoras in mein Gesichtsfeld. Sie laufen durch die Halle oder beobachten das Geschehen von einem Sitzplatz aus. Mit dem typischen ausdruckslosen Gesicht des Wüstenarabers, versteht sich. Zu viel Augenmerk gehört sich nicht. Bei der Gleichheit ihrer Gewänder und der betörenden Suffra, die für gewöhnlich das Profil verdeckt, ist man nie sicher, wer sich dahinter verbirgt. Die Vorstellung, dass Khalid rein zufällig hier sein könnte, lässt meinen Blutdruck unwillkürlich steigen.

«Was ist eigentlich los mit dir?», will mein Mann wissen. «Du starrst geradezu in den Boden, wirfst ständig dein Haar ins Gesicht und benimmst dich völlig anormal.»

«Wenn er bloss wüsste», denke ich und wünschte, ich könnte ihm erklären, wie mir zumute ist. Ja, dass es wieder da ist. Dieses schreckliche Gefühl, eine Mischung aus Freude und gleichzeitiger Angst, ich könnte entdeckt werden. Oder schlimmer noch: Die Behörden würden mich, auf Geheiss meines Ex-Ehemannes, bei der Passkontrolle festhalten. Wie dem auch sei. Ich kann meinen Mann, dem ohnehin jedes Mal die Nerven durchgehen auf Reisen, doch nicht zusätzlich belasten.

Während wir dem Strom der Einreisenden folgen, bemerke ich zufällig zwei Männer, die sich gestikulierend unterhalten. Einer lacht und wirft dabei den Kopf in meine Richtung. Noch während ich, im Bruchteil einer Sekunde, die fremden Augen streife, sehe ich, wie sich der Mund öffnet und etwas sagen will. Mir stockt der Atem. Sag, dass es nicht wahr ist. Sag, dass es nicht Khalid ist. Tausendmal hab ich mich in die Situation versetzt, und tausendmal konnte ich mir nicht vorstellen, wie wir reagieren würden. Wie vom Blitz getroffen und ohne stehen zu bleiben gehe ich weiter, als hätte ich nichts gesehen. Alles an mir zittert, die Knie, die Hände, jedes einzelne Glied. Am liebsten hätte ich mich fest an meinen Mann geklammert. Doch für einen Hilferuf ist es jetzt zu spät. Franz wäre mit Sicherheit vor den Kopf gestossen und die Ferien – sofern wir hier heil rauskommen – verpfuscht.

Beim Betreten der Rolltreppe schiebe ich mich unauffällig vor meinen Mann. Noch immer pocht mein Herz wie wild. Aus Angst, gar hautnah verfolgt zu werden, wage ich keinen Ton zu sprechen, geschweige denn mich umzusehen. Es ist, als würde Khalids Gegenwart den ganzen Flughafenterminal erfüllen. Oder sind alles bloss Hirngespinste?

Als wir die Passkontrolle hinter uns lassen, bin ich nervlich am Ende.

Was ist es bloss, das mich fast magisch an diesen Ort zurückzieht? Schlägt in mir vielleicht das Herz der Wüste? Bin ich der

Rub Al Khali bereits so nahe gekommen, dass ich hilflos darin gefesselt bin wie in einer unglücklichen Liebe?

«Also wirklich, Verena!», rufe ich mich zum Verstand.

Eines steht dennoch fest; dieses Land zählt zu den beeindruckendsten Flecken dieser Erde. Man kann fast sagen, es symbolisiert das, was sich arabische Beduinen als irdisches Paradies vorstellen. Keine Fata Morgana: Da, wo gestern noch Sand den Boden bedeckte, spiegelt sich heute der Himmel in Teichen und Glaspalästen, bedeckt grüner Rasen die Dünen mit Golfplätzen und entlang der türkisfarbenen Küste konkurriert ein schöner Luxus-Resort den anderen. «Allah u akhbar» – Allah ist gross, tönt es aus der Stadt herüber. Sekunden später fallen aus allen Himmelsrichtungen die Muezzine mit ihrem Sprechgesang ein. Faszinierend die Gegensätze und bewundernswert die Menschen, die trotz der Ölmilliarden und dem Einfluss des Westens ihre Traditionen zu wahren wissen.

Der Flughafen Dubai und die Stadt liegen bereits hinter uns, als am Strassenrand nichts als Wüstensand und riesenhafte Portraits einiger Emire an uns vorbeiziehen. Hin und wieder schiesst, wie aus dem Nichts, eine dunkle Luxuskarosse im Höllentempo an uns vorbei. Franz schüttelt bloss den Kopf. Doch ich weiss; spätestens bei Sonnenaufgang wird auch er begeistert sein von diesem Land.

Nach einigen Kilometern in völliger Dunkelheit erhebt sich plötzlich – wie eine glitzernde Schatztruhe – das «Jebel Ali Hotel» aus dem Sand. Eben staubte noch die Wüste hinter uns, als sich beim Eingangstor eine wahre Oase öffnet. Hohe Pinien, Palmen und Platanen recken ihre Wipfel zum Mond. Fasane laufen über den Weg und in den Baumkronen kreischen exotische Vögel.

«Endlich bin ich in Sicherheit», denke ich.

Als uns der Portier die Zimmertür öffnet, laufe ich direkt zum Balkon. Wehmut ergreift mich beim Blick auf das silberne Meer. In den letzten Jahren hat sich einiges geändert hier. An der Jumeirah Beach sind zwei brandneue Fünfsterne-Hotels entstanden. Doch ich bin mir sicher, dass das «Jebel Ali» mit seinem prachtvollen Palmengarten, der sich bis zum Wasser erstreckt, alles in den Schatten stellt. Und nicht zuletzt hat es Geschichte geschrieben …

An diesem ersten Urlaubstag leuchtet der wolkenlose Himmel in tiefem Blau. Im Schatten der Palmen, sanft von der Sonne berieselt, lausche ich lange und angespannt in die Umgebung. Vom Park her dringt halblautes Gekreische von Fasanen durch. Die Buchseite ist immer dieselbe. Ich kann mich nicht aufs Lesen konzentrieren. Pausenlos tauchen Bilder vom Flughafen vor meinen Augen auf. Ich sehe Khalid, sehe, wie sich der Mund öffnet, sehe mein schockiertes Davonlaufen und schäme mich bodenlos. Am liebsten würde ich laut schreien – wie die Fasane; ich glaube, danach ginge es mir besser.

Während mein Mann in seine Lektüre vertieft ist, werfe ich immer wieder einen Blick über die Buchkante. Der Grasshopper, ein umfunktionierter Golf-Cart mit kühlen Drinks, rollt leise zwischen den Palmen und Liegestühlen heran.

«Schatz, magst du eine Erfrischung?», frage ich.

«Aber klar doch.»

Als Franz an seinem Strohhalm zieht, betrachtet er mich nachdenklich. So, als spüre er die sonderbaren Schwingungen, die von mir ausgehen.

«Woran denkst du, Verena?»

«Ach, an nichts Besonderes. Ich entspanne mich bloss. Ist es nicht paradiesisch hier?»

«Weshalb rutschst du dann ständig ruhelos auf deinem Liegestuhl herum?»

«Ruhelos?», frage ich überrascht.

«Na, einmal ist es die Rücklehne, dann dein CD-Player, wieder die Sonnencreme …»

«Ich bin nun mal eine Frau», erinnere ich ihn, in der Hoffnung, dass er sich mit dieser Erklärung zufrieden gibt.

«Aha, verstehe. Erzähl mir aber zu Hause bloss nicht wieder, du hättest dauernd zu wenig Zeit zum Lesen.»

An dieser Stelle springe ich auf, drücke ihm schleunigst einen dicken Kuss auf die Wange und – vergessen ist die Zankerei.

Ich mache es mir wieder bequem auf der Liege und versuche, mich aufs Lesen zu konzentrieren.

«Wirst du Khalid einmal anrufen», durchbricht es plötzlich die Stille.

Ich werfe einen Blick über die Buchkante.

«Bitte was?», frage ich überrascht.

«Schatz, du weisst, dass ich nicht im Geringsten den Wunsch verspüre, meinen Exmann zu sprechen, noch denke ich daran, ihn zu sehen. Es sei denn natürlich, du möchtest es.»

Obschon ich weiss, wie sehr Franz eine Begegnung mit Khalid widerstrebt, schmunzle ich: «Da müsste ich allerdings ein Treffen in Erwägung ziehen …»

«Verschone mich bitte mit deinen Wüstengeschichten, Verena.»

Täusche ich mich, oder schwingt gar ein Hauch der Bewunderung aus seinen Worten? Franz würde sich solcherlei natürlich nie eingestehen.

Fast zwangsläufig beginnen meine Gedanken um Khalid zu kreisen. Ob ich will oder nicht, das letzte Gespräch mit Mama ist plötzlich allgegenwärtig. Khalid pflegt meine Mutter nämlich ein bis zweimal pro Jahr anzurufen. Meistens geschieht dies um Weihnachten oder um meinen Geburtstag herum. Manchmal auch mitten im Sommer, oder – neulich im Oktober. Mein Mann und ich befanden uns gerade unterhalb des südlichen Wendekreises auf dem sechsundzwanzigsten Breitengrad, als Mama mir die edle Botschaft aus Dubai übermittelte. Genauer gesagt, erreichte mich Khalids grosszügiges Angebot im «Palace of the Lost City» in Südafrika.

Jetzt, wo wir beide verheiratet seien – offiziell, könnte ich doch in seinem Hause vor aller Augen willkommen sein. Im Beisein meines angetrauten Ehemannes, versteht sich.

«Aber Mama», rief ich empört.

Nichts als Trotz und Unmut stiegen in mir hoch, als die Worte durch die Leitung drangen. Khalid musste den Verstand verloren haben. Sollten wir uns etwa unter dem Deckmantel alter Schulfreunde unter die Augen treten? Was gab ihm bloss die Gewissheit, dass ich unser Geheimnis bewahren könnte? Und, wie würde ihn erst die Frage nach unserer Heiratsurkunde in Bedrängnis bringen? Jenes Schriftstück, das er mir unter taktischen Vorwänden weggenommen und nicht wieder zurückgegeben hat.

«Bismillah – in Gottes Namen, ich verspreche es dir, du kriegst eine Kopie davon. Und du darfst mich daran erinnern», hatte er beteuert.

Ich schätze, um eine Familientragödie abzuwenden, musste die Urkunde vernichtet werden. Doch wer weiss, vielleicht ruht unser Geheimnis ja sorgsam in einem Tresor aufbewahrt. Ein streng gehüteter Schatz. Ich wüsste es zu gerne.

Wäre da nicht der Stolz. Mein ungebrochener Stolz, der bislang jeglichen Kontakt verweigert hat. Nie wieder sollte Khalid meine Stimme hören, geschweige denn mich zu Gesicht bekommen. Dies war mein fester Vorsatz über all die Jahre.

Aber kaum liege ich in flirrender Hitze unter Palmen, berauscht von dem sanften Getöse des Arabischen Golfes, scheint alles wie weggeblasen. Ich kann mich dem Blendwerk, wonach mir möglicherweise eine wertvolle Freundschaft entginge, kaum mehr erwehren. Der Gedanke an eine Verbindung zur arabischen Welt, wie sie nur wenigen Menschen des Westens zuteil wird, verlockt mich erst recht.

In meiner Imagination verbringe ich bereits Nachmittage in Khalids Palast. Freilich, im Kreise der Frauen. Ich sehe mich Kindergeschenke verteilen, ausgedehnte Stunden bei Tee und spannenden Gesprächen verleben und, zu einem späteren Zeitpunkt vielleicht, Frauenreisen «East meet's West» arrangieren. Es scheint, als ginge die Fantasie allmählich mit mir durch. Und Franz? Nein, mit ihm würde das kaum gut gehen. Khalid und er sind nun einmal zu verschieden. Für gewöhnlich debattiert Franz stundenlang über Spitzenweine, Parkerpunkte, Birdies und Eagles oder den Gault Millau, während Khalids Gedankengut sich derartiger Wohlstandsgepflogenheiten eher widersetzt.

Einer seiner Sätze war: «Der Verdienst des Wohlstands gebührt allein unseren Vorfahren.»

Nun, ich kann mir demnach nicht vorstellen – aber ja doch! Bestimmt wäre Khalid verblüfft, wenn Franz dessen Küche in Beschlag nähme, die Ärmel hochkrempelte und eigenhändig einen Turkey rupfte und stopfte oder ein Lamm am Spiess präparierte. So ungefähr. Spätestens beim Freitags-Picknick würde mein Mann durch sein gekonntes Feuerentfachen als Stammesbruder der Al Rashids akzeptiert.

Solche sinnlosen Gedanken lasse ich, in der Stille der raschelnden Palmenblätter und neben dem tief schlafenden Franz, an mich heran. Gleich darauf klappe ich das Buch zu und schliesse die Augen.

Das leise, wiederkehrende Rauschen des Meeres, dieses stossweise Gekreische der Fasane, das alles erweckt mit einem Mal heftige Sehnsucht in mir. Plötzlich überkommt mich ein ungeheurer Tatendrang. Es zerreisst mich fast. Doch was es genau ist, kann ich nicht sagen. Wer kennt nicht das Gefühl, wenn man allein im Auto durch die Gegend fährt und im Radio kommt plötzlich ein Song, vielleicht von «Dire Straits» oder jemand anderem, den man besonders mag, und mit einem Mal platzt man fast vor Sehnsucht.

«Woran denkst du wieder, Schatz?», klingt es auf einmal.

Überrascht blicke ich auf.

Scheinbar lag ein versonnenes Lächeln auf meinem Gesicht. Dass mein Mann über die Imagination mit dem Federvieh in Khalids Küche nicht in Begeisterungsstürme ausbricht, versteht sich von selbst. Na ja, es waren doch bloss Fantasien und ich habe sie auch sogleich wieder aus dem Gedächtnis gestrichen. Schliesslich ist das Thema Khalid tabu. Punkt.

«Liebes, es wird Zeit, ich muss zum Tennisplatz.»

«Warte, ich zieh mir was über, ich möchte dich begleiten.»

Als wir Hand in Hand durch den Park schlendern, umgeben von lautem Vogelgekreisch und Pfauen, die ihr Rad schlagen, kommt mir plötzlich die Erleuchtung. Als hätte mich jemand kräftig geschüttelt, wird mir schlagartig bewusst, dass Scheich Khalid und mich ein Geheimnis verbindet.

Etwas, worüber meine Lippen nicht ewig schweigen können. Etwas das schmerzt, das aufrüttelt und manchmal rauschhaft ist.

Wie alles anfing,
Torquay 1979

Torquay, eine wildverträumte Hafenstadt an der Südküste Englands, stand mitten im Sommernieselregen, als Khalid von Arabien Einzug hielt. Der junge Student, dessen Vorfahren als Freiheitskämpfer des einstigen Piratennestes Dschulfa in die Geschichte eingingen, hatte ehrgeizige Zukunftspläne. Zur Vorbereitung seines Studiums in den Vereinigten Staaten von Amerika sollte er zunächst die englische Sprache erlernen. Weiss der Himmel, was ihn zum Fachgebiet Atomphysik bewogen hatte. Ich sollte es wohl nie erfahren. Immerhin gab es in Dubai weder in den achtziger Jahren noch heute die Möglichkeit zu einer beruflichen Karriere als Atomphysiker.

Aber fangen wir damit an – und: «Verzeih mir, Khalid, ich muss dich verraten.»

Die Unterrichtsstunde hatte bereits begonnen, als uns ein verlegenes Lächeln unter der Tür überraschte. Das Wasser perlte noch an den störrischen Locken herunter und es schien, als käme der junge Student geradewegs vom Regen in die Traufe. Die Klasse brach in Gelächter aus. Mister Collins reckte den Kopf und rief: «Good morning, come in. You might be Khalid, aren't you?»

Sichtlich erleichtert, dass er die erste Hürde geschafft hatte, trat Khalid bin Sultan Al Rashid ins Klassenzimmer. Mister Collins bot dem Neuling einen Platz an und forderte ihn auf, sich der Klasse vorzustellen. Dies war nicht Khalids letzte Prüfung, es sollten noch einige folgen. Schliesslich begann ab jetzt der Ernst des Lebens.

«My name is Khalid, I come from the United Arab Emirates.»

Ich warf Laura, meiner Nachbarin, einen fragenden Blick zu. Doch die Spanierin zuckte bloss die Schulter. In Gedanken liess ich die Karte des Nahen Ostens vor meinen Augen kreisen. Aber ich fand keinen Flecken, auf den dieses Land passte. Ölstaaten wie Saudiarabien, Kuwait oder Libyen etwa, waren mir ein Begriff. Schliesslich gelangte ich zu dem Schluss, dass es sich bei den Arabischen Emiraten um einen wirtschaftlich wie politisch unbedeutenden Staat handeln musste. Khalids Erscheinung dagegen hinterliess bereits einen nachhaltigen Eindruck. Oder wäre ich sonst gleich zu Esther gestürzt damit? Seit jenem Montag war die Kollegin in eine höhere Stufe versetzt worden. Sie war die einzige deutsch sprechende Studentin unserer Klasse gewesen. Danach gab es in unserer Gruppe kaum jemanden, mit dem ich hätte Lernstoff pauken oder die Freizeit verbringen können. Die beiden Spanierinnen verband eine enge Freundschaft und Yoko, die Japanerin, reichte mir gerade mal bis zur Brust. Mitunter zählten fünf Jungs, alle von arabischer Herkunft, zu unserem Semester. Gewiss waren sich die Wüstensöhne ein Nebeneinander mit Mädchen nicht gewohnt. Also mahnte ich mich selbst: «Verena, du bist in Torquay, um die Sprache zu lernen – weiter nichts.»

Noch bevor die Pause zu Ende ging, traf mich ein heimlicher Blick durch die Menge und wandte sich schnell wieder ab. Es waren Khalids Augen.

Die anfängliche Zeit des Heimischwerdens war nicht einfach. Strassencafés, in denen man im Sommer draussen sitzen konnte, fehlten hier ganz und gar. Kein Wunder, bei dem ewigen Nieselregen. An den konnte ich mich schon gar nicht gewöhnen.

Die Tage vergingen und wenn Khalids Blick umherschweifte, dann sah er zum Fenster hinaus aufs Fussballfeld oder – verstohlen zu mir. Wenn ich merkte, dass er mich ansah, lächelte ich zurück. Worauf er jedesmal die Augen niederschlug. Trotzdem konnte er die heimlichen Blicke nicht lassen.

Mein aufgeweckter Nachbar zur Rechten, Hamed Altaweed aus Kuwait, hatte angefangen, während des Unterrichts mit mir zu flirten. Tag für Tag bat er mich, ihm englische Vokabeln auf ein Blatt Papier ins Deutsche zu übersetzen. In seiner unbedachten Weise probierte der Kuwaiti, die Wörter sogleich und unüberhörbar auszusprechen. Das musste ihn früher oder später den Platz kosten. Bald veranlasste Mister Collins verärgert, dass Hamed das Feld räumen musste. Ich traute meinen Ohren nicht, als er stattdessen Khalid aufforderte, Hameds Platz einzunehmen. «Ausgerechnet der», dachte ich. Dieser stolze, unergründliche Wüstensohn, der mich neustens mit Nichtbeachtung verschmähte. Dass ihm das Charmieren seiner Kameraden missfiel, insbesondere Hameds, daran hatte ich nicht gedacht. Umso mehr ärgerte ich mich, als mein Herz schneller zu schlagen begann.

Nun sass er also da, fischblütig und unnahbar, der Junge, dessen Urväter einst die territorialen Gewässer vor den Briten verteidigen mussten. Ich war mir sicher, dass es bloss eine Frage der Zeit war, ihn zum Schmelzen zu bringen.

Khalids Äusseres unterschied sich durch hagere Glieder von dem seiner arabischen Mitschüler. Auch sonst war er so ganz anders. In seiner Art wirkte er äusserst ehrgeizig und ernst. Und er war hübsch – wie so manche Menschen aus dem Morgenland. Während Khalids Kameraden uns Mädchen öfters mit Süssigkeiten und Geschenken aller Art verwöhnten, hielt er seinerseits Abstand zum weiblichen Geschlecht. Möglicherweise fehlte ihm auch das nötige Taschengeld dazu. Denn während die Saudis und Kuwaitis oft ganze Nachmittage in Kaufhäusern verbrachten, zog es Khalid ausschliesslich zum Sportplatz. Seine Begeisterung galt dem Fussball, insbesondere dem FC Al Waha, dessen Abzeichen er stolz auf seiner Adidas-Trainerjacke trug. Ich sehe die grünen Streifen auf Weiss noch heute vor Augen. So oft es regnete oder stürmte in Torquay, zur Schule trug er diese Jacke. Eines Nachts auf dem Heimweg legte er sie mir schützend um die Schulter. Doch dies war viel später.

Das Zutrauen zwischen Orient und Okzident – Gott sei's geklagt – wuchs mit jeder Woche. Die Schulleitung hatte so manches dazu beigetragen. Sie organisierte regelmässig Ausflüge, wo wir eine Menge Spass hatten. Khalids dunkle, geheimnisvolle Augen verwandelten sich schon mal in ein vages Lächeln. Was etwas heissen wollte. Denn sonst wirkte er Fremdem gegenüber eher misstrauisch. Oft fragte ich mich, was sich hinter dieser Fassade verbergen mochte. Umsomehr erstaunte mich, wie er von innen her aufleuchtete, wenn er von seinem Zuhause und der Wüste sprach. Selbst wenn er nicht viel verriet. Ausserdem wurde ich in meiner Gastfamilie heimisch. Ich liebte Mrs. Mitchells Dessert-Variationen und ihre Mushrooms. Selbst an die gesalzene Butter und den Regen hatte ich mich inzwischen gewöhnt. Restlos überzeugte mich aber mit Sicherheit jener erste Ausflug ins Nachtleben von Torquay. So wunderbar Gott die dunkelhäutigen Menschen mit Rhythmusgefühl bedachte, so genial musste er die Engländer mit Musikgehör versehen haben.

Einstweilen zeichneten sich Sorgenfalten auf Mrs. Mitchells Stirn ab. Nicht etwa der Musikbegeisterung ihrer Studentin wegen. Nein. Vielmehr war es der Umgang mit arabischen Jungs, der ihr Kopfzerbrechen bereitete. «Welch ein Hohn», dachte ich. Da schreit es von Mekka her, dass wir ungläubige, ungebührliche Menschen seien – und meine Landlady, was sagt sie? Sie predigt mir, dass arabische Studenten ihrer Ausfälligkeiten wegen verpönt seien in Torquay. Die jungen Männer würden den Freiheiten und Verlockungen des Westens nun einmal nicht standhalten. Ihr letzter Student wäre gar Nacht für Nacht angetrunken die Treppe zum Schlafzimmer hochgestolpert.

Der Morgen des ersten Abschieds nahte.

Faisal, ein Bild von Mann, dessen Augen den melancholisch leuchtenden Glanz Omar Sharifs wiederspiegelten, musste England vorzeitig verlassen. Faisal war in unserer Gruppe bekannt und sehr beliebt. Er war unser «Prophet». Nicht etwa, weil er aus Mekka, der heiligsten Stadt des Islams stammte, nein. Er hatte vielmehr die Gabe, gewisse Scheichs, die fernab der Wüste ausser Kontrolle gerieten, zur Besinnung zu bringen. Zudem sprühte er vor Weisheit, Intelligenz und Herzensgüte. Im Stillen schwärmte ich für ihn. Mehr als dies – bei Allah, durfte ich nicht. Soviel wusste ich.

Und doch schmerzte es ein wenig, als Faisal Torquay verliess. Immerhin war es sein Verdienst gewesen, uns Studenten

trotz verschiedener Religionen und Geschlechter auf beispiello-
se Weise zusammenzuführen. Zunächst befürchtete ich, unsere
Clique könnte ohne Faisal keinen Bestand mehr haben. Doch
dann geschah etwas Seltsames. Etwas, das mein späteres Leben
bestimmen sollte.

Als Faisal sich auf dem Schulhof von mir verabschiedete,
winkte er auf einmal seinen Kameraden Khalid herbei. Verwun-
derung zeichnete sich sogleich in dessen Gesicht ab. Schliesslich
löste er sich von der Clique und kam langsam, fast zögernd, auf
uns zu.

«Hör zu, Khalid», sagte Faisal in englischer Sprache: «Ich
möchte, dass du von nun an auf Verena aufpasst. Wo immer ihr
Weg auch hinführt, du sollst sie beschützen und Böses von ihr
fernhalten.»

Damit hatte Khalid nicht gerechnet. Für einen Augenblick
umspielte ein verlegenes Schmunzeln seinen Mund. Doch gleich
darauf rang er ernstlich um Fassung. Ich stand völlig perplex dazwischen und suchte nach Worten. Aber als ich begriff, dass alles
sehr ernst war, blieb mir die Sprache weg. Faisals Sorge hatte
mich im Tiefsten berührt. Er gab mir das Gefühl, etwas Besonderes zu sein.

Von jenem Tag an nahm Khalid die auferlegte Verantwortung
tatsächlich wahr. Und ich liess es geschehen. Zunächst, weil es
Faisals Wille war.

Damals wusste ich noch nicht, dass ein Wort unter Arabern
Ehrensache ist und mehr gilt als jeder schriftliche Vertrag.

Wir fingen an, die Musikszene von Torquay zu entdecken.
Als ich zum ersten Mal ein alkoholisches Getränk bestellte, war
Khalid überrascht und bat mich, den Drink stehen zu lassen.
«Andere Kulturen, andere Sitten», dachte ich und fand das Gan-
ze irgendwie amüsant. Selbstverständlich konnte ich, wenn's
denn sein musste, darauf verzichten.

Da in Arabien bekanntlich längst bevor Töchter und Söhne im heiratsfähigen Alter sind, Ehen arrangiert werden, packte
mich eines Tages die Neugier. Doch zu meinem Ärger lachte

Khalid bloss über meine Frage.

«Ja, natürlich ist jemand vorbestimmt für mich.»

Mit welcher Gelassenheit er die Worte von sich gab, konnte ich kaum fassen. Schliesslich war mir nicht entgangen, dass aus seinem Verhalten längst innige Verliebtheit sprach. Selbst seine arabischen Freunde räumten Khalid eine Sonderstellung ein und respektierten seine Privatsphäre zuweilen. Offen gestanden brachte auch er mich zusehends in Verlegenheit. Seine Aussage nahm ich aber nicht ernst. Zweifellos musste er mich auf die Schippe genommen haben. Khalid schien sich überhaupt immer wieder einen Spass daraus zu machen, so manches im Dunkel stehen zu lassen.

Die meiste Zeit neckten und ärgerten wir uns ohnehin. Andererseits konnten wir, oft ohne Anlass, ganz ernst werden. In solchen Momenten fühlte ich, wie eine tiefe Sehnsucht in uns brannte, eine Art geheimnisvolle Seelenverwandtschaft, die uns verband.

Je mehr Zeit verging, desto weniger konnte ich Khalid in die Augen sehen. Auf unseren nächtlichen Nachhausegängen war es am schwierigsten. Das Haus der Mitchells lag oberhalb des Stadtzentrums, an einem steilen Hang. Wenn sich beim Bergaufgehen unsere Arme streiften oder eine Schulter die andere berührte, durchfuhr es mich wie ein Schauer. Hinzu kam, dass Khalids Stimme vor unterdrückter Erregung geradezu bebte. Ich wagte dann nicht mehr, ihn auch nur für eine Sekunde anzusehen. Wir wären einander in die Arme gestürzt.

Doch gerade davor hatte ich ungeheuren Respekt. In meinem Kopf drehte sich plötzlich alles um die fremde Kultur. Um muslimische Bräuche und Wertvorstellungen, insbesondere um die Sittlichkeit. Ich wollte nichts verderben. Doch eines Tages geschah es doch, bei einem Reitausflug – da hatte ich wohl für einen Moment den Kopf verloren.

«Was du nicht alles wissen willst», amüsierte sich Khalid stets, wenn ich mir ein Bild von seinem Zuhause und seiner Herkunft machen wollte. Trotz aller Anstrengungen erfuhr ich nie das, was mich interessierte. Schliesslich hing mein Verhalten von dem ab, was ich zu wissen glaubte. Und dies war leider eher bescheiden. Wie so manche Europäer hatte auch ich ein verfälschtes Bild über die Menschen der arabischen Halbinsel. Dies war mit ein Grund, weshalb ich mich oft versucht fühlte, Khalid gewisse Dinge «anders» vor Augen zu führen. Dass Frauen der ganzen Welt sowohl denkfähig und gebildet sein konnten, als auch imstande, Pferde zu stehlen wie mit einem guten Freund. So ungefähr.

Wie töricht von mir. In der Folge war ich genötigt, mich als nicht gerade sportliche Ikone auf waghalsige Dinge wie «horseback-riding» einzulassen.

An besagtem Tag fiel wieder Nieselregen und ich hoffte, dem Reiten zu entgehen. Vergeblich. Khalid schleppte mich trotzdem zu den Reitställen. Er versprach, dafür zu sorgen, dass ich ein gehorsames Tier bekommen würde. Tatsächlich ging alles glatt, bis zu dem Moment, wo Khalid, am Rande eines rauschenden Baches, die Zügel anzog und meinte: «Verena, ich werde jetzt diesen Hügel hinauf galoppieren, du kannst hier warten.»

Was dann passierte ahnte ich gleich. Mein Pferd stürmte blindlings hinter dem andern Mistvieh her. Vor Schreck verlor ich beinahe die Besinnung, als mir der rettende Gedanke kam, die Zügel straffer zu ziehen. Doch zu spät. Ich hing bereits neben den Steigbügeln und sowie der Gaul stillstand, kippte ich ins nasse Gras. Selten zuvor hatte ich derart schnell auf den Füssen gestanden. Ich sah mich blitzschnell um, um sicherzugehen, dass Khalid die Blamage nicht mitbekommen hatte.

«Good boy, good boy», tätschelte ich das Tier, als Khalid mit Schalk in den Augen herbeigeritten kam. Er sprang sofort ab.

«Schon gut, sag nichts», zischte ich. «Jedermann weiss schliesslich, dass Pferde unweigerlich hintereinander herrennen.»

Khalids Mundwinkel zuckten, er konnte sich ein Grinsen kaum verkneifen.

«Das ist nicht wahr, Verena», platze es aus ihm heraus vor Lachen.

Ohne zu denken fasste er mich bei der Schulter: «Ist alles

okay, tut dir nichts weh?»

Der Druck seiner Hand fühlte sich überraschend angenehm und warm an. Dabei bemerkte ich, wie Khalids Augen seltsam glühten. So sehr, dass es mir durch Mark und Bein ging. Und eh ich begriff, zog er mich mit heftiger Bewegung an sich und küsste mich. Das Herz schlug mir bis zum Hals. Mir wurde schwarz und alles in mir drehte sich. «Mein Gott, wie innig und unwiderstehlich er küsst», dachte ich. Doch dann bekam ich Panik. Und als ich mich rasch von ihm löste, spürte ich, wie mir Schamröte ins Gesicht stieg.

An jenem Tag hatte ich mich gehenlassen und ich genierte mich dafür. Khalid konnte kaum älter als siebzehn sein. Er musste demnach mindestens fünf Jahre jünger sein als ich. Wie konnte ich so was bloss zulassen?

Am darauffolgenden Tag wusste ich, dass ich mich unsterblich verliebt hatte. Das spürte ich, weil der Gedanke, dass Khalid vielleicht tatsächlich jemandem versprochen war, auf einmal schmerzte.

Der Abschluss unseres Studiums rückte näher. Seit wir wussten, dass die Tage gezählt waren, der Abschied vor der Tür stand, war unsere Leichtigkeit wie weggeblasen. Fassungslos standen wir dem gegenüber, was sich in unseren Herzen zugetragen hatte. Letztlich waren wir nicht erhaben, unser Leben selbst in die Hand zu nehmen. Noch bestimmten dies die Familienoberhäupter, zumal es der Islam so verlangte.

Mrs. Mitchell fühlte, was sich in meinem Innern abspielte und war recht hilflos. Meine Abreise von Torquay machte sie ohnehin betroffen. Immerhin verbrachten wir drei Monate gemeinsam beim Abendtisch. Zunächst auf Tuchfühlung und dann, dann mochte man den anderen nicht mehr missen. So ist das Leben der Landladys (und das der Studenten). Ich denke, im Herzen von Mrs. Mitchell habe ich ausserdem ein kleines Wunder bewirkt. Im Verlauf unserer letzten Studienwoche hiess sie mich, Khalid offiziell zu uns an den Abendtisch einzuladen. Ein winziges Zugeständnis von ganz besonderem Wert.

Die Dunkelheit sank herab und es war trocken an diesem Abend. Der Taxifahrer sprang heraus, packte geschäftig meinen Koffer. Mrs. Mitchell kullerte eine Träne über die Wange. Ich hatte befürchtet, dass es so kommen würde. Der alte Mitchell stand unbeholfen daneben und Khalid tappte, peinlich berührt, von einem Fuss auf den anderen. Ich rang um Fassung, wie so oft, wenns brenzlig wird. Weinen würde ich noch genug müssen. Als unser Taxi Richtung Bahnhof anrollte, rief Mrs. Mitchell mit einem lächelnden Auge durchs Fenster: «Verena, ich wünsche dir, dass du einmal den allerbesten Mann dieser Welt kriegst – lass uns wissen, wenn du heiratest.»

Irgendwann lehnte sich mein Kopf wie von selbst an Khalids Schulter. Ich schloss die Augen und wünschte, die Zeit würde stehenbleiben, die Reise nie enden.

Am nächsten Tag in der Frühe hatten wir London erreicht. Schrille Lautsprecher, Tuten und wogender Lärm auf dem Bahnsteig holten uns jäh auf den Boden der Realität zurück. Nun galt es, ein Taxi zu finden, das uns zum Flughafen brachte. Jener letzte Pfad, das bittere Ende. Ich war daher nicht bereit, einen Finger zu rühren, um dorthin zu gelangen. Als hätte das Unvermeidliche verhindert, mein Streik etwas an dem Schicksal geändert.

Verblüffenderweise liess Khalids Not ihn von einem Augenblick zum anderen zum Manne heranreifen. Ich staunte, wie er mich gewissermassen bei der Hand nahm und wie gefestigt er die schwierige Situation meisterte. Mein Flug nach Zürich ging um neun, während Khalids Maschine nach Dubai zirka eine Stunde später abheben sollte. Obwohl unsere Abflugterminals weit voneinander entfernt lagen, wich Khalid nicht von meiner Seite, bis das Gepäck eingecheckt war. Womit ich mich endgültig am Rand einer Nervenkrise befand.

«So, das wars jetzt», dachte ich verzweifelt. «In etwa fünf

Minuten siehst du diesen Menschen nie wieder.»

Khalid machte hingegen den Eindruck, als würde er noch immer stoische Ruhe bewahren. Statt dass er sich nun endgültig von mir verabschiedete, hiess er mich, neben der Passkontrolle zu warten. Und ehe ich begriff, was er vorhatte, verschwand er mit seinem Koffer im Menschenstrom.

An jenem September 1979 herrschte Hochbetrieb im Flughafen. Endlose Schlangen reihten sich vor den Check-in-Schaltern. Die Zeit des Wartens, der Ungewissheit, wurde zur Tortur für mich. Was, wenn er es nicht rechtzeitig schaffte? Was, wenn mir eine letzte Umarmung für immer entgehen würde? Gesetzt den Fall, mir blieben von nun an nur noch die erhofften Briefe und ein paar Erinnerungsfotos. Nicht auszudenken. Je mehr Zeit verstrich, desto verzweifelter wurde ich. Und mit einem Mal, nach unendlich langer Wartezeit, dämmerte es mir.

«Das wars jetzt», ich würde Khalid nie wieder sehen. Bestimmt war ihm eine letzte Abschiedsszene zu peinlich. Bestimmt hatte er mich irregeführt. Mir wurde übel.

Als das Aufblinken der grünen Boarding-Lämpchen einsetzte, drang es wie schmerzhafte Nadeln in mein Herz. War es das wirklich? Ich konnte und wollte es nicht glauben. Ich sass da wie versteinert. Nicht einmal weinen konnte ich.

Irgendwann musste mich wohl eine Art fremde Macht aus dem Sessel gehoben haben. Denn ich bewegte mich nun, wie mechanisch, in Richtung Passkontrolle. Ausser unsäglicher Leere war nichts mehr da. Nichts als luftleerer Raum und lähmender Schmerz.

«Aber Verena, wie konntest du nur derart zweifeln?», fragte ich mich hinterher. Plötzlich packte mich eine Hand beim Arm. Ich sah auf und glaubte ohnmächtig zu werden. Khalid! Helle Verzweiflung stand in seinem Gesicht. Sein Brustkorb hob und senkte sich aufgeregt.

«Khalid», kam mir bloss über die Lippen.

Fassungslos sah ich in die gehetzten, kummervollen Augen. Einen Moment lang spürte ich, wie er mit sich rang, doch dann schloss er mich, übermannt von Gefühlen, fest in die Arme. Ich wusste nicht, ob ich dem Himmel oder der Hölle näher stand. Ich spürte nur noch, wie etwas heiss in mir aufstieg. Tränen der Erschütterung, des Glücks, alles durcheinander. Dass es Khalid aufgrund seiner islamischen Herkunft nicht leicht fiel, mich in aller Öffentlichkeit an sich zu drücken, konnte ich mir denken. Dafür liebte ich ihn umso mehr.

Auf einmal spürte ich Khalids Tränen an meinem Haar, und wie sie meinen Hals hinunter rannen.

(Du wusstest, dass es für lange sein würde ..., nicht wahr?)

Zwischen Himmel und Khalid,
1980-1985

Nicht einen Moment wollte ich daran glauben, dass mir von jetzt an nur noch die Erinnerung blieb. Ich fieberte darauf, dass die Nacht verging und der Morgen die nächste Postsendung brachte. Am siebten Tag war es endlich soweit. Der Postbote überbrachte den ersehnten Brief aus Dubai.

Aufgelöst vor Freude eilte ich in mein Zimmer und riss den Umschlag auf. Der Adresse nach musste Khalid in einem Vorort von Dubai – genannt Al Waha – leben.

Liebste Verena, vor zwölf Stunden sind wir auseinander gegangen, und seit zwölf Stunden denke ich an nichts als an dich. Den ganzen Tag bin ich ziellos im Haus umher gewandert. Doch jetzt steht der Mond am Himmel und ich weiss, dass du bei mir bist. Ich besinne mich auf unser Versprechen – den Mond. Den hast du hoffentlich nicht vergessen. Das Einzige, worauf sich unsere Blicke zur selben Zeit und mit vereinten Kräften richten können...

Zum Schluss stand, ich liebe dich für immer. Khalids Worte bestärkten meine Gefühle erst recht. Dieses Lebenszeichen hatte mich dem Schicksal bereits ausgeliefert.

Von jenem Tag an trafen die Briefe aus Dubai fast täglich ein. (Jenseits all meiner Träume.) Während mir die Worte nur so aus der Feder sprangen, lauschte ich den versunkenen Klängen arabischer Musik. Es waren auch Erinnerungs-Songs aus England dabei. Khalid hatte sie in Dubai gekauft und für mich eine Kassette bespielt. «I don't like Mondays» von Bob Geldoff, «We don't talk anymore» von Cliff Richard und viele andere Songs. Sie dröhnten nun immerzu aus unserer Stereoanlage. Ausserdem flogen immer wieder kleine Geschenke und Fotos über den Arabischen Golf. Dinge die man sehen, hören oder riechen konnte. Sowohl Mama als auch meine beiden jüngeren Schwestern, die

die Geschichte zu Anfang aufregend fanden, quittierten mein Verhalten zusehends mit Besorgnis.

Der Drang nach einer erneuten Begegnung wuchs allmählich. Ich hoffte fest auf ein Zeichen aus der Wüste. Doch nichts geschah. Jedenfalls nichts Konkretes. Stattdessen nahte schon der Frühling, und mit ihm die alles vernichtende Nachricht. Eine Meldung, die mich in Verzweiflung stürzte.

«USA, Amerika, doppelt so weit entfernt wie Arabien», dröhnte es bloss in meinen Ohren.

Stolz eröffnete mir mein Khalid, dass er für die nächsten sieben Jahre an der «University of Tucson, Arizona», sein Studium in Atomphysik beginnen werde. Und wo blieb ich? Kein Wort darüber, wann und wo wir uns endlich sehen würden. Geschweige denn, dass er mich nach Arizona mitnehmen wollte. Wo blieb die Liebe? Und was sollte er ausserdem einmal, mitten in der Wüste, als Atomphysiker anfangen? Meine Gedanken überschlugen sich ein ums andere Mal. Dass Khalid neue Freundschaften schliessen und ich dabei in Vergessenheit geraten würde, war wohl anzunehmen. Fast beiläufig erwähnte er, sobald er nach Ankunft in Arizona seine neue Adresse wisse, würde er mir schreiben. Welch schwacher Trost. Ich spürte einen schmerzhaften, wütenden Stich. Gleich wie, aber es musste sofort etwas geschehen. Ich musste weg, an irgend einen fernen Ort. Niemals würde ich dem absehbaren Ende tatenlos zusehen können. Zu stark erinnerte hier alles an ihn. Die Stapel von Briefen, Fotos und Kassetten – mein verweintes Kopfkissen, all das tat weh. Ich musste einfach fort, und zwar schnell. Es liesse sich schon was arrangieren.

Und überhaupt; sofern noch ein Funke Liebe da war, müsste mein Weggang von zu Hause Khalid in Unruhe versetzen. Bedeutete es letztlich nicht bangen darum, dass ich ihm entgleiten könnte?

Zugegeben, der Gedanke gefiel mir. In meinem Kopf setzte sich bereits ein Plan fest: Zu den Bekannten meiner Eltern gehörte ein griechischer Geschäftsmann. Mister Leventakis war mit einer Schweizerin verheiratet und besass eine Modeagentur in Zürich. Er reiste daher regelmässig nach Athen, wo er die Textilien produzieren liess. Tatsächlich dauerte es kaum eine Woche, bis ich meinen Plan realisieren konnte. In Windeseile schrieb ich Khalid nach Dubai, dass ich auf dem Weg nach Athen sei. Ich würde ihm meinerseits nach Ankunft meine neue Adresse durchgeben.

In meiner Verletztheit kam mir überhaupt nicht in den Sinn, was es für ihn bedeutete, in den USA zu studieren. Welche Ehre das war. Und, dass es für ihn kaum eine Alternative gegeben hätte, näher bei mir in Europa zu sein – weder vom Fach noch vom Prestige her. Auf jeden Fall tat ich Khalid weh, anstatt ihm zu gratulieren.

Drei Wochen später setzte ich mich blind vertrauend in ein Flugzeug nach Athen.

Zu meiner Sorge hatte ich noch nichts aus Dubai gehört. Langsam lief mir die Zeit davon. Mein Plan sollte doch gelingen, aber die erhoffte Reaktion blieb, wie es nach und nach aussah, völlig aus. Khalid schwieg einfach. Allmählich beunruhigte mich die Sache.

Am Abreisetag blieb der Briefkasten wiederum leer. Zweifel stiegen in mir hoch. Hatte ich möglicherweise den falschen Ton getroffen? Waren meine Sätze vielleicht zu kühl und schneidend formuliert gewesen? Hatte ich etwa, aus purer Verletztheit, innert Minuten mit Worten und Sätzen unsere ganze Liebe – alles zerstört? Zur Umkehr war es nun zu spät. Das Taxi zum Flughafen wartete bereits vor der Haustür.

Inmitten des Athener Verkehrschaos, am Syntagma Square, befand sich das Textilkaufhaus, das mein neuer Arbeitsplatz werden sollte. Der Besitzer, Mister Petropoulos und unser Bekannter, strapazierten meine Geduld bis aufs Äusserste. Bei griechischem Kaffee und Zigaretten plauderten sie Stunden über meine Funktion und mein Salär. Aufgrund der Hitze und dem Rauch war die Luft im Büro zum Schneiden. Am Ende willigte ich kraftlos ein, für ein paar griechische Drachmen, inklusive Unterkunft, den Job als Dekorateurin anzunehmen. Selbst als ich das klägliche Zimmer unterhalb der Akropolis zu Gesicht bekam, legte ich keinen Protest ein. Kurz und gut, ich hatte zum einen die Wahl, mit der nächsten Maschine wieder nach Hause zu fliegen oder – ich wusste es bei Gott nicht.

Mutlos packte ich die Koffer aus. Viel Platz und Helligkeit gab es hier nicht. Ein zur Hälfte abgeriegelter Schrank, ein Tisch mit Stuhl, darüber ein Fenster zum Hof. Ich stellte mich auf den Sessel und erblickte ein paar abgemagerte Katzen, die im Innenhof herumstreunten. Ein Glück, konnte Khalid nicht sehen, was ich seinetwegen auf mich nahm. Nachdem ich die Kleider verstaut hatte, legte ich mich auf das feuchtweiche Bett und starrte an die Decke. Ich war eine Närrin!

Als es eindunkelte, holte mich Mister Leventakis zum Essen ab. Ein Taxi brachte uns in das vornehme Kiffissia, von wo er stammte. Eine ganze Schar von Freunden und Verwandten geleitete uns in eine Taverne. Sein Ansehen im Dorf versetzte Mister Leventakis in beste Laune. Obendrein war er in Begleitung einer jungen, nicht unattraktiven Schweizerin. Wie auch immer. Ich verstand zwar die griechische Sprache noch nicht, war aber durchaus achtsam. Genau genommen machte es den Eindruck, als hätte dieser Grieche es darauf angelegt, den Anschein zu erwecken, als gehörten wir zusammen. Ich empfand das als ziemliche Anmassung. Um dem schnellstens ein Ende zu setzen, fing ich an, eine Migräne vorzutäuschen.

Zu Hause warf ich ärgerlich die Handtasche und hinterher die Kleider auf das Bett. Anschliessend trat ich ins Bad, um mich abzukühlen. Während das Wasser über mich brauste, huschte vor meinen Augen eine dicke Kakerlake über den Fussboden. Von Ekel gepeinigt rannte ich aus der Dusche und warf die Tür hinter mir zu.

Mit dem Einschlafen war es nun endgültig vorbei. Der verdriessliche Abend, die Angst vor Kakerlaken und Khalids Gleichgültigkeit liessen mich nicht zur Ruhe kommen.

Die erste Zeit bei Mister Petropoulos war eine einzige Konfusion. Keiner der Firma verstand, weshalb die Schweizerin morgens so geschäftig tat. Erst würde doch, bitte sehr, in aller Ruhe Kaffee gekocht, ein paar Zigaretten geraucht und von zu Hause geplaudert. Die griechische Lebensweise war tatsächlich gewöhnungsbedürftig.

Nachmittags blieben die Geschäfte geschlossen. Da es für mich ungewohnt war, während des Tages zu schlafen, irrte ich oft Stunden durch die Strassen Athens. Ich kletterte zur Akropolis hinauf oder setzte mich in den Bus nach Piräus. Die Stille des kleinen, alten Hafens Turkolimano nahm mich immer wieder gefangen. Hier konnte ich bei einem Teller Tintenfische ungestört träumen und den Gedanken nachhängen.

Doch schon nach kurzer Zeit zwangen mich Hitze und Smog, den Tagesrhythmus umzustellen. Ich musste lernen, mich während der Nachmittagsstunden hinzulegen.

Es war nicht das erste Mal, dass ich im Treppenhaus einer gewissen Hausbewohnerin begegnete. Die alte, runzlige Griechin keifte jedesmal grimmig vor sich hin, wenn sie mich sah. Diesmal hockte sie draussen vor dem Haus. Ich grüsste wie immer freundlich mit «Jassu».

In dem Moment schoss sie auf, kreischte und gestikulierte wie wild herum – sie erinnerte mich an eine aufgescheuchte Krähe. Jetzt war ich mir sicher, dass ich unerwünscht war in diesem Haus. Doch weshalb bloss, fragte ich mich. Verstört eilte ich die Treppe hinunter zu meinem Zimmer, schloss die Tür auf und stellte mit Entsetzen fest, dass ein Mann in meinem Bett lag.

Bei genauerem Hinsehen erkannte ich den schlafenden Mister Petropoulos. Was um Gottes Willen tat er in meinem Zimmer!

«Wie sind Sie hier rein gekommen?», rief ich fassungslos, «woher haben sie einen Schlüssel? Was tun Sie hier überhaupt?»

Der Grieche setzte sich langsam auf, lächelte mich ungeniert an und sagte bloss: «Wozu die Aufregung, Miss, dies ist mein Mittagsschlafzimmer.»

«Ihr was? Hab ich mich bitte verhört?»

Während meine Gedanken wild umherwirbelten, schritt er

auf mich zu und versuchte mich zu umarmen. Wütend stiess ich ihn von mir und drohte, ich würde sofort in die Schweiz anrufen und Mister Leventakis über diese Entgleisung benachrichtigen. Ob ihn dies allerdings beeindruckte, dessen war ich mir nicht sicher. Gleich darauf schlüpfte er in seine Hose und verliess das Zimmer wortlos. Nun war mir klar, weshalb sich die alte Griechin derart ärgerte. Schliesslich wollte sie kein «Bordell» in ihrem Haus. Und sowas musste mir passieren. Mir, der Rechtschaffenen, die sich nie etwas zuschulden kommen liess. Und alles nur, um Khalid ein wenig zu beunruhigen. Mir reichte es.

Ich alarmierte umgehend Mama und erwog gleichzeitig, meine Zelte in Griechenland abzubrechen. Mutter veranlasste, dass Mister Leventakis sofort etwas unternahm. Wenige Tage darauf wurde mir ein hübsches Appartement im Athener Vorort Ano Voula zuteil. Diesmal ohne Hausfriedensstörer, dafür mit direktem Blick aufs Meer. Und vergessen war der Zwischenfall.

Endlich, nach Wochen des Zweifelns und Bangens, traf ein Brief von Khalid ein. Mama hatte ihn mir nachgesandt und Mister Petropoulos liess den Brief ins Atelier bringen. Ich verzog mich kurzerhand zwischen Stoffballen und Kleiderschachteln und riss den Umschlag mit zitternden Fingern auf.

Liebste Verena, wie geht es dir? Bist du schon in Athen? Du musst mir unbedingt deine neue Adresse schreiben. Mir geht es soweit gut, ich teile mein Zimmer mit einem Studenten aus den USA. Die Schule ist sehr streng. Wir erhalten jeden Tag eine Menge Hausaufgaben, sodass mir kaum mehr soviel Zeit bleiben wird wie bisher, Briefe zu schreiben. Es gibt auch einen Fussballclub hier an der University, etc. ...
Also schreib mir bitte bald.
Bis dann.
Dein Khalid.

Die Kleider fingen an, an den Bügeln herumzutanzen, bis alles vor meinen Augen verschwamm. War es das wirklich? Konnten Zeit und Distanz etwas solch Starkes wie Liebe zerstören?

«Entfernung ist nichts, wenn man sich so sehr liebt», schrieb Khalid einmal. Und nun? Nun klangen seine Sätze von heute auf morgen nüchtern. Anstatt der sehnsüchtigen Worte schrieb Khalid mir nun Sachen wie: «Gestern spielten wir Fussball» usw. Wo blieb nur die Hingabe, die Sehnsucht?

Verzweifelt schlich ich durch den Laden ins Schaufenster zurück, wo ich die Arbeit fortsetzte. Warum musste es auch nur derart schmerzen.

«Reiss dich zusammen Verena», mahnte ich mich selbst.

«Du bist in einem Land, in dem die Menschen von früh bis spät lachen. Willst du etwa die Aufmerksamkeit auf dich ziehen? Sollen die Leute merken, weshalb du in Athen bist?»

So kämpfte ich immer wieder gegen aufsteigende Tränen an.

Zu Hause warf ich mich aufs Sofa und ging Khalids Zeilen wieder und wieder durch. Doch ich konnte nichts finden, was mich spüren liess, dass er mich vermisste. Geschweige denn, dass er sich um mich sorgte. Endlich verstand ich, dass alles, woran ich bis dahin geglaubt hatte, nichts anderes war als meine eigenen Vorstellungen und Träume.

Ich legte eine Kassette mit schwermütiger griechischer Musik ein und griff zu einem Blatt Papier.

«Liebster Khalid, es bricht mir das Herz …» – Nein. Das klang zu dramatisch. Ich schrieb und kritzelte die ganze Nacht hindurch, strich Zeilen, zerriss ganze Seiten und fing wieder von vorne an. Bis in die frühen Morgenstunden rang ich um die richtigen Worte. Am nächsten Tag zerknüllte ich den Brief, weil er von gestern war und weil mir das Geschriebene sinnlos vorkam.

Die nächste Zeit lag ich Nacht für Nacht wach. Immer wieder ging ich die alten Briefe aus Dubai durch. Sei es am Turkolimano-Hafen, im Bus oder zu Hause im Bett. Und permanent konnte ich nicht begreifen, wie es soweit kommen musste mit uns.

35

Eines schönen Morgens brachte Mister Petropoulos wieder Post ins Atelier. Darunter ein Brief meiner Freundin Jolanda, in dem sie ihren Besuch ankündigte. Als ich das hörte, regte sich Freude in mir. Allein die Gewissheit, dass ich Jolanda in zwei Wochen sehen würde, liess mich plötzlich Kraft schöpfen. Soviel Kraft, dass ich es fertig brachte, am Abend an den Tisch zu sitzen und Khalid ohne grosse Emotionen zurückzuschreiben. Na, so ganz ohne nun auch nicht. Um es ehrlich zu sagen; ich hatte ihm wehgetan. Doch es war das Einzige, was mir half zu überleben. Ich musste Khalid verletzen und zwar mehr, als ich es selbst war.

Am Tag bevor Jolanda eintraf, hatte ich im Atelier nur noch einige Aufräumarbeiten zu erledigen. Die Schaufenster waren längst fixfertig und neu gestaltet. Mister Petropoulos hatte mir für den bevorstehenden Besuch anstandslos einige freie Tage gewährt. Schliesslich warf ich einen letzten Blick in sein Büro, um mich zu verabschieden.

«Ach», meinte er fast beiläufig, «da ist noch Post aus den USA für Sie.»

Ich nahm den Brief, steckte ihn in die Handtasche und machte kehrt auf dem Absatz. Den ganzen Weg zur Bushaltestelle klopfte mein Herz wie wild. Am liebsten hätte ich den Brief auf der Stelle aufgerissen, doch der Bus nach Ano Voula stand abfahrbereit. Ich sprang hinein und zwängte mich zwischen die Fahrgäste. Es dauerte eine Dreiviertelstunde, bis die Leute nach und nach ausstiegen. Schliesslich war ich fast allein, als ich in die Tasche griff und den Umschlag herausholte.

Beim Lesen huschte plötzlich ein stilles Lächeln über mein Gesicht. Ich sah auf und schüttelte verwundert den Kopf. Der Chauffeur zwinkerte schäkernd durch den Rückspiegel. Ich las den Satz noch einmal. Khalids kummervoller Ton, mit dem er mich ermahnte, seinen vorhergehenden Brief zu beantworten, gab mir einen kleinen Freudenstich ins Herz. Zwar tat es gut zu wissen, dass Khalid mich auf gewisse Weise vermisste. Doch allzu euphorisch klang der Brief auch nicht gerade. Schliesslich kam ihm nicht in den Sinn, mich zu fragen, ob ich nicht lieber nach Arizona kommen möchte. Ja, weshalb schrieb er nicht einfach, ich solle zu ihm kommen? Er halte es nicht länger aus ohne mich. Die Sehnsucht treibe ihn in den Wahnsinn, und und und. Aber nein, nichts von all dem.

Ano Voula war die Endstation der Buslinie 72 von Athen. Ich stieg aus und dachte: «Er hat ja inzwischen Post erhalten von mir. Also kann ich mir ruhig Zeit lassen mit der Antwort.»

Am nächsten Tag, nachdem Jolanda in Athen gelandet war, schmiedeten wir sogleich Pläne. Wir kauften zwei Fahrkarten nach Mykonos, packten schnell ein paar Sachen ein, und ab gings zum Hafen von Piräus.

Mässiger Nordwind begleitete die Fähre beim Auslaufen aus dem Hafen. Das Meer und der Himmel leuchteten tiefblau. Doch zwischen den Kykladen-Inseln wurde die See dermassen rau, dass der alte Kahn während Stunden in prekärer Seitenlage dahinschlitterte. Die Möglichkeit, mit einem Officer zu reden, hätte unsere Angst vielleicht verringert. Umso grösser die Besorgnis, als wir bemerkten, dass alle Decks und Türen klammheimlich verriegelt worden waren. Es herrschte unheimliche Stille und Entsetzen an Deck. Jeder suchte in den Augen des andern zu lesen, wie weit die Angstzustände begründet waren. Jolanda kritzelte, um sich abzulenken, unentwegt in ihr Tagebuch – soweit das noch möglich war. Bald benötigte auch sie beide Hände, um sich an den Gitterstäben festzuklammern. Wir wären sonst über Bord gegangen, dermassen schief lag der Kahn.

Endlich – Mykonos in Sicht. Wie trunken gingen wir durch die schneeweissen, windgeschützten Gassen, die sich, einem Labyrinth gleich, um tausend Ecken herum kreuzten. Zwischen kalkweissen Häusern mit blauen Läden ragten immer wieder weisse Kirchlein hervor. Einige Boutiquebesitzer waren gerade dabei, flippige Klamotten in schillernden Farben an Hausmauern und Türen aufzuhängen. Griechische Adonisse in knappen Jeans und enganliegenden Shirts drapierten Kissen vor den Bars. Mykonos war im Begriff zu erwachen. Strandnixen und Muskelmänner im Badeoutfit strömten urplötzlich ins Dorf hinein. Auf ein Mal sahen wir zwischen den Häusern hindurch tintenblau das Meer aufleuchten. Von irgendwoher verzauberten uns die versunkenen Klänge Neil Diamonds.

«America, America, they're coming to America», klang es immer lauter durch die Gasse.

Mir lief es kalt den Rücken hinab. Weshalb bloss war ich nicht in Amerika? In Arizona – bei Khalid. Ein graumelierter Mann mit Salvador Dali Oberlippenbart schien zu beobachten, wie wir, fasziniert von der Idylle, dastanden und staunten. Ein Blick zur Tafel über dem Eingang entlockte uns ein Schmunzeln: «The Dreammaker». Es passte ja alles. Zahlreiche Bilder mit den Wahrzeichen von Mykonos, der Paraportiani-Kirche und den Windmühlen, schmückten den Innenraum. Dazwischen hingen zu Bildern gerahmte Gedichte. Es herrschte eine Ruhe und ein Frieden, wie er der Seele gut tat.

Draussen lockten uns die Klänge Neil Diamonds geradewegs zu einer Taverne am Wasser. Wacklige, kleine Holztischchen standen noch leer, als wir uns hinsetzten. Ein Grieche mit zerfurchtem Gesicht und kräftigem Oberlippenbart entfachte den Grill. Er schnappte sich einen Octopus von der Hängeleine, um ihn sogleich aufs Feuer zu werfen. Zwischendurch lächelte er uns zu und murmelte etwas auf Griechisch. Er hatte es nicht eilig. Hinter uns knisterte und zischte das Feuer. Das Rauschen der Ägäis, der Geruch von gebratenem Tintenfisch und die immer mächtigere Sonne, die sich gelborange färbte, erfüllte uns vollends. Zeitweise hielten wir uns am Tischchen fest und lachten, weil unsere Stühle schaukelten – seekrank nennt sich sowas.

Zu unserer Verblüffung stand plötzlich ein Teller Octopus-Häppchen und zwei Gläser Ouzo auf dem Tisch. Schmunzelnd eilte der Grieche zum Feuer zurück. Es schien, als wären wir aufgenommen. Unterdessen tauchten ein paar Fischer auf. Doch wo waren all die Touristen geblieben? Hatten wir uns etwa in eine Einheimischen-Taverne verirrt? Schon wieder wurden Plättchen aufgetischt, bevor wir je dazu kamen, eine Bestellung aufzugeben.

Der forscheste der Männer rückte seinen Stuhl zu uns und zeigte, wie man die frittierten Fischchen ass. Er presste dazu den

Saft einer Zitrone aus, streute kräftig Salz darüber und steckte eine Handvoll samt Kopf und Flossen in den Mund. Wir kicherten aufgeregt. Er war ein muskulöser, gutaussehender Bursche – ebenfalls mit kräftigem Oberlippenbart. Seine ausgeleierte Kapitänsmütze zog er einmal tief ins Gesicht, um sie dann sogleich wieder stolz auf die Stirn zu schieben.

Untedessen war die Sonne im Meer versunken und die Gedanken an Khalid mit ihr. Unser Tisch wurde angebaut, Stühle rückten zusammen, bis wir uns am Ende inmitten einer Runde von Fischern fanden. Pausenlos landeten neue Plättchen auf dem Tisch. Tsatsiki, Feta, Pommes und Seeigel. Erstaunt sahen wir zu, wie der Forsche einen Seeigel samt Stacheln in die Hand legte und mit dem Messer entzweischlug. Die schlüpfrige, orangefarbene Masse schmeckte ungefähr wie ein Schluck Meerwasser. Doch die Stimmung überwog einfach alles.

Als wir uns zu vorgerückter Stunde auf den Weg zu unserer Pension machten, dröhnte und trommelte es in den Gassen dorfeinwärts. Vor jeder Bar fanden sich Ansammlungen bunter, singender und tanzender Menschen. Ein jeder setzte sich in Szene und versuchte das Outfit des anderen zu übertreffen. Menschen in silbernen Marskostümen mit Antennen auf dem Kopf pulsierten durch die Menge. Am liebsten hätte ich mich unsichtbar gemacht. Derart peinlich war mir die einfache Kleidung, die wir am Leib trugen. Jolanda fühlte sich nicht angesprochen. Sie zerrte mich kurzerhand ins legendäre «Pierro's». Dort tanzten die Menschen gar auf Tischen, während auf der Bartheke Carlito, ein als Frau verkleideter Puertoricaner, seine Playback-Show abzog. Das Publikum, meist Männer, heizte die Show lautstark an. Egal ob Mann oder Frau, alles rang und schlug sich um den hinreissenden, kleinen Carlito.

Noch in derselben Nacht war Jolanda ans andere Ende der Insel gezogen. Beleidigt eilte ich am nächsten Morgen zum Olympic Airways Büro.

«Tut mir leid, aber die Flüge nach Athen sind allesamt ausgebucht», meinte die Schalterdame gleichgültig. Ich solle morgen wieder vorbeischauen.

Doch «morgen» gab's wieder keinen Platz, am nächsten Tag herrschte zu starker Wind zum Starten und Landen, und am darauffolgenden Tag hatte ich mich an die Marsmenschen gewöhnt.

In den kommenden Monaten wurde ich spürbar ruhiger. Ich konnte Khalid wochenlang mit meinen Antwortbriefen warten lassen. Nicht dass ich ihn vergessen hätte. Nein. Aber irgendwann hörte der Schmerz auf, mich zu begleiten. Er blieb zurück wie ein Hafen zurückbleibt, wenn das Schiff ausläuft.

Dann ging der Sommer zu Ende und die Tage begannen kürzer zu werden. Die Athener zogen bereits Stiefel und warme Mäntel an. Im Bus unterhielten sie sich laut und lachten über vorbeiziehende Touristen in Badeanzügen. Auch ich lachte mit.

Als schliesslich der Winter Einzug hielt in Athen, sehnte ich mich plötzlich nach verschneiten Bergen, nach meiner Familie und Lebkuchen. Und – ich verspürte Lust auf einen Neuanfang. Ein Leben voller Tatendrang und Dynamik. Sehnsucht und Träumerei waren endlich vorbei. Kummer und Schmerz ausgestanden. Khalids Briefe hatten ihre Wirkung endgültig verloren. Die Zeitspanne meiner Antworten fiel immer länger aus. Zuletzt schrieb ich überhaupt nicht mehr.

Doch just in dem Augenblick, als ich alles hinter mir gelassen glaubte und voll neuer Energie steckte, geschah das Unfassbare. Khalid reagierte. Er stand einfach vor meiner Haustür.

Doch dies geschah drei Monate später, im März 1981.

Eine Woche vor Weihnachten verliess ich Griechenland so ungeplant und überraschend, wie ich gekommen war.

Draussen regnete es in Strömen an diesem März-Sonntag. Ich hatte gerade mein Frühstück beendet, als das Telefon klingelte. «Das wird Mama sein», dachte ich. Bestimmt ist mal wieder ein Plauderstündchen fällig.

«Hallo?»

«Hi, Verena, hier Khalid.»

Mir sank das Herz. – Grabesstille.

«Sag, wie geht es dir?», klang es lachend daher.

Mein Speichel war wie weg, die Kehle ausgetrocknet, die Zunge gelähmt. Ich war geschockt.

«He, kannst du mich hören?»

«Ja, du … du klingst so nahe», stammelte ich verdattert.

«Was denkst du, wo ich bin?», grinste Khalid amüsiert.

«Keine Ahnung.»

«Ich bin in Zürich.»

Mich traf der Schlag. Als wäre ich direkt unter eine Lawine geraten, drehte und überschlug sich alles vor meinen Augen. Wie konnte er es bloss wagen, so zu tun, als wäre nichts geschehen? Jetzt, wo alles zu spät war. Eineinhalb Jahre lang flogen tausende von Zeilen über das Meer – und nichts passierte. Ich war empört. Und erst diese Stimme! Weshalb klang sie überhaupt so fröhlich? Ja, war er sich denn des Schreckens Ausmass gar nicht bewusst? Was glaubte er eigentlich, wer er sei?

Am liebsten hätte ich in den Hörer geschrien. Ich weiss nicht, was mich zurückhielt. Alles war wohl sinnlos.

«Verena, bitte, sag doch was.»

«Na, ich bin überrascht – was sonst. Schliesslich hatte ich geglaubt, dich niemals wieder zu sehen.»

«Tatsächlich, sowas hast du gedacht?»

Sein Lächeln versiegte auf einmal. So als wäre ihm der Ernst der Lage gerade erst bewusst geworden. Na ja, schliesslich kam man aus der Wüste, da herrschten andere Zeitbegriffe. Da waren eineinhalb Jahre nichts – für mich bedeuteten sie aber eine Ewigkeit.

«Nun gut. Sag, was führt dich so unverhofft nach Zürich? Und, woher kennst du überhaupt meine Nummer?»

Natürlich wusste ich gleich, wer dahinter steckte.

Die Tatsache, dass ich den Briefkontakt abgebrochen hatte, musste Khalid derart in Aufruhr versetzt haben, dass er, kurz vor meiner Rückkehr in die Schweiz, Mutter anrief. Es war das erste Mal, dass er von unserer Nummer Gebrauch machte. Was mich einigermassen überraschte. Wie Mama mir an Weihnachten erzählte, klang Khalid beunruhigt, weil er lange nichts aus Athen gehört hatte. Worauf sie ihm verkündete, dass ich nächstens zurückkehren und mich bestimmt bei ihm melden würde. Ich tat es nicht. Und nun stand er da, mitten in meinen Vorbereitungen. Ich hatte soeben einen neuen Job angetreten und war gerade dabei, mir eine eigene Wohnung einzurichten. Vor ein paar Tagen dachte ich noch: «Endlich kehrt Ruhe in dein Leben ein.» Und nun das!

«Weisst du, Verena, ich bin auf dem Weg von Arizona nach Dubai. Da dachte ich, ich könnte die Reise in Zürich unterbrechen, um dich zu sehen.»

«Aha, verstehe.»

Also wirklich. Bloss keine Gefühle zeigen. Dabei war ich mir sicher, dass Khalids Absicht, mich zu überraschen, ihn einiges an Stolz gekostet hatte. Schliesslich konnte er ja nicht wissen, wie er empfangen würde.

Doch sein Gespür, dass längst alles zu spät war, hatte ihn wohl verlassen. «Welch ein Desaster für uns beide», dachte ich. Mit dieser verzweifelten Blitzaktion löste er nur Chaos auf alle Seiten aus. Meine Gefühle konnten doch nicht plötzlich auf Knopfdruck wieder in die Höhe schnellen. Ich überlegte fieberhaft, was zu tun war. Alles in mir wehrte sich. Doch um es kurz zu machen: Je länger ich seine Stimme hörte, desto mehr brach mein Widerstand zusammen.

Es war klar, dass ich ihn sehen musste. So oder so.

Als ich das kleine, bescheidene Hotel hinter dem Bahnhof sah, bestätigte sich meine Vermutung. Für Khalids Geldbeutel bedeutete dieser Abstecher bestimmt keine Kleinigkeit. Ich war mir fast sicher, dass er sich das Taschengeld dafür hart absparen musste. Was mich wiederum beeindruckte.

Ich fasste mir ein Herz und trat durch die Eingangstür.

An der Rezeption ertönte hinter mir ein «Hello, Verena».

Ich drehte mich um und da stand er. Mit hinreissendem Lächeln, als wäre nichts geschehen. Ohne zu denken umarmte ich ihn sogleich herzlich. Doch Khalid kam mir zuvor und schob mich steif von sich. Ich fühlte mich vor den Kopf gestossen. Wusste er denn nicht, dass diese Art der Begrüssung Sitte war bei uns? Dass sich rein gar nichts dahinter verbarg?

Einen Moment lang stand ich peinlich berührt da und redete völlig orientierungslos im Kreis herum. Khalid setzte dabei den typischen, ausdruckslosen Blick eines Arabers auf, der überlegt und abwägt, bevor er spricht. Man konnte es nicht verleugnen, eine gewisse Entfremdung war deutlich spürbar. Es schmerzte. Doch ich konnte nicht sagen warum. Vielleicht war es der Gedanke daran, dass es nicht soweit hätte kommen müssen. Irgendwie war alles schiefgelaufen. Doch schwor ich mir, den Grund dafür an einem dieser Tage, bei günstiger Gelegenheit, herauszufinden. Einstweilen nahm ich mir vor, Khalid trotz all dem Geschehenen willkommen zu heissen. Ich wollte nichts anderes als mich, stellvertretend für die Schweiz, ein bisschen gastfreundlich zu zeigen.

Also entschied ich, ohne lange zu überlegen, Khalid mein Appartement anzubieten. Womit ihm sein Aufenthalt erst noch finanziell erleichtert würde. Ich erinnere mich sogar, wie es mir leid tat, ihn in einer derart unbehaglichen Unterkunft zu wissen. Ach, was ich mir alles für Sorgen machte. Dabei ahnte ich gar nicht, in welch heikle Lage ich uns bringen würde mit meiner Gastfreundschaft.

Wir luden den schweren Koffer in mein Auto und fuhren zur Altstadt. Es gab um Haaresbreite erste Misstöne, als Khalid sich unbedingt hinter das Steuer meines Wagens setzen wollte. Ich verstand nicht, was so dringlich daran war, wo er doch weder Stadt noch Fahrzeug kannte. Dass es für seine Begriffe anstössig war, sich von einer Frau fahren zu lassen, konnte ich nicht wissen. Schliesslich erklärte er mir ja nie etwas.

Als wir die letzten Meter zum Haus zu Fuss zurücklegten, regnete es immer noch. Ich begriff nicht, warum Khalid es vorzog, nass zu werden, statt sich unter meinen Regenschirm zu stellen. Soweit ich mich erinnerte, waren wir in England Nacht für Nacht eingehakt nach Hause gelaufen – zumindest in unseren letzten Tagen. Khalid hatte mich sogar zwei Mal richtig geküsst. Auf dem Pferdeausritt und später in der Nacht vor unserer Abreise.

Die Stimmung in meinem Appartement war derart beklemmend, dass wir beide schnell wieder raus wollten. So irrten wir Stunden durch die Altstadtgassen, bis es Zeit zum Abendessen wurde. In einem Restaurant nahe am Fluss taute Khalid endlich auf. Er machte Scherze und lachte. Doch irgendwie spürte ich, dass diese Heiterkeit bloss gespielt war. In seinem Innersten musste es brodeln. Dies waren nicht die Augen, die ich kannte. Sämtliche Fragen prallten an ihm ab. «Was du alles wissen willst, Verena», wich er mir stets wieder aus. Diese gespielt lustige Art nach all dem Geschehenen war einfach seltsam. Zu guter Letzt spielte ich mit und versuchte unsere Begegnung von der komischen Seite zu nehmen. Vielleicht brauchte Khalid bloss genügend Zeit, um mir zu sagen, weshalb er hier war. Dass wir später weder die richtige Gelegenheit noch das richtige Wort finden würden, hätte ich nicht für möglich gehalten.

Zu Hause war Khalids Leichtigkeit wie weggeblasen. Ich merkte, dass er sich nicht wohl fühlte in seiner Haut und hätte das so gerne geändert. Aber wie? Allmählich fragte ich mich, ob meine Gastfreundschaft fehl am Platze war. Khalid sass zur Säule erstarrt in einem Sessel, ich hantierte verlegen mit Musikkassetten herum und rauchte nervös. Wir sagten minutenlang kein Wort. Es herrschte eine bedrückende, fast erstickende Atmosphäre. Jegliche Bemühungen um sein Wohlbefinden halfen nichts. Khalid sagte bloss immer, dass alles okay sei und ich mich nicht um ihn zu kümmern brauche. Langsam fühlte ich mich genauso befangen wie er.

Unterdessen weiss ich, dass da wo Khalid herkommt, eine anständige Frau von einem bestimmten Tag an einem Mann nicht mehr in die Augen sieht. Geschweige denn ihn als Gast einlädt.

Ich verstehe deshalb heute noch nicht, warum Khalid die Einladung nicht sofort ausgeschlagen hat. Um unser beider Willen.

Irgendwann schloss ich mich ins Badezimmer ein und schlüpfte in den Pyjama. Ja, sogar Socken zog ich über, um ihn bloss mit keinem Zentimeter Haut zu kompromittieren. Vermutlich hatte sich Khalid im Traum nicht vorgestellt, dass es in einem zivilisierten Land wie der Schweiz Menschen gab, die in einem einzigen Zimmer wohnten. Zumal in der Wüste alles grosszügig und weit anmutete, die Häuser mächtig und weiträumig gebaut waren. «Wie dem auch sei», dachte ich. Morgen würde er sich akklimatisiert haben. Wahrscheinlich brauchte ich mich bloss schlafen zu legen, damit er sich wohler fühlte. Zudem war es spät geworden und ich musste am nächsten Tag zeitig aufstehen.

Bevor ich ins Bett schlüpfte, liess ich Khalid offen, solange ihm beliebe, Musik zu hören. Kaum war ich unter der Decke, erhob er sich. Er machte die Musik leiser und schaltete die Beleuchtung aus. Ich drehte und wälzte mich, doch zum Schlafen war ich zu aufgewühlt. Durch die Augenschlitze beobachtete ich Khalids Gesicht im Kerzenlicht. Er blickte auf seltsame Weise in meine Richtung. Die Zeit verging, ich blinzelte ab und zu, um zu sehen, was er tat. Doch sein Blick war ständig auf dieses Bett gerichtet. Was ging bloss in ihm vor? Langsam wurde mir die Sache unheimlich.

«Khalid, du bist sicher müde. Leg dich hin», murmelte ich, «dieses Bett ist gross genug für drei.»

Keine Antwort.

«Schau, wenn es dir unangenehm ist, leg ich mich auf dem Boden schlafen. Das ist überhaupt kein Problem», beteuerte ich.

«Verena, mach dir keine Sorgen um mich. Es ist alles okay, wie es ist.»

«Aber Khalid, das kann doch nicht sein! Du bist um die halbe Welt gereist, hast sicher einen Jetlag und bist komplett erschöpft.»

«Bitte, schlafe jetzt einfach», klang es energisch.

Ich traute meinen Ohren nicht. Dieser Befehlston fehlte mir noch. Da machte ich mir Sorgen um sein Wohl, gab mir Mühe, damit er sich heimisch fühlte in dem fremden Land. Ärgerlich drehte ich mich um und nahm mir vor, ihn dem Schicksal zu überlassen.

Eine ganze Weile verharrte ich still. Schliesslich riss mir der Geduldsfaden.

«Herrgott, siehst du denn nicht, dass ich so nicht einschlafen kann. Leg dich endlich hin, brauchst ja die Schuhe nicht auszuziehen.»

Ich weiss nicht, wie mir die Worte derart entgleisen konnten. Jemanden seiner Hemmungen wegen zu verletzen lag mir fern. Hemmungen kannte ich ja selbst gut. Doch ich begriff dieses Verhalten einfach nicht. Was lief hier eigentlich? Aus meiner Sicht waren unsere Gefühle schliesslich rein kameradschaftlich – oder etwa nicht? Dass gerade dieser Umstand zu Khalids Verstörtheit führte, konnte ich nicht wissen. Und das Naheliegendste aller Dinge kam mir auch nicht in den Sinn. Wie einfach wäre doch ein Eingeständnis gewesen. So etwa: «Schau, Khalid, uns ist beiden nicht wohl, lass uns dich wieder ins Hotel zurückbringen, und morgen fahren wir in die Berge, okay?»

Khalid löschte wortlos die Kerze aus. Dann legte er sich mitsamt Kleidern und Turnschuhen neben mich. Eine Weile lagen wir stumm da. Ich stellte mich schlafend. Als er sich auf leisen Sohlen davonschlich, dachte ich erst, er ginge zum Bad. Doch ich hörte, wie er anfing extrem laut mit seinem Koffer zu hantieren.

Ich machte das Licht an. «Khalid, was tust du denn da?»

Kein Blick, keine Antwort.

Er kniete vor seinem Koffer und kramte wie ein Irrer darin. Was zum Vorschein kam, war ein ganzes Paket Briefe – meine Briefe. Er trug sie alle bei sich. Mit wütendem Blick schleuderte er sie mir aufs Bett.

«Die brauche ich wohl nicht mehr», waren seine Worte.

Vor den Kopf gestossen sass ich da.

«Aber Khalid …»

Ich spürte einen Stich in der Herzgegend. Und ich merkte, dass ihm ernst war – todernst. Ich versuchte die Tränen, die mir in die Augen schossen, zu verdrängen und stammelte: «Das kannst du doch nicht tun.»

Doch Khalid hatte kein Erbarmen. Stattdessen schimpfte er weiss Gott welche Verwünschungen auf mich, ohne dass ich etwas verstehen konnte. Wie ein wildes Tier ging er auf und ab. Von der Tür zum Fenster. Und wetterte wild gestikulierend in arabischer Sprache. Irgendwann wurde es still.

Ich sah, wie Khalid vor seinem Koffer kniete und die herausgefallenen Sachen wieder einpackte. Schluchzend sammelte ich die Briefe zusammen und brachte sie ihm zurück.

«Bitte, Khalid, nimm sie wieder zu dir.»

Er schlug den Deckel zu, stand auf und wandte mir den Rücken zu.

«Aber Khalid. Wie kannst du nur das, was uns so viel bedeutet hat und was so lange gewährt hat, einfach zerstören? Die einzigen Beweise unserer Liebe. Sieh mich an, bitte …»

Als Khalid sich umdrehte, hatte er Tränen in den Augen. Er drückte mich mitsamt Briefen fest an sich und liess mich minutenlang nicht los. In seinem Innern mussten noch immer tiefe Gefühle vorhanden sein, dachte ich ergriffen. Allmählich vermochte ich dieses Chaos an Empfindungen selbst nicht mehr einzuordnen. Klar war nur, dass wir uns aufgrund der verschiedenen Kulturen in nahezu unlösbare Missverständnisse verstrickt hatten. Und dies nicht erst seit jenem Tag. Es musste lange zuvor in unseren Briefen geschehen sein.

In jener Nacht wollte keiner von beiden mehr riskieren, den anderen mit Worten zu verletzen oder missverstanden zu werden. So lagen wir einander bloss schweigend und tief in den Armen.

Am nächsten Morgen schlich ich mich lautlos aus der Wohnung zur Arbeit. Die Turnschuhe lagen neben dem Bett am Boden. Als ich wieder nach Hause kam, war Khalid und der Koffer weg. Kein Abschiedsbrief, nichts. Ich stand da wie gelähmt und wusste nicht, ob ich nun weinen oder froh sein sollte. Ich spürte bloss eine seltsame Leere. Als ich ein Glas Wasser trinken wollte, zitterte meine Hand. Schliesslich brach es aus mir heraus. Die ganze Vergangenheit lief wie ein schrecklicher Film vor meinen Augen ab – ein Weinkrampf schüttelte mich.

Später fragte ich mich, ob Khalid möglicherweise den Gedanken getragen hatte, mich längst zuvor auf seinem ersten Flug in die USA zu sehen. Wenn ja, war der Ablauf unserer verpassten Begegnung etwa vorausbestimmt gewesen? Musste ich Khalids Alleingang nach Arizona missverstehen, weil ich ihn ohnehin ein Leben lang missverstanden hätte? Oder war alles nur ein dummer Zufall? Pech, eine Laune des Schicksals und daher ewig schade?

Es kostete mich Wochen, bis ich endlich begriffen hatte, was überhaupt geschehen war. Dass uns zwei Welten trennten, das musste Khalid spätestens in Zürich erkannt haben. Deshalb ging er wohl für immer aus meinem Leben. So dachte ich. Aber alles kam ganz anders.

Die nächsten zwei Jahre galten als Zeit des Umbruchs. Ich verliebte mich neu, machte eine berufliche Kehrtwendung und gab mein Appartement auf. Ich dachte, nun wäre alles in bester Ordnung.

Einzig die Sehnsucht nach dem Unbekannten, nach Reisen und Abenteuer, blieb. Bald wurde dieses Gefühl so stark, dass es mich geradezu in die Ferne drängte. Doch ich wusste noch nicht genau, ob ich Archäologie studieren, Kulturreisen organisieren oder die Welt als Flight Attendant umrunden würde. Daher entschied ich, zunächst einmal die Schweizerische Reisefachschule zu absolvieren, die mir eine breite Palette an Möglichkeiten bot. Die Idee gefiel mir gut. Weiter musste Khalid aus meinem Kopf, meinem Leben verbannt werden. Doch so einfach sollte dieses Unterfangen nicht vonstatten gehen. Denn wider aller Erwartung hatte er sich erneut aus Arizona gemeldet. Seltsam; insgeheim freute ich mich darüber. Ob es wohl die Gewissheit war, dass nun weiter eine Verbindung zur arabischen Welt bestand?

Arabien hatte mich von klein auf fasziniert. Ob in Märchenbüchern oder Filmen, schon damals zogen mich die Gestalten in ihren langen, weissen und goldenen Gewändern in ihren Bann und liessen mich nicht mehr los.

Ich las Khalids Zeilen und wunderte mich, mit welcher Selbstverständlichkeit er das Geschehene überging. Kein Wort darüber, weshalb er ohne Nachricht abgereist war. Fussball und die Universität waren wieder mal Thema. Er hätte mir etwas über seine Familie erzählen können, über Dubai, die Strassen, wie alles aussah. Doch nichts dergleichen. Eines Tages, das schwor ich mir, würde ich dieses Land bereisen. Ich wusste, dass dieser Ort, den ich nie zuvor gesehen hatte, der Ort war, von dem ich immer geträumt hatte.

Zwischen Khalids Zeilen spürte ich, wie sehr ihm die Wüste und sein Zuhause fehlten. Das tat mir leid. Plötzlich glaubte ich zu verstehen, weshalb er sich an unseren Briefkontakt klammerte wie an einen Strohhalm. Er musste sich wohl sehr einsam fühlen in den USA.

Wie dem auch sei. Das berauschende Gefühl von neuem Glück und Verliebtheit liess mich rundum alles vergessen. Ich blühte zu jedermanns Erleichterung endlich wieder auf. Marco hiess der Sportstyp, der mich zu neuem Leben erweckte. Durch seine ansteckende Begeisterung und die unendliche Geduld, die er mit mir hatte, liess ich mich zu verrückten Abenteuern bewegen. Fallschirmspringen, Wasserskilaufen oder mit dem Surfbrett durch die windige Psarou-Bucht über das Wasser peitschen, waren nur einige davon. Im Frühling, kaum war der letzte Schnee geschmolzen, schwangen wir uns auf seine pechschwarze Kawasaki und fuhren gemächlich – dies war Bedingung – über den Gotthard oder den Brennerpass. Marco musste deswegen öfter Neckereien seiner Kollegen einstecken. Doch er hielt dem Stand, was ich äusserst bemerkenswert fand. Mit Wonne schmiegte ich mich fest an seinen muskulösen Körper, während er die schwere Maschine sicher durch den Wind lenkte. Ein unendlich berauschendes Gefühl.

Schliesslich fand ich es an der Zeit, Khalid mitzuteilen, dass ich eine neue Liebe gefunden hatte. Ich wollte ihm damit nicht weh tun, doch ich wusste mir einfach nicht mehr anders zu helfen. Sonst würde die Sache nie enden.

Kaum flogen die unliebsamen Zeilen über den Atlantik, erhielt ich postwendend Antwort. Eine dunkle Vorahnung beschlich mich bereits, als ich den Brief in der Hand hielt. Zögernd drehte und wendete ich den Umschlag, bis ich ihn schliesslich in eine Schublade steckte. Mir graute schlichtweg, mir irgendwelche abwertenden, vernichtenden Worte von verletztem Stolz anzuhören. Eine Liebe, dachte ich, die jeglicher Distanz und Enthaltsamkeit über so lange Zeit getrotzt hatte, die sollte man nicht schlecht machen.

Am nächsten Tag liess mir Khalids Brief doch keine Ruhe. Ärgerlich riss ich den Umschlag auf, gewappnet fürs Schlimmste. Was nun ans Tageslicht kam, hatte ich in den kühnsten Träumen nicht erwartet. Das musste man sich erst mal auf der Zunge zergehen lassen.

Selbstverständlich hätte auch er, Khalid, eine Liebe. Übrigens würde die Angebetete «Sexual-Psychologie» studieren an der University of Tucson, Arizona.

Welch eine Ironie des Schicksals.

Überdies wolle er, dass wir beide – für immer und ewig – Freunde bleiben.

Mir fehlten ganz einfach die Worte.

«Das, was du machst, mache ich schon lange», meinte Mama bloss unbeeindruckt.

«Sowas ist doch von jedem stolzen Mann, egal ob Araber oder Schweizer, zu erwarten.»

Ich blickte sie bloss verständnislos an. Ich fand's gar nicht komisch.

Eines schönen Tages, im Frühling darauf, wirbelte meine Mutter aufgeregt durch die Wohnung.

«Verena, Verena – wo bleibst du?», rief sie die Treppe hinauf.

Inzwischen hatte ich meine Ausbildung als Eidgenössisch Diplomierte Reisefachfrau mit Erfolg abgeschlossen. Es standen also alle Wege offen.

«Verena.»

«Was ist denn los?», reckte ich den Kopf hinunter. Normalerweise nannte mich Mama ausschliesslich in Anwesenheit Fremder bei vollem Namen. Sie deutete verheissungsvoll auf den Telefonapparat und flüsterte: «Khalid ist dran.»

«Was? Mein Gott, ich nehme diesen Hörer nicht in die Hand. Ich will keinen Kontakt mehr, das weisst du doch.»

Meine Mutter überlegte einen Augenblick, drehte sich missmutig ab und verliess das Wohnzimmer geräuschvoll. Himmel, was sollte ich jetzt tun? Der Hörer lag da und Khalid konnte den ganzen Zirkus mitverfolgen. Ach, wie ich ihn hasste. Mein Magen verkrampfte sich, das Herz pochte – so ging ich die letzten Stufen der Treppe hinab und meldete mich mit einem kühlen «Hello?»

Zu meiner Verwirrung vernahm ich nichts als das eigene Echo. Wie von einem fernen Stern erklang erst nach Sekunden Khalids kehlige Stimme. Ein Hauch von Lächeln schwang darin mit, was mich sogleich ärgerte.

Mein «Woher rufst du an?» kreuzte sich irgendwo mitten im Weltall mit seinen Worten. Schliesslich verhallte alles in einem unverständlichen Desaster, begleitet von Knacken und Rauschen. Es war absolut peinlich. Ich schwieg. Es schien eine Ewigkeit zu dauern, bis Khalid erneut das Gespräch aufnahm.

«Verena, ich wollte bloss mal sehen, wie es dir und deiner Familie geht.»

Ich wartete ein paar Sekunden, um sicherzugehen, dass nichts hinterher folgte.

«Oh, es geht allen bestens, danke, Khalid.»

Er schmunzelte bloss. «Wir sind doch jetzt Freunde, Verena. Nicht wahr?»

«Was? Ach ja.»

Gewisse Fragen oder Bemerkungen, die aus dem Hörer kamen, versuchte ich einfach zu übergehen. Was Khalid sehr zu amüsieren schien. Einstweilen wunderte ich mich, woher er überhaupt das Geld besass, um von den USA in die Schweiz zu telefonieren. Khalid plauderte die längste Zeit seelenruhig dahin, als würde ihm die Rechnung überhaupt keine Rolle spielen.

«Okay, Verena, don't forget to write me», mahnte er mich zum Schluss.

Wusste ich es doch.

«Nein.» schrie ich in den Hörer.

«Wie bitte?»

Plötzlich lachte Khalid aus vollem Halse und meinte: «Na, dann werden wir eben telefonieren.»

«Klick, tuut ...»

Was ging bloss in diesem Wüstenblut vor? Khalid entpuppte sich immer mehr zum Rätsel für mich. Vermisste er denn sein Zuhause so sehr? Oder was war es? Bedeutete ich ihm vielleicht mehr, als er sagen konnte? Mehr, als ich selbst geglaubt hatte?

Schliesslich begann er, alle paar Wochen bei uns anzurufen. Gottlob war ich oft nicht zu Hause oder liess mich, der Abwehr müde, schon mal verleugnen. Ich glaube, insgeheim wusste er das.

«Wie gut, dich endlich zu hören», sagte er einmal.

«Du bist tatsächlich schwieriger zu erreichen als der Präsident der Vereinigten Staaten. Doch zugegeben, ich unterhalte mich jeweils prima mit deiner Mama.»

Sie plauderte also mit ihm. Es wurde immer besser. Doch vom Verwirrspiel, das Mutter damit anrichtete, davon wollte sie nichts wissen. Sie meine es ja nur gut. (Mit wem eigentlich?)

«Pass auf, Verena, demnächst fliege ich in den Urlaub nach Hause. Höchstwahrscheinlich werde ich in Zürich einen Stopp machen. Du darfst dir was wünschen, ich möchte dir ein Geschenk mitbringen.»

Das fehlte mir noch. Und überhaupt, er setzte einfach voraus, dass ich Zeit und Lust hatte, ihn zu sehen. Zudem wusste er doch, dass ich Marco hatte.

«Na, dann bring mir eben einen Cowboyhut mit», entgegnete ich widerspenstig.

«Verena, ich glaube, du nimmst mich nicht ernst. Du sollst dir was richtig Schönes wünschen, wir sind doch Freunde.»

«Ja ja, Freunde», dachte ich und begriff überhaupt nicht, weshalb er so darauf bestand. Konnten denn Mann und Frau überhaupt Freunde sein? Also ich war mir da nicht so sicher.

Um es kurz zu machen: Eines schönen Nachmittags, vier Monate später, rief er einfach an und sagte: «Ich bin jetzt da.»

Im Grunde wollte ich diesen Wahnsinn nicht länger mitmachen. Und ich weiss nicht, was mich an diesem Sonntag dazu brachte, ihn noch einmal zu sehen.

Der Aufstieg zur noblen Fünf-Sterne-Herberge direkt an der Zürcher Einkaufsmeile überraschte mich wahrhaftig. Den ganzen Weg dorthin begleitete mich ein seltsames Gefühl. Der Gedanke, dass Khalid möglicherweise Geld zurückgelegt hatte, nur um mir zu imponieren, rief geradezu Missbehagen hervor.

Mit entsprechendem Gefühl betrat ich die Hotelhalle. An der Rezeption standen Männer mit Aktenkoffern und Regenmänteln. Der Portier war gerade dabei, Gepäck auf einen Rollwagen zu laden. Die Lifttür ging auf und zu. Ich sah mich kurz um, doch ausser den ankommenden Gästen war niemand zu sehen in der Lobby. Schliesslich meldete ich meinen Besuch beim Concierge an und liess mich auf einem der Ledersessel nieder.

Etwas nervös war ich schon. Doch anders als beim letzten Mal zitterten meine Knie nicht. Schliesslich waren wir jetzt Freunde. So dachte ich wenigstens. Eines schwor ich mir jedenfalls; ich würde nicht noch einmal den Fehler begehen und Khalid zur Begrüssung in die Arme schliessen.

Als sich die Aufzugstür wieder öffnete und ich Khalid erblickte, traf mich die volle Überraschung. Da kam ein langer, breitschultriger, attraktiver Mann und sah mir mit dunkel schimmernden Augen entgegen. «Mein Gott», dachte ich, «hat der sich aber gemacht. Und wie gut er aussieht.» Ich erschrak über mich selbst und dachte: «Hoffentlich sieht er mir die Begeisterung und das Staunen nicht schon von weitem an.» Khalid ging es nicht anders. Mit jedem Schritt, den er tat, gelang es ihm weniger, seinen aufgesetzt ernsten Blick zu wahren. Plötzlich konnte er seine Wiedersehensfreude nicht mehr verbergen und strahlte über das ganze Gesicht. Bevor Khalid merkte, wie ihm geschah, streckte ich rasch die Hand aus und begrüsste ihn mit einem festen Händedruck. Mich wunderte nicht, als sogleich leise Enttäuschung über sein Gesicht huschte. Ein Gefühlsausdruck, der alles verriet, nichts heissen wollte und mir trotzdem Freude bereitete.

Kaum hatten wir uns gesetzt, stand bereits ein Kellner da. Zur Aufmunterung wäre mir ein Cüpli zwar lieber gewesen. Doch aus Respekt vor muslimischen Bräuchen und Gesetzen bestellte ich artig Orangensaft. Ich weiss nicht, was stärker war. Die Sorge, den schadhaften Ruf des Westens noch zu bestätigen, oder der Wunsch, Khalid zu gefallen.

Nachdem wir sämtliche Höflichkeiten über das Wohlergehen unserer Familien ausgetauscht hatten, wurde es einen Moment still zwischen uns. Khalids Augen betrachteten mich eingehend, als wollten sie etwas ergründen.

«Du siehst sehr gut aus, Verena», durchbrach er plötzlich unser Schweigen.

Ich spürte, wie mir Röte ins Gesicht stieg und blickte auf den Teppichboden.

«Danke», entgegnete ich. «Du siehst auch gut aus. Mir scheint, so zwei, drei Zentimeter gewachsen bist du schon, nicht wahr?»

Ich sah auf und grinste.

Sogleich flog mir ein vorwurfsvoller Blick zu. Doch in Wahrheit lag nichts als stiller Stolz in seinen Augen.

«Khalid, ich finde, du könntest mir jetzt beileibe mal endlich dein wahres Alter verraten», stichelte ich weiter.

Natürlich wusste ich, dass ihn diese Frage über alle Massen amüsierte. Doch das Geheimnis behielt er weiter für sich.

Trotz aller Bemühungen, kein Fremden aufkommen zu lassen, wollte sich bei Khalid keine unbeschwerte Stimmung einstellen. Immer wieder betrachteten mich die dunklen Augen bis ins Tiefste, als wollten sie etwas herausfinden. Allmählich geriet ich in Verlegenheit. Schon der frischgepresste Orangensaft bereitete mir grösste Mühe, was mir sonst nie passierte. Wenn ich am Glas nippte, blieb zu meinem Ärger jedesmal etwas Fruchtfleisch an den Lippen oder am Glas hängen. Khalid machte dagegen einen geradezu selbstsicheren Eindruck. Es schien, als seien die Jahre in den USA nicht spurlos an ihm vorübergegangen. Doch mit Sicherheit trug die angeborene Scheu, die ich Männern gegenüber hatte – und leider noch heute empfinde – ebenso dazu bei.

Irgendwann fragte Khalid mit erhobenem Kopf: «Was meinst du zu einem Nachtessen, Verena? Ich habe für uns einen Tisch reservieren lassen im Grillroom.»

Nun war die Überraschung perfekt.

«Sehr gerne, Khalid. Deine Zukunftspläne würden mich ohnehin brennend interessieren. Ist es nicht so, dass du dein Studium bald beenden wirst?»

«Stimmt, in einem Jahr ist es soweit. Aber ich werde dir später davon erzählen. Zuerst habe ich noch eine kleine Überraschung für dich. Lass uns schnell nach oben in mein Zimmer gehen.»

Ich war so perplex, dass mir nichts, aber auch gar nichts einfiel, mich diesem unschuldigen Vorhaben zu widersetzen. Schliesslich waren wir ja Freunde. Und eh ich mich versah, stand ich im Aufzug und fühlte mich peinlich berührt. Ich schlug die Augen nieder und wusste, dass er mich schmunzelnd anblickte. Ach, wie ich ihn verabscheute.

Als die Zimmertür aufsprang, fielen zwei riesige Koffer in mein Gesichtsfeld. Einer davon lag aufgeklappt auf dem Boden, und es sah ziemlich chaotisch aus im Zimmer. Ich kämpfte mich zwischen dem Gepäck durch und blieb am Fussende des Doppelbettes stehen.

«Setz dich», bat mich Khalid.

Da selbst der Sessel mit Habseligkeiten belegt war, blieb mir nichts anderes übrig, als mich auf die Bettkante zu setzen. Als Khalid den Koffer durchsuchte, wandte ich den Blick diskret ab. Irgendwie dauerte die Suche zu lange und ich wusste nicht mehr, ob ich laut herauslachen und wo ich hinblicken sollte. Die Situation bot ein Bild ausserordentlicher Komik. War das der Khalid, der einst vor lauter Beklemmung und Unerfahrenheit die Flucht aus meinem Appartement ergriffen hatte? Gewiss, es lagen bald drei Jahre dazwischen. Doch mit solch einer Wandlung hatte ich nicht gerechnet. Endlich brachte Khalid ein winziges Päckchen zum Vorschein.

«Da passt aber doch kein Cowboyhut rein», scherzte ich. Und dies, obwohl mir alles andere als wohl in meiner Haut war. Wortlos, mit rotem Gesicht, hielt er mir sein Geschenk entgegen. Als ich die winzige Schatulle mit den arabischen Schriftzeichen in der Hand hielt, ahnte ich, was sich darin verbarg. Ich sah Khalid an und bemerkte, dass sich auf seiner Nase Schweissperlen gebildet hatten. Schliesslich wurde es ganz still im Raum, nur das Summen der Klimaanlage war noch zu hören. «Himmel, wie beklemmend», dachte ich und klappte den Deckel auf.

«Khalid, du bist verrückt. Welch ein Geschenk.»

Die Schatulle war mit weissem Samt ausgeschlagen. In der Mitte steckte ein goldenes Herz an einem Kettchen. Mir wurde ganz heiss. Schenken sich Freunde sowas? Nein, nie und nimmer. Was spielte sich bloss in ihm ab, dass er mir plötzlich derartige Zuneigung demonstrierte? Zu einem Zeitpunkt, wo wir doch Freunde sein sollten … Ich brachte kein Wort über die Lippen. Stattdessen küsste ich ihn rasch links und rechts, stellte mich vor den Spiegel und legte die Halskette um.

Khalid trat sogleich hinter mich.

«Lass nur, ich schaffe das schon allein», sagte ich.

Sein Blick folgte mir aufmerksam im Spiegel. Plötzlich fiel mir ein fiebriges Glühen in seinen Augen auf. Khalid musste verrückt sein. Dieses ewige Auf und Ab der Gefühle war einfach nicht mehr auszuhalten. Ich würde ihm noch heute Abend klarmachen, dass er diese Kinderei endlich beenden solle. Schliesslich war er längst Mann genug, eine Entscheidung zu treffen.

«Khalid, sie ist wunderschön, doch wir sollten jetzt zum Essen gehen.»

«Aber natürlich, Verena, lass uns gehen.»

Das klang so selbstverständlich, als hätte Khalid soeben an nichts anderes gedacht. Bloss sein Lächeln … Dieses vielsagende Schmunzeln um Augen und Mundwinkel herum verriet, was sogleich passieren würde. Khalid schloss mich kurzerhand in die Arme – ganz fest. Vor Überraschung raste mein Herz bis zum Hals. Doch sogleich drückte er mir einen Kuss aufs Haar und löste die Umarmung. Ich war völlig durcheinander.

Als wir im Fahrstuhl nach unten fuhren, raste mein Herz noch immer. Die Tür ging auf und schon empfing uns jemand vom Grillroom.

Wir waren die ersten Gäste, die das Lokal betraten und die letzten, die es verliessen. Soviel hatten wir uns zu erzählen. Gut, im Nachhinein muss ich zugeben, dass ich kaum je eine greifbare Antwort auf meine Fragen erhielt. Und mit Allahs Hilfe liess Khalid auch gerne so manches im Ungewissen. Trotzdem unterhielten wir uns den ganzen Abend mit Spannung und Knistern, ohne zu merken, wie schnell die Zeit verging. Geschweige denn nahmen wir wahr, was um uns herum geschah.

Als Khalid zwischendurch von zu Hause erzählte, wünschte ich nichts sehnlicher, als dass er mich für immer nach Dubai mitnähme. Bestimmt war es wunderbar dort. Nichts als Sand, Wasser, Weite und geheimnisvolle Gesichter. Doch was Khalids Zukunft anbetraf, gab er sich derart bedeckt, dass ich erst gar nicht wagte, meinen Wunsch zu äussern. Schliesslich meinte er, wenn das Studium beendet sei, beabsichtige er möglicherweise, in Frankreich eine Anstellung als Atomphysiker zu bekommen. Auf diese Weise wären wir beide näher beisammen. Mir stockte der Atem. Die Atmosphäre wurde immer emotionsgeladener, doch Khalids Augen verrieten, dass etwas nicht stimmte. Statt Sehnsucht und Freude sprach mit einem Mal etwas Beklemmendes aus ihnen.

«Weshalb nicht Dubai?», fragte ich nun direkt.

«Ach, Verena, die Wüste – ich denke nicht, dass dir ein Leben dort zusagen würde. Ausserdem gibt es in Dubai keine berufliche Möglichkeit für mich – zumindest nicht als Atomphysiker.»

«Wofür denn dieses Studium? Ich dachte, du wolltest deinem Land vielleicht in der modernen Entwicklung weiterhelfen?»

«Wenn Allah will, wird er einen Platz für uns finden, wo auch immer in dieser Welt. Doch es ist noch lange bis zu dem Tag.»

Ja, ja, wenn Allah will, war oftmals die Antwort. Und damit war ich so klug wie zuvor. Irgendwie glitt mir das Gespräch immer wieder aus den Händen. Weshalb Khalid sich für dieses Studium entschieden hatte, blieb mir schleierhaft. Ausserdem war mir ein Rätsel, warum er nicht nach Dubai zurück wollte, wo er doch so auf die Wüste fixiert war. Irgendetwas passte nicht zusammen.

Nach gut drei Stunden war der gefürchtete Moment gekommen. Die Kellner um uns waren bereits verschwunden.

«Gleich wirst du Khalid für lange Zeit nicht mehr sehen», dachte ich. Mir wurde das Herz schwer und gleichzeitig bekam ich kaum noch Luft.

Als hätte Khalid alles gespürt, suchte er nach meiner Hand und umschloss sie ganz fest.

«Wenn du wüsstest, Verena, wie lange ich mich nach dir gesehnt habe …»

«Aber Khalid, das kann doch nicht sein, weshalb weiss ich dann nichts davon?», fragte ich völlig aufgelöst.

Auf seiner Stirn standen Schweissperlen und er machte einen seltsam verzweifelten Eindruck. Er starrte mich an, unfähig, ein weiteres Wort zu sagen.

Plötzlich wurde die Beleuchtung des Grillrooms zur Hälfte ausgeschaltet. Ein Zeichen, dass wir uns verdrücken sollten.

Verwirrt und betroffen verliessen wir den Tisch und gingen zur Lobby hinunter.

«Sehen wir uns nochmal?», fragte ich traurig, als wir auf das Taxi warteten, das mich nach Hause bringen sollte.

«Ich fürchte, dass ich morgen weiterfliegen muss nach Dubai. Weisst du, Verena, meine Familie erwartet mich.»

«Ach so, verstehe.»

Wir sollten also wieder auseinandergehen, ohne dass konkrete Pläne bestanden.

Als das Taxi gleich darauf vorfuhr, öffnete Khalid die hintere Wagentür und sagte: «Einsteigen.»

Ich musste ihn ziemlich fassungslos angestarrt haben.

«Na mach schon, schmunzelte er, «denkst du etwa, ich liesse dich allein nach Hause fahren?»

Ich seufzte tief und stieg ein.

Als der Wagen losfuhr, umschloss Khalid meine Hand ganz fest. «Ich will bis zur letzten Minute bei dir sein», sagte er.

Mir wurde das Herz nur noch schwerer. Trübselig blickte ich auf die vorbeiziehenden Lichter und wünschte, es gäbe nie eine letzte Minute.

Auf einmal sagte die Stimme neben mir: «Verena, beim nächsten Mal möchte ich deine Mama sehen, ja?»

Mit vor Staunen offenem Mund strahlte ich ihn an.

«Einverstanden, Khalid. Und wann werde ich deine Mama kennenlernen?»

Für einen Moment verschlug es ihm die Sprache.

Dann brach er in Gelächter aus und meinte: «Gut, ich werde mit ihr reden …»

Was war bloss so komisch daran?

Das Taxi hielt an und Khalid bat den Chauffeur, einen Augenblick zu warten. Im Hauseingang nahm er mich ein letztes Mal in die Arme. «Sweetheart, es kommt alles gut, hab Vertrauen, ja? Sieh mich bitte an, ich liebe dich.»

Er berührte das goldene Herz, das ich um den Hals trug und schloss die Augen. Nur für eine Sekunde. Dann nahm er mein Gesicht zwischen beide Hände und berührte mit den Lippen sanft meinen Mund.

Am nächsten Tag trat die Ernüchterung ein. Khalid war abgereist und meine Gefühle von Neuem entflammt. Mir wurde klar, dass ich mich nach einem Mann sehnte, den ich nicht besitzen konnte. Jedenfalls nicht hier und jetzt. Hab Geduld und Vertrauen, hatte mich Khalid angefleht. Aber wie sollte ich der

Sehnsucht solange Herr werden? Geschweige denn diese Ungewissheit durchstehen? Mir fiel auf, dass wir vergessen hatten darüber zu reden. Ich sah in den Spiegel, umfasste das goldene Herz, als wollte ich es mir vom Hals reissen und stiess einen Jammerlaut aus. Warum musste ich nur so verblendet sein. Wie konnte ich meine Gefühle wieder derart gehen lassen. Ich war wirklich eine Närrin. Alles lag in der Luft – so Allah will.

In den nächsten Wochen und Monaten war ich ständig von Zweifeln geplagt. Selbst die sehnsüchtigsten Zeilen aus Dubai oder Arizona konnten mich nicht beruhigen. Es waren ohnehin nur Worte, nichts Greifbares. So floss die Zeit unmerklich dahin. Am Ende konnte ich mein Antlitz im Spiegel nicht mehr ertragen. Am meisten tat mir Marco leid. Nach Khalids Besuch konnte ich einfach nicht mehr. Je mehr die Zeit verstrich, desto stärker wurde das Bedürfnis alles, aber auch wirklich alles, hinter mir zu lassen.

Ich entschied mich, Khalid vor vollendete Tatsachen zu stellen. Ich schrieb, dass dies meine allerletzten Worte an ihn seien. Dass er inzwischen alt genug sei, eine Entscheidung zu treffen. Weiter wüsste er genau, wo er mich finden könne, falls er mich zur Frau nehmen wolle. Ich würde so lange, bis er sein Studium abgeschlossen hatte, nach Kreta gehen und auf ihn warten.

Als der Entschluss einmal gefasst war, ging alles sehr schnell. Mama musste das Versprechen ablegen, dass sie Khalid meine Adresse nicht verraten würde. Von Worten hatte ich endgültig genug, nun wollte ich Taten sehen. Immerhin war ich in einem Alter, in dem ich längst nicht mehr von Luft und leeren Versprechungen leben konnte. Die Annonce «Reiseleiterin nach Kreta gesucht», kam mir deshalb und insofern gelegen, als ich bereits Erfahrungen mit Griechenland gesammelt hatte.

Die weite Bucht von Chania im Westen der Insel wurde zu meinem neuen Domizil. Kaum angekommen, stürzte ich mich in die Arbeit. Kydonia Travel, ein Agent für Reiseveranstalter aus Europa, fand wahre Freude an mir. Vor Verzweiflung fühlte ich mich richtig in Form. Ich begann morgens um sechs mit Ausflügen und hörte erst nach Mitternacht auf, wenn die Neuankömmlinge vom Flughafen in den Hotels versorgt waren. Es war wild, anstrengend, aber auch spannend. Und genau das Richtige, um nicht zur Besinnung zu kommen. Während dieser Zeit kam sehr viel Neues auf mich zu. Auch Männer.

Ich hatte die Ehre, mit ungefähr fünfzig NATO-Offizieren jeden Donnerstag die berühmte Samaria Schlucht zu durchlaufen. Doch Spass beiseite. Es war nicht immer einfach, diese wilde, ausgelassene Horde auf Distanz zu halten. Einen Vorteil hatten die GIs allerdings; es kam nie vor, dass ich einen der Männer wegen Herzschwäche oder Blasen an den Füssen mit dem Maultier abtransportieren lassen musste. Und wir schafften die siebzehn Kilometer in gut zweidreiviertel Stunden. Meine Berufskolleginnen waren oft bis zu fünf Stunden unterwegs mit den Touristen. Da waren mir diese GIs, die zwecks Übung eines Raketenabschusses auf Kreta stationiert waren, doch noch lieber.

Gegen Ende Oktober ging die Saison zu Ende.

Mit Wehmut steckte ich Kleider und Habseligkeiten in die Koffer und liess Kreta für immer hinter mir. Bei der Abreise am Flughafen Chania richteten sich sämtliche Blicke auf mich. Ich trug ein Paar schwarze, hohe Kreterstiefel, die ich mir nach Mass hatte anfertigen lassen. Dazu dunkle Pluderhosen und das typische, schwarzgehäkelte Stirnband. Wie es aussah, konnte ich der Anziehungskraft dieser Insel, wo einst Alexis Zorbas den Sirtaki tanzte, nur schwer entkommen.

«Jassu Kritikopoula. Du kehrst gerade zum richtigen Zeitpunkt zurück», lachte meine Schwester Dagmar am Flughafen Zürich.

«Mama freut sich bereits, dass du ihr beim Einrichten der neuen Wohnung hilfst.»

Na, das war vielleicht eine Begrüssung. Noch bevor ich die Koffer auspacken konnte, nahm mich die Familie in Beschlag.

Vor lauter Freude übersprang mich im Auto Dagis Malteser Topolino. Er hechtete vom Hintersitz glattwegs über meinen Kopf, landete auf meinem Schoss und zupfte wild hechelnd an dem kretischen Stirnband. Wir brachen in helles Gelächter aus, was Topolino nur noch mehr anspornte – bis wir zuletzt alle drei zu einem Knäuel verfangen waren. Damit war ich also wieder zu Hause.

«Sag Mama?», fragte ich sie eines Nachmittags beim Bilder aufhängen, «hat Khalid eigentlich mal in irgendeiner Weise reagiert?»

«Natürlich.»

Sie dachte lange nach.

«Ich glaube, es war das letzte Mal im August, dass er angerufen hat.»

«Ach, wirklich?»

Meine Mutter wirkte eher gleichgültig bis gelangweilt bei diesem Thema. Doch innerlich war sie bestimmt aufgekratzt, dafür kannte ich sie gut genug. In Arabien werden Mütter nun mal über alle Massen geehrt und wertgeschätzt. Wenngleich wir nicht dort lebten, so bekam sie diese Annehmlichkeit von Khalid immer wieder aufs Neue zu spüren. Am Telefon, versteht sich. Im Übrigen war sie der Meinung, dass Khalid und ich wirklich Freunde sein könnten. Sie hatte gut reden, sie steckte nicht in meiner Haut.

«Und, was wollte er?», fragte ich in ebenso gleichgültigem Ton weiter.

«Na, er wollte wissen, ob es uns allen gut geht – und wann du wieder nach Hause kämst.»

«Was hast du ihm geantwortet?»

«Ich sagte, ich wisse es nicht genau, du würdest dich sicher bei ihm melden.»

«Ach. Und das war alles?»

«Nun ja.»

«Und den Wohnortwechsel, ich meine, weiss er etwas von unserem Umzug?»

«Nein.»

In meinem Kopf begann es augenblicklich zu rotieren. Khalid wusste also nichts von unserem Wohnortwechsel. Sämtliche Spuren würden verwischt – wenn wir nur wollten. Ich würde Khalid für immer entkommen, es sei denn, er schaltete das FBI ein.

«Mama, hör bitte gut zu ...»

«Ach, nicht schon wieder», seufzte sie.

So tauchten wir einfach unter. Damals, am 31. Oktober 1985.

Allein die Genugtuung, dass Khalid der Ohnmacht und dem Zorn verfallen würde, wenn er merkte, was passiert war, half mir, die Sache durchzustehen. Selbst den Brief mit dem Postaufkleber «Empfänger abgereist» schaffte ich. Derart schwer war das Ausmass der gescheiterten Hoffnung. Khalid hatte mich enttäuscht. Bitter enttäuscht. Doch im Grunde war nichts anderes zu erwarten gewesen. Scheinbar war die Liebe nicht stark genug. Ich musste jetzt einfach einen Schlussstrich ziehen, sonst würde ich nie mehr glücklich werden im Leben.

Das Gewissen plagte mich erst viel später. Das geschah unweigerlich im darauffolgenden Jahr. Und es dauerte eine ganze Weile. Ich hörte immer wieder Stimmen «Dieser Anschluss ist nicht mehr in Betrieb», ich sah Postaufkleber «Empfänger abgereist» und machte mir schreckliche Vorwürfe. So schlimm, dass es mich oft bis in den Schlaf verfolgte. Doch ich behielt den Kummer für mich. Denn klagen konnte ich nirgendwo, soviel wusste ich. Keiner würde mir zugestehen, dass ich richtig gehandelt hatte. Die Abscheulichkeit dieser Nothandlung wurde mir erst nach und nach bewusst.

Bei Allah – mir blieb nichts übrig als zu hoffen, dass Khalid den Schmerz überstanden hatte und dass es ihm gut ginge.

Irgendwann verflüchtigten sich die Selbstvorwürfe.

Drei Jahre später, an Weihnachten 1988, machte meine Freundin Lisa eine schmerzvolle Trennung durch. Um den Kummer zu vergessen, dachte sie plötzlich ans Verreisen. Und zwar mit mir. Lisa hatte die fürchterliche Idee, eine ganze Woche auf einer Beautyfarm in Österreich zu «rekonvaleszieren.»

«Aber, Lisa, was sollen wir unser Geld so dumm hinauswerfen, Schönheit kommt eh von innen. Lass uns wohin fliegen, wo wir Spass haben, wo das Meer rauscht und die Sonne scheint, ja?»

Eine Woche später hatte ich sie soweit. Berge von Reiseprospekten stapelten sich vor uns. Es sollte was Exklusives sein, da waren wir uns einig. Schliesslich fiel die Wahl auf Sardiniens Smaragdküste. Bestimmt musste es spannend sein, zu beobachten, wie im Frühling die ersten Yachten im Hafen von Porto Cervo auf Hochglanz poliert wurden. Euphorisch eilten wir zur nächsten Buchungsstelle. Dort meinte der Ferienberater – so ganz nebenbei – er wolle uns den brandneusten Geheimtip nicht vorenthalten; es seien die «Vereinigten Arabischen Emirate».

Das war Anfang März 1989.

Ich wusste auf der Stelle, dass ich Lisa dazu bewegen musste, nach Dubai zu fliegen. Nicht wegen Khalid, nein, den wollte ich auf keinen Fall wieder sehen. Aber ich war neugierig auf die Wüste, den Ort, von dem all diese sehnsüchtigen Briefe stammten.

Später fragte ich mich, welcher Teufel mich wohl geritten hatte, ausgerechnet an den Ort zu reisen, der mein Leben definitiv aus den Fugen reissen würde.

Jebel Ali, 1989

Nach sechsstündigem Flug mit der Balair ertönte die Stimme des Kapitäns: «Ladies and Gentlemen, wir beginnen nun den Landeanflug nach Sharjah. Wir bitten Sie, sich anzuschnallen und Ihre Sitzlehne senkrecht zu stellen. Die Passagiere, die nach Male weiterfliegen, bleiben an Bord der Maschine. Besten Dank.»

In den Achtzigerjahren, als Dubai und Abu Dhabi noch nicht im touristischen Aufschwung blühten, war Sharjah das erste der sieben Emirate, das sich dem Tourismus öffnete. Damals gab es noch keine Nonstop-Flüge von Zürich nach Dubai. Man hatte die Wahl, entweder in acht Stunden via Saudiarabien dieses Land zu erreichen, oder man gelangte mit dem Malediven-Charter dorthin. Der Emir von Sharjah verhängte jedoch ein striktes Alkoholverbot, das er bis heute nicht widerrufen hat. Dies führte dazu, dass die Touristenzahlen wieder sanken und Dubai heute an der Spitze der Beliebtheit steht.

Ich warf einen Blick aus dem Fenster in die Dunkelheit der Nacht. Zu meiner Überraschung glitzerte unter uns ein imposantes Lichtermeer.

«Lisa, wir landen gleich in Sharjah», rief ich aufgeregt. «Sieh mal die Wüste, wie alles funkelt da unten.» Es interessierte sie nicht.

Als das Fahrwerk rumpelte, schoss mir ein Stich der Freude durchs Herz. Gefolgt von einem wirren Gefühl der Erinnerungen – und der Ungewissheit, was mich da unten erwarten würde. Je mehr wir uns dem Boden näherten, desto heftiger begann mein Herz zu rasen.

«Also Verena! Was ist bloss in dich gefahren?», fragte ich mich, als die Lichter unter uns verschwanden und wir jeden Moment auf der Piste aufsetzen würden.

Noch vor wenigen Wochen hatte ich nicht im Geringsten

daran gedacht, Khalid sehen zu wollen. Zugegeben, die Vorstellung, dass ich ohne sein Wissen den Fuss in sein Land setzte, rief schon etwas Beklemmung hervor. Und je näher der Abflugtag rückte, desto grösser wurde die Belastung. Dreieinhalb Jahre, rechnete ich, waren es mittlerweile her, seit ich untergetaucht war. Die blosse Idee, ich könnte Khalid rein zufällig in den Strassen von Dubai begegnen, löste geradezu Panik in mir aus.

Um allfällige Unannehmlichkeiten vor Ort zu vermeiden, griff ich schliesslich zu einer Postkarte und kritzelte ein paar unverbindliche Worte darauf.

Hello, Khalid, ich hoffe es geht dir gut. Demnächst werde ich meinen Urlaub mit einer Freundin in Dubai verbringen (in einem Hotel genannt Jebel Ali). Falls du nicht gerade in den USA bist, würde es mich freuen, mal von dir zu hören. Gruss, Verena.

Gemächlich rollte der schwere Airbus dem Flughafengebäude zu. Verwundert sah ich den imposanten Bau in islamischem Stil, der mehr einer Moschee als einem Terminal glich. Dieser Ort, die Umrisse der mächtigen Rundkuppeln, alles schien mir unerklärlich vertraut. So als wäre ich schon einmal da gewesen. Ganz plötzlich verspürte ich den innigen Wunsch, Khalid wiederzusehen. Und mit jedem Meter, der uns dem Terminal näher brachte, wuchs die Sehnsucht ins Unermessliche. Jegliche Kraft, dagegen anzukämpfen, half nichts mehr. Da musste etwas sein, was stärker war als ich. Etwas, das rauschhaft war aber auch beängstigend. Doch was, wenn sich mein Wunsch nicht erfüllen würde? Gegebenenfalls war Khalids Wut und Verletzung so gross, dass er darauf spuckte, mich zu sehen. Oder er hielt sich je nach dem gar nicht in Dubai auf. Ich spürte einen Stich in der Brust und betete, dass dem nicht so sei.

Als wir von Bord der Maschine gingen, stellten wir fest, dass bis auf drei weitere Passagiere alle auf die Malediven weiterflogen. Gut so, dachte ich. In der kreisförmigen Ankunftshalle herrschte eine seltsame Ruhe. Nur das Plätschern einiger wunderschön verzierter Brunnen unterbrach die Stille. Ein Mann in weisser traditioneller Kleidung und ernstem Gesicht wies uns den Weg zur Passkontrolle.

«Hast du gesehen – ein Scheich», flüsterte Lisa.

Ich musste mich beherrschen. Die erste Begegnung mit einem Araber in weisser Kandora war fremd und zugleich herzerfrischend. Die ringsum laufende Galerie führte unter der Hauptkuppel durch, worin eine mächtige, kunstvoll und fein gearbeitete Säule emporragte. Ich war beeindruckt von all dem Prunk und Zauber.

Als wir den ersten Schritt nach draussen taten, verschlug es uns beinahe den Atem. Derart ungewohnt war die hohe, fast greifbare Luftfeuchtigkeit.

«Wie werde ich das bloss aushalten», seufzte Lisa.

Doch schon bald sassen wir im angenehm klimatisierten Kleinbus, der uns durch die funkelnde Metropole Dubai führte. Es bot sich ein imposantes Bild von beleuchteten Glaspalästen, Moscheen, Supermärkten und Pizza Huts – alles schien belebt – und dies morgens um drei Uhr. «Ich glaube, ich werde verrückt», dachte ich. Bis auf unser Luxushotel hatte ich nicht viel anderes erwartet als eine vom Sand verstaubte Stadt.

Im Nachhinein weiss ich nicht mehr genau, warum ich mit diesen Vorstellungen eingereist war. Bilder von endloser Wüste, von verschleierten Frauen und strengen Männern hatten sich in meinem Hirn eingenistet. In meiner Fantasie waren schummrige Bazare aufgetaucht, in denen Händler um Teppiche und Gold feilschten. Doch zu meiner grossen Überraschung sah alles ganz anders aus.

Während unser Fahrzeug still dahinglitt fragte ich mich, weshalb Khalid mir nie von all dem erzählt hatte. Vom Dubai Creek, einem zwölf Kilometer langen Meeresarm der, von der Skyline und noblen Geschäften gesäumt, den grössten Goldmarkt im mittleren Osten hinter sich birgt. Oder von der Vielzahl brandneuer Mercedes, die über die Highways flitzten.

Der Gedanke, Khalid könnte mir den Reichtum verschwiegen haben, bloss weil er aus bescheidenen Verhältnissen stammte, machte mich betroffen. Ich nahm mir zu Herzen, falls ihn meine Postkarte erreicht hatte und er sich tatsächlich melden würde, ihn bei uns im Hotel zum Essen einzuladen.

Eine vierspurige, gut beleuchtete Autostrasse führte nun mitten durch die Abgeschiedenheit. Links der Fahrbahn lag nichts als endlose Wüste, rechts erstreckten sich kilometerlange Sandstrände. Wie aus dem Nichts tauchten immer wieder gespenstisch beleuchtete Riesenportraits von Emiren am Strassenrand auf. Etwas flau im Magen konnte einem schon werden. Zum Glück kreuzte oder überholte uns immer mal wieder ein schneller Mercedes. So fühlten wir uns nicht ganz allein in dieser gottverlassenen Gegend.

«Wir fahren jetzt entlang der Jebel Ali Freihandelszone», liess der Fahrer verlauten.

Kurz darauf deutete er auf ein paar funkelnde Lichter in der Ferne. Sie tanzten am Horizont, kaum erkennbar in der schwülen, schweren Luft umher. «This is ‹Jebel Ali› Hotel».

«O, how beautiful», schwärmte ich.

Je mehr wir uns näherten, desto deutlicher erkannten wir unser Hotel, das sich wie eine glitzernde Schatztruhe aus Tausendundeiner Nacht inmitten der Wüste aus dem Sand erhob. Etwas darüber schwebte der sichelförmige Mond silberleuchtend auf dem Rücken liegend. Ergriffen staunte ich in die Ferne. Beim nächsten Roundabout verliess der Fahrer den Abu Dhabi Highway, um Richtung Küste abzubiegen. Die Schatztruhe verschwand, als wäre alles nur eine Fata Morgana gewesen. Gespannt suchte ich auf der unbeleuchteten Nebenstrasse auszumachen, wo wir uns befanden. Doch bereits hinter der nächsten Wegbiegung passierten wir die Hotelauffahrt. Eine kurvenreiche Strasse, die mitten durch einen prächtigen Park mit exotischen Bäumen und rosafarbenen Bougainvilleabüschen führte. Mit einem Mal ragte das «Jebel Ali» majestätisch vor uns auf.

Ein Portier stand bereits hinter der Glastüre, um uns mit dem Gepäck zu helfen. Und dies morgens um vier Uhr; das überraschte selbst Lisa. In der hellerleuchteten Marmorhalle prangten riesige Säulen. Neugierig musterten uns einige Flight

Attendants und Flugkapitäne. Sie standen inmitten der Lobby bei einem Servierwagen, tranken Kaffee und verpflegten sich mit Sandwiches. Hinter der Rezeption blickten uns ein paar mächtige Ölbilder der Herrscher dieses Landes entgegen.

Als wir die Anmeldekarte ausgefüllt hatten und uns zum Aufzug begeben wollten, klang es von der Rezeption her: «Sorry, da wäre noch eine Nachricht für Sie, Miss Schmidt.»

Ungläubig nahm ich den Umschlag entgegen, öffnete ihn mit zitternden Fingern und fand ein Fax vor. Lisa neigte sich neugierig über das Blatt Papier, und ich las mit klopfendem Herzen vor.

Hi Verena,
Welcome to the United Arab Emirates. I'll be glad to see you again.
I'll give you a call later on today.
Enjoy your day.
Khalid.

Mir war, als bewegten sich die Weltmeere und die Gestirne. Eine nie gekannte Freude überfiel mich.

«Ich fasse es nicht», schmunzelte ich bloss.

Mehr wagte ich nicht zu zeigen, aber innerlich tat ich einen Freudensprung. Irgendetwas Immenses musste durch Khalids Worte in mich hineingekommen sein und strahlte nun aus mir heraus. Denn wie durch einen fernen Schleier vernahm ich Lisas Anmerkung: «Aber bloss nicht, dass der jetzt jeden Tag dasteht.»

Ich hatte den Wink verstanden, sie wollte ihre Ruhe haben.

«Mach dir keine Sorgen», sagte ich. «Al Waha liegt viel zu weit entfernt von hier.»

Die Koffer waren längst ausgepackt, unsere Kleider fein säuberlich im Schrank versorgt, als ich noch immer wach lag. Vor lauter Aufregung wälzte ich mich ständig hin und her im Bett. Hinzu kam die Ungewissheit, was mich mit Khalid erwarten würde.

Zwei Stunden später ging ich zum Frühstück. Lisa lag un-

69

terdessen in tiefem Schlaf. Ich trank Kaffee und rauchte nervös. Doch ich brachte keinen Bissen herunter. Wann mir je der Appetit versagt hatte, daran konnte ich mich nicht erinnern. Zumal ich eine gute Esserin als auch eine hoffnungslose Geniesserin war.

Einfluss darauf hatte mit Sicherheit meine erste Liebe, Henrik. Mit siebzehn, während meiner Ausbildung zur Schaufenstergestalterin, führte er mich regelmässig zum Mittagessen aus. Die legendäre Zürcher Kronenhalle, das einst schicke Nova Park, oder die Piccoli Academia waren nur einige Adressen, wo wir zu Mittag assen. Nach dem Lehrabschluss war ein mehrmonatiger Sprachaufenthalt in England geplant. Hätte ich mich gegen Henrik durchgesetzt, wäre mir viel Kummer erspart geblieben. (Khalid wäre zu der Zeit nicht in England gewesen.)

Doch Henrik zerschlug meine Pläne und drängte mir eine Weltreise auf, die ich im Grunde gar nicht wollte. Ich war auch gar nicht reif genug für eine solch enge Beziehung.

«Aber Verena, wir wollen doch heiraten. Du darfst mich jetzt nicht verlassen. Auf unserer Reise wirst du ohnehin englisch lernen.»

Henrik war ein Fantast, ein Träumer. Bevor ich reagieren konnte, stand ein nagelneues Motorhome da – und ab ging die Reise.

So richtig begeistern konnte ich mich aber erst in Marrakech. Der Zauber und die Farbenpracht dieser orientalischen Stadt zogen mich völlig in ihren Bann. Fasziniert wie auch beängstigt bewegte ich mich zwischen Schlangenbeschwörern, Gauklern und Wasserträgern. In Algerien mussten wir am eigenen Leib erfahren, wie gefährlich es war, dieses Land zu durchqueren. Wie leichtsinnig wir in der Tat waren, das wusste ich zum Glück nicht. Ich war schon so fast vor Angst gestorben. Wie auch immer – ob im Bergkurort Ain el Hadjidi, das auf einem Felsen prangende Constantine, oder dem zauberhaften Annaba, überall fanden sich prachtvolle Hotels, die uns schliesslich Sicherheit boten.

Es waren bereits sechs Monate vergangen, als wir vor der iranischen Grenze standen und ich realisierte, dass Henrik schwere Probleme mit sich selbst hatte. Er musste lange schon in eine Depression gefallen sein. Er sah keine Ziele mehr im Leben, und ich hatte plötzlich das Gefühl, dass er vor etwas auf der Flucht war – und das mit mir.

An dem Punkt endete unsere Weltreise, und damit meine erste Liebe.

Noch schlaftrunken und erschrocken über die Störung murmelte Lisa etwas Unverständliches unter der Decke hervor. Das Zimmertelefon klingelte. «Das muss Khalid sein», dachte ich. Mein Herz fing an zu klopfen wie das einer Verliebten. Dass alles so schnell ging, damit hatte ich nicht gerechnet. Ich atmete tief durch, gab mir einen Ruck und meldete mich schliesslich mit: «Yes, hello?»

«Verena», lachte er verlegen, «bist du es?»

«Ja, ich bin es», sagte ich und hoffte, dass er meinen Herzschlag nicht hörte. «Ich kann es kaum glauben – Khalid, sag, hast du überhaupt geschlafen letzte Nacht», scherzte ich vor Verlegenheit.

Über diese Unverschämtheit blieb ihm zunächst die Sprache weg. Doch gleich lachte er aus vollem Hals, was auch gut war so. Schliesslich erkundigte er sich ausführlich über das Wohlergehen meiner Mutter, meiner Geschwister, unsere Anreise und so fort. Dann meinte er fast beiläufig: «Wenn du möchtest, Verena, könnten wir uns heute Abend treffen. Ich habe zufällig Wichtiges zu erledigen in Dubai. Das liesse sich gut verbinden.»

Heute Abend? Mich traf der Schlag. Er konnte es also nicht erwarten. Meine Gedanken fingen sogleich an wild im Kreis zu drehen. Hatte Khalid mir etwa verziehen? War er vielleicht überglücklich, dass er ein Lebenszeichen von mir erhalten hatte? Oder dachte er bloss daran, sich zu rächen? Rächen für das, was sich dieses ungläubige Weib mit ihm erlaubt hatte? Letzteres machte mir vor Angst eine Gänsehaut. Doch die Gewissheit, dass mir im Hotel nichts passieren konnte, beruhigte mich wiederum. Ich würde es spüren, wenn ihm danach wäre. In diesem Fall konnte ich Khalid auf der Stelle stehen lassen.

«Aber natürlich, ich freue mich dich zu sehen, Khalid.»

Lisa war inzwischen auf, so dass ich endlich die Gardinen öffnen konnte.

«Schau her, dieser wunderbare Park und die mondänen Yachten, die hinter den Büschen hervorragen.»

Hohe Pinien, Palmen und Platanen reckten ihre Wipfel in die heisse Luft. Unter unserem Balkon schlug ein Pfau sein Rad, und im Hintergrund war ein Durcheinander von tierischen Lauten zu vernehmen. Etwa das Kreischen der Fasane und das Grunzen von Kamelen. Selbst Lisa war fasziniert von diesem Schauspiel. Ja, es versetzte sie endlich in gute Laune.

«Hast du Lust, die Umgebung zu erkunden?»

«Aber natürlich», entgegnete sie.

«Sieh nur, was mit unserem Spiegel passiert ist.»

Die Feuchtigkeit war dermassen hoch, dass sich innert Kürze alles beschlagen hatte. Und unsere Haare fingen an, sich zu wilden Locken zu kringeln.

Vom Wasser her erinnerte das Jebel Ali Hotel an einen Falken. Einer, der mit ausgebreiteten Flügeln eifersüchtig seine Beute, den prachtvollen, saftiggrünen Palmengarten, hütete. Während wir durch die endlose Oase schlenderten, berieselte uns immer wieder leise Musik aus verborgenen Lautsprechern.

Nur wenige Schritte entfernt lag das moderne Sportzentrum, der Club Joumana. Vom Fischrestaurant aus hatte man einen atemberaubenden Ausblick auf den Yachthafen und das türkisgrüne Meer. Asiatische Männer schrubbten und polierten schneeweisse Yachten, allzeit zum Auslaufen bereit, auf Hochglanz. Hinter dem Club erstreckte sich ein riesiger exotischer Wald mit Reitställen und Kamelen. Lisas Gesichtsausdruck verriet, dass sie die Schweiz und ihre Probleme längst hinter sich gelassen hatte.

Zufrieden kramten wir unsere Bücher aus der Tasche. Eine leichte Brise bewegte die Palmenblätter, so dass die Sonnenstrahlen sanft hindurchrieselten. «Wenn Frauen zu sehr lieben», war der Buchtitel von Lisas Lektüre. Während ich mich in den neuesten Bestseller «Nicht ohne meine Tochter» vertiefte. Zwischen den Zeilen beobachteten wir immer wieder das Treiben im Palmito Garten. Zahlreiche Plätze waren nicht besetzt, das Hotel schien höchstens halbvoll zu sein. Was mir durchaus gefiel. Hier brauchten wir nicht um einen Schattenplatz zu kämpfen. Alles gehörte fast ausschliesslich uns allein. Was wollten wir mehr!

Plötzlich hörte ich meinen Namen durch die Lautsprecher. Wer konnte das sein, niemand kannte uns hier? Himmel, das musste Khalid sein – es fing also schon an.

Und nochmals kam die Durchsage: «Mrs. Verena Schmidt, please contact the telephone operator.»

«Na, was überlegst du, lauf schon», lachte Lisa, als sie mir die Verwirrung ansah.

Ich verwünschte sie auf der Stelle.

«Yes, hello?»

«Verena, hi, ich wollte bloss wissen, ob es euch gut geht.»

Die Stimme klang gemessen. Mein Herz klopfte. «Aber natürlich Khalid, es ist wunderbar hier im Jebel Ali.»

«Es freut mich, dies zu hören. Doch gebt bitte acht auf euch und lasst euch nicht von einheimischen Männern behelligen», klang es gestreng. «Wir sehen uns dann heute Abend um zwanzig Uhr, okay?»

Das wars.

Khalids Besorgnis erstaunte mich. Im Gegensatz zu manch anderen Ländern waren hier die Hotelangestellten ausserordentlich sittsam und gebildet. Überdies fanden sich keine Einheimischen im Garten und um den Pool herum.

Am späteren Nachmittag verspeisten wir einen frischen Hamour mit Zitrone und heisser Butter. Während wir auf den Yachthafen hinausblickten, bereitete ich Lisa auf den heutigen Abend mit Khalid vor.

«Cheers, Lisa, geniesse den feinen Tropfen, es wird für heute der letzte sein. Nein, im Ernst, Khalid ist ein strenggläubiger Muslim der, seit ich ihn kenne, weder Alkohol trinkt noch Zigaretten raucht. Und da wir uns auf arabischem Territorium befinden, möchte ich ihm diesen Respekt zollen. Schau Lisa, nur für heute Abend, ja?»

«Na, wenn es denn unbedingt sein muss. Aber nur heute, das sag ich dir.»

Ein paar Stunden später sassen wir erwartungsvoll in der Lobby – nahe dem Eingang, damit ich Khalid sofort sehen konnte. «Was soll ich bloss sagen, wenn wir uns sehen?» Den ganzen Tag hatte ich überlegt.

Obwohl das Hotel kaum besetzt war, schien dieser Ort nach Sonnenuntergang überraschend aufzuleben. Staunend beobachteten wir, wie einigen brandneuen Mercedes- und Cadillac-Limousinen Scheiche entstiegen. In ihren blütenweissen Gewändern, der Kopfbedeckung mit schwarzem Reifen darum, sahen sie sehr geheimnisvoll aus. Gemächlich schlurften sie in Sandalen über den Marmorboden und verschwanden in Richtung Konferenzzentrum oder der Bar. Einer von ihnen schwang dabei seine Kopfbedeckung kokett nach hinten, geradeso als wäre es eine weibliche Haarpracht. Wir kamen aus dem Staunen nicht heraus. Allmählich machte ich mir Gedanken, dass es Khalid nicht leichtfallen dürfte, mit seinem wohl eher schäbigen Fahrzeug – wenn er denn überhaupt ein eigenes besass – hier aufzukreuzen.

Fast gleichzeitig fiel uns ein grosser, schwarzer Sportwagen auf. Eine exakte Kopie des sprechenden «Knight Rider» aus der gleichnamigen Filmserie. Im Gegensatz zu den anderen Autos kam dieser ziemlich rassig vorgefahren und zog einen Stopp, dass die Reifen quietschten. Der Portier eilte sofort um den Amerikaner-Sportwagen herum, bei dem selbst die Scheiben schwarz ausssahen.

Kein Scheich, nein, ein Mann in dunklem Massanzug entstieg dem Wagen. Er reichte dem Portier die Schlüssel und drehte sich um. Dabei traf mich fast der Schlag. «Jetzt halt dich fest, Lisa – dieser Mann ist mein Khalid!»

Ich brachte die Worte gerade noch knapp über die Lippen, als ich nur noch reglos dastand und staunte. Während Khalid stolz und selbstbewusst durch den Eingang schritt, zitterten meine Knie regelrecht. Wie hatte er sich bloss verändert, dachte ich. Verlegen schlug ich die Augen nieder und suchte Herr meiner Gefühle zu werden. Als er schliesslich direkt vor mir stand, blickte ich auf und lachte herzerfrischend. Khalids Augen strahlten dabei so sehr, dass ihm die Freude rundherum anzusehen war. Für ein paar Sekunden verloren wir unsere Stimmen – keiner zu einem vernünftigen Wort fähig.

Fast hätte ich vergessen, Lisa vorzustellen. Verwirrt drehte ich mich um und holte das beinahe Versäumte nach. Wobei Lisa sogleich ihren weiblichen Charme spielen liess. Herrgott, wusste sie denn nicht, wo sie sich befand? Sie schien tatsächlich kein Gefühl dafür zu haben, dass sich Koketterie nicht gehörte in einem islamischen Land. Dabei hatte ich ihr doch am Nachmittag einige wichtige Regeln beigebracht.

«Was meint ihr, statt hier Wurzeln zu schlagen könnten wir einen Drink nehmen in der Bar», durchbrach sie unsere Verlegenheit.

«Aber klar», entgegnete Khalid, den Blick nicht von mir lassend.

Ich spürte, wie das Leuchten seiner Augen meine Gefühle von Neuem zu entfachen drohte. Als wir nebeneinander her gingen, pochte mein Herz wie wild.

Zu dem Zeitpunkt hatte ich keine Ahnung, welches Geheimnis auf Khalid lastete. Welche Pläne er mit mir hatte, und zu welch wahnsinniger Tat er fähig sein würde – sieben Monate später, im hintersten Niltal.

Als wir endlich nebeneinander sassen, blickten wir eine Sekunde scheu auf. Es war nur ein Augenblick, aber er war lange genug, um Bände zu sprechen.

«Was möchtet ihr gerne trinken?», fragte Khalid schliesslich, als der Kellner am Tisch stand.

«Für mich einen Orangensaft», sagte ich. Dabei warf ich Lisa einen mahnenden Blick zu.

«Dasselbe», antwortete sie lustlos.

«Gut, zweimal Orangensaft und für mich einen Screwdriver bitte», gab Khalid die Bestellung auf.

Vor Erstaunen weiteten sich Lisas Augen: «Verena, ich hab mich wohl verhört.»

Worauf sie sich vor Lachen schüttelte und den Kellner sogleich wieder zurückrief.

«Sorry, Mister, wir möchten unsere Bestellung ändern.»

Khalid mimte zunächst den Unschuldigen. Doch mit einem Mal hielt er sich nicht mehr unter Kontrolle, und stimmte mit in unser Gelächter ein. Die Überraschung war ihm ja auch gelungen. Allmählich kam ich mir wirklich dämlich vor. Da musste sich einiges geändert haben in seinem Leben. Ich erkannte ihn kaum wieder.

«Du trinkst also Alkohol, und dies hier zu Hause in Arabien?»

«Aber ja, warum denn nicht?»

Ich schwieg. Lisa schilderte längst genüsslich in allen Einzelheiten, welchen Aberwitz ich ihr für den heutigen Abend auferlegt hatte. Khalids Augen schimmerten mit jedem Wort heller, als ginge ihm die Geschichte unter die Haut. Mir war das Ganze peinlich, ich wandte den Blick verschämt ab.

Auf einmal fasste mich Khalid bei der Schulter und lachte: «Nein wirklich, Verena – you are so sweet!»

Von den Barhockern fielen immer wieder neugierige Blicke zu unserem Tisch. Meist von einheimischen Männern in weissen Kandoras. Unter dem eher älteren Publikum aus Europa fielen Lisa und ich richtiggehend auf. Wie dem auch sei. In meinen Fantasien war ich stets wortgewandt, aber in Khalids Gegenwart einfach sprachlos. Zudem schien es ihm nicht viel anders zu ergehen, was die Sache auch nicht erleichterte. Wir waren wohl einfach zu aufgewühlt.

«Weshalb trägst du keine weisse Kandora?», fragte ich. «Alle anderen hier tragen sie doch?»

Khalid blickte mich verständnislos an.

«Ich fühle mich eben wohler in Hosen. Das heisst, manchmal, zu bestimmten Anlässen, trage ich die Kandora schon.»

Ich spürte, dass ich Gefahr lief, Unsinn zu reden, wenn ich mich nicht zusammennahm.

«Erzähl mal, was tust du gegenwärtig in Dubai?»

«Nun, ich bin sehr oft da. Eines meiner Büros befindet sich im World Trade Center. Um meine Geschäfte zu tätigen pendle ich ständig zwischen Al Waha und Dubai.»

«Ach, wirklich.»

Meine Neugier wurde so gross, dass ich anfing Khalid mit Fragen zu löchern.

«Und welche Art Geschäfte tätigst du, wenn man fragen darf?»

«Aber Verena», lachte er.

«Weisst du, ich bin sehr vielseitig. Ich besitze eine bedeutende Schifffahrtsgesellschaft, die Güter von Fernost nach Port Rashid bringt. Überdies wurde ich zum General Manager der Zivilluftfahrt und des Flughafens von Al Waha ernannt. Unter anderem steht in Verhandlung, ob ich in naher Zukunft Rennkamele aus dem Sudan importiere. Willst du noch mehr wissen – oder reicht es fürs Erste?»

Der Stolz stand ihm in den Augen.

Ich war sprachlos. Er redete, als wäre er von Geschäfts wegen eine einflussreiche Persönlichkeit in Dubai. Ich erkannte meinen Khalid kaum wieder.

«Nun, da hast du es in den letzten drei Jahren, seit du aus den USA zurück bist, beachtlich weit gebracht. Doch verrat mir, weshalb du sieben Jahre Atomphysik studiert hast. Bestimmt nicht, um Kamele und andere Güter über den Kontinent zu verschieben.»

Er räusperte sich nervös.

«Weisst du, Verena, das ist etwas kompliziert zu erklären. Es besteht hier bis anhin keine Möglichkeit, mein Studium anzuwenden. Ich müsste dazu in einem fremden Land leben, doch das mag ich nicht.»

Er griff seinen Pager aus der Brusttasche und stellte das Piepsen ab.

«Mein Leben ist hier in Arabien. Entschuldigt mich für einen Moment, ich muss jemanden zurückrufen.»

«Der ist ja richtig sympathisch, dein Khalid. Und sieht erst noch blendend aus», schwärmte Lisa.

«Tja, das tut er wirklich», meinte ich gedankenverloren.

Mich beengte, dass Khalids Stimme mit einem Mal ernst, beinahe resolut klang, als es um Persönliches ging. Ich vermochte nicht zu sagen warum, doch er klang seltsam. Ich nahm mir vor, ihn nicht mehr mit solcherlei Fragen zu belästigen. Bestimmt war ich für arabische Begriffe zu direkt geworden.

Lisa und ich beschlossen, wenn er zurückkam, ins «Ibn Majed» hinüber zu wechseln.

Als Khalid die Bar nach kurzer Abwesenheit wieder betrat, warf er einen gestrengen Blick in die Runde. So streng, dass keiner wagte, auch nur ein verstohlenes Auge nach uns zu werfen.

«Khalid, es wäre schön, wenn wir zusammen zu Abend essen könnten, was meinst du dazu? Oder hast du andere Pläne?»

«Nun, eigentlich bin ich nicht hungrig. Doch ihr könnt trotzdem essen und ich leiste euch dabei Gesellschaft.»

Lisa warf mir einen perplexen Blick zu. «Was meinte er bloss mit ‹ihr könnt›», fragte sie, als wir durch die Hotelhalle gingen.

«Ach vergiss es Lisa, wir sind hier in Arabien, da sind die Ausdrucksweisen nun mal anders.»

«Immerhin hat er sieben Jahre im Westen gelebt …», bemerkte sie.

Vor uns erstreckte sich das verlockende Buffet aus einer Vielfalt von asiatischen und mittelöstlichen Köstlichkeiten. Lisa liess sich die Freude nicht nehmen und begab sich sogleich zu den Speisen. Kaum waren wir allein, verdüsterte sich Khalids Blick schlagartig. Ich suchte meine Nervosität zu verbergen, indem ich auf ihn einredete, wenigstens etwas Kleines zu essen. Doch er sah bloss durch mich hindurch. Er schien überhaupt nicht auf meine Worte zu hören. Egal, was ich sagte, er schwieg und seine Augen lachten mich aus. So als wollten sie sagen, rede nicht solchen Unsinn daher – erzähl lieber was du getan hast. Schliesslich wandte ich den Blick vor lauter Unbehagen ab und schwieg. Ich wusste, dass ich Khalid nicht länger ausweichen konnte. Als sich unsere Augen wieder trafen, blickte er mich mit einer gewissen männlichen Strenge an.

«Khalid», begann ich, «ich habe dir noch gar nicht gesagt, wie sehr ich mich über deinen Willkommensfax gefreut habe.»

Er sah mich abwartend an.

«Ich weiss, ich weiss – ich bin dir eine Erklärung schuldig», sagte ich.

Mein Blick fiel hilfesuchend in Richtung Lisa. «Pass auf, Khalid, es ist jetzt nicht der richtige Moment dazu – lass uns bitte später darüber reden.»

Als wäre nichts gewesen, fragte er meine Freundin gleich darauf: «Na, Lisa, wie gefällt es dir im Jebel Ali?»

«Bis jetzt wunderbar. Sag mal, sind die Männer dort drüben in den weissen Gewändern Scheiche?»

Er konnte ein Lachen kaum unterdrücken: «Aber nein doch, hier tragen alle weisse Kandoras.»

«Aha, verstehe. Aber, dass es Scheichs und Prinzessinnen wie Sand am Meer gibt, das stimmt doch?»

«Na, ja.»

«Woran erkennt man sie denn?» Lisa liess nicht locker.

Ich musste sie unter dem Tisch treten. Khalid machte den Anschein, als wäre er allmählich entnervt. Ihm brannten ganz andere Probleme auf der Seele. Überdies war er sich bestimmt nicht gewohnt, vom weiblichen Geschlecht mit Fragen gelöchert zu werden. Ich verzog mich schweigend in Richtung Buffet.

Als ich den Teller mit Häppchen füllte, überlegte ich krampfhaft, wie ich mit Khalid allein reden konnte. Wenn Lisa von sich aus nichts merkte, würde ich nicht drum herumkommen, sie später wegzuschicken. Und überhaupt. «Alles schön mit der Ruhe», dachte ich. Schliesslich war Khalid derjenige, der mich nahezu sieben Jahre hingehalten hatte. Und dies ohne Verlobung, ohne Versprechen oder sonst etwas. Geschweige denn, dass er mir einen Antrag gemacht hätte. Ich brauchte mich wirklich nicht zu rechtfertigen, wenn ich nicht wollte.

Als ich mich wieder an den Tisch setzte, war Khalid gerade

dabei, in seinem Jackett zu kramen. Verwundert sah ich zu, wie er eine Kapsel aus einem Zellophan drückte und sie hastig runterschluckte.

«Es sind bloss Contact-Erkältungskapseln, brauchst mich nicht so schräg anzusehen, Verena.»

«Sag bloss, du bist erkältet? Man sieht dir überhaupt nichts an. Du siehst blendend aus, hast dich im Übrigen sehr gemacht in den paar Jahren.»

Das sass. Khalids Züge lösten sich wieder, auch wenn ihm die Anspannung noch immer im Gesicht stand.

«Ich dachte, in der Wüste kriegt man keinen Schnupfen», bemerkte ich.

«Und ob. Seit der Petrodollar fliesst, sind Klimaanlagen zwar eine angenehme Nebenerscheinung in unserem Land, doch sie sind wider unsere Natur. Ob im Hotel, im World Trade Center oder in der Deira Shopping-Mall, die Räume sind allesamt zu stark gekühlt. Selbst im Winter laufen die Geräte überall. Stell dir vor; ohne das vertraute Summen der Klimaanlage zu Hause kann ich schon gar nicht mehr einschlafen – und wenn ich mir dabei vor Kälte die Decke über den Kopf ziehen muss.»

Lisa und ich schüttelten uns vor Lachen. Doch das beabsichtigte Khalid wohl auch. Später schlug ich vor, in den Club hinunter zu gehen. Ich hoffte, dort endlich ungestört mit ihm reden zu können.

«Selbstverständlich würde ich euch gerne begleiten. Doch ist es spät geworden und ich habe noch einen weiten Weg vor mir.»

Ein Anflug von Panik überkam mich. Das konnte doch wohl nicht alles gewesen sein!

«Du hast tatsächlich vor, nach Al Waha zu fahren?»

«Ja, natürlich.»

«Das ist viel zu gefährlich, du könntest dabei einschlafen. Wie lange fährt man überhaupt bis Al Waha?»

«Mach dir meinetwegen keine Sorgen», lachte er. Ich bin es gewohnt, die Strecke zu fahren.»

«Nun gut. Doch wie weit liegt denn nun Al Waha entfernt?», fragte ich noch einmal.

«Was denkst du?»

«Ich habe keine Ahnung – weit, sehr weit, Stunden?»

«Nun, vom Jebel Ali aus dürften es drei sein.»

Wir begaben uns zur Lobby und Khalid erteilte den Auftrag, seinen Wagen vorzufahren. Ich wollte nicht glauben, dass ihm ernst war, fortzugehen, ohne dass wir über das Wesentliche gesprochen hatten. Doch je näher der Abschied rückte, desto mehr begriff ich, dass es tatsächlich so war. Er erwähnte nicht mal, ob wir uns erneut sehen würden – vielleicht wir beide, ganz allein.

«Verflixt nochmal», dachte ich plötzlich. Er legt es nur darauf an, mich bis aufs Äusserste auf die Probe zu stellen. Hätte er sonst derart schnell dagestanden?

Als der Wagen vorfuhr, verabschiedete sich Khalid mit einem förmlichen Händedruck. Erst von Lisa, dann von mir. Während ich vor Enttäuschung kein Wort über die Lippen brachte, behielt Khalid meine Hand zurück und umschloss sie mit seiner Zweiten.

«Wenn du möchtest, Verena, könnten wir demnächst zu viert nach Dubai zum Essen fahren, was meinst du?»

Ich rang nach Luft.

«Nun, vielleicht …» zögerte ich absichtlich, «das fände ich eine wunderbare Idee.»

«Gut, lächelte er zufrieden. Ich werde mich wieder melden. Und gebt solange Acht auf euch.»

Als Khalid weg war wusste ich, dass meine Gefühle für ihn von Neuem entflammt waren. Doch nie hätte ich das zugegeben.

Mattars Auftritt

Der nächste Tag verlief zu Anfang ruhig. Zwischen den Zeilen von Mahmoody blickte ich immer wieder zum Wasser hinaus. Wobei mir Khalids Fehleinschätzung ein stilles Lächeln entlockte. Schliesslich gab es doch keinen Zweifel, dass er inzwischen ein gereifter, gut aussehender und erfolgreicher Mann war. Überdies war anzunehmen, dass er es beruflich recht weit gebracht hatte. Na ja, im Nachhinein scheint immer alles einfach und logisch zu sein.

«Mrs. Verena Schmidt …», säuselte die angenehme Frauenstimme durch den Palmengarten, «Mrs. Verena Schmidt …»

«Es geht wieder los», schmunzelte Lisa.

«Nein, bitte nicht», stöhnte ich.

Dann brachen wir in Gelächter aus. Insgeheim freute ich mich natürlich.

«Hi, Verena, wie geht es dir und deiner Freundin?»

«Es geht uns gut, und dir? Was macht deine Erkältung?»

«Danke, es geht mir gut.»

«Aber deine Erkältung, meine ich. Geht es heute besser?»

Khalids umständliche Redeweise konnte einen schon mal anstrengen. Nie erhielt man eine gradlinige Antwort. Dass diese Art der Unterhaltung nichts als arabische Manierlichkeit und Redekunst war, erfuhr ich erst später.

«Mach dir keine Sorgen, Verena, es geht mir gut.»

Voilà, da hatten wir's doch. Ich wusste noch immer nicht genau, wie es um ihn stand.

«Schau, ich möchte dir bloss meine Nummer geben, falls du sie mal benötigst – wer weiss. Überdies sollst du wissen, dass ihr beide während eures Aufenthaltes voll unter meiner Obhut steht.»

Was immer Khalid damit meinte, für einen Moment verschlug es mir die Sprache. Dieses Wertschätzen und Umsorgen

schien mir unerklärlich vertraut, als wäre alles schon einmal da-
gewesen. Jetzt erinnerte ich mich wieder an England, an Faisal.
Hatte er mich damals nicht auch beschützt, als wäre ich etwas
ganz Besonderes? Jedenfalls tat diese Fürsorge einer Frau wie mir
ausgesprochen gut.

«Verena, hörst du mich?»

«Oh, natürlich. Ich danke dir sehr, Khalid.»

«Nicht der Rede wert», lachte er. «Also die Nummer vom
World Trade Center Büro lautet … und die Nummer vom Pager
… und die Nummer von meinem Zuhause … etc.»

Von zu Hause?

«Sag, Khalid, was ist, wenn ich dich zu Hause anrufe, werde
ich da deine Mutter am Telefon haben? Und was sage ich ihr,
wer ich bin? Weiss sie überhaupt von mir?»

Er lachte. «Nein, Verena, ich besitze eine eigene Nummer.»

«Ach, wirklich? Und was, wenn jemand dein Telefon klin-
geln hört und antwortet?»

Nun lachte Khalid laut heraus. Womit ich wusste, dass es
zwecklos war, weiter zu fragen. Am Ende würde ich vor Neugier
platzen und gleichviel wissen wie zu Anfang. Eines war jedoch
sicher: Khalid konnte kaum genug davon kriegen, meine Stimme zu hören. Im Laufe des Tages rief er noch zweimal bei uns
an.

Als die Palmen schliesslich den Rasen mit Schatten bedeck-
ten, wechselten wir zum Pool hinauf. Unter den letzten flach
einfallenden Sonnenstrahlen träumte ich vom morgigen Abend
auf einer dickbäuchigen, alten Dhau. Bei seinem letzten Anruf
hatte Khalid nämlich verkündet, dass er uns zusammen mit seinem Freund Zayed zum Nachtessen auf ein arabisches Holz-
schiff einlade.

Noch am selben Abend schlenderten Lisa und ich gutgelaunt
zum Club.

Zwischen den Hotelgästen, zu denen vorwiegend Airline-
Crews zählten, fiel mir ein Araber in weisser Kandora auf. Er zog
Kreise um die Tische wie ein Raubvogel. Bis er schliesslich ent-

schlossen auf unseren Nebentisch zumarschierte und sich setzte. Ich spürte sogleich, wie sich etwas in der Luft zusammenbraute. Obwohl der Club recht gut besetzt war, hätte es noch genügend andere freie Plätze gegeben.

Lisa hielt inne und flüsterte mir verheissungsvoll zu: «Hast du dieses Gebilde von Mann neben dir bemerkt?»

«Ja, – ich meine nein, bitte nicht so auffällig, Lisaa…»

Sie grinste schlau. «Er sieht sehr stolz und unnahbar aus.»

«Ach, wirklich?»

Wenn sie weiter so verschwörerisch tuschelte, würde ich das Lachen bald nicht mehr unterdrücken können. Unterdessen verströmte der Araber einen intensiven, verführerischen Duft. Ein Hauch von fremden, ätherischen Ölen, die an kostbaren Weihrauch erinnerten. Ich spürte förmlich, wie die Macht der Wüste mit ihren Schleiern und Wohlgerüchen Besitz von mir ergriff.

«Lass uns von hier verschwinden, meinetwegen tanzen oder zur Toilette, aber ich halte die Anspannung nicht länger aus.»

«Gut, gehen wir tanzen», sagte Lisa.

Als ich den ersten Blick in seine Richtung warf, glaubte ich, Omar Sharif aus dem Film «Lawrence von Arabien» hätte sich hierher verirrt. Nein, noch viel schöner sah der Fremde in seiner schneeweissen Kandora aus. Zweifellos war er sich dessen bewusst. Seine Körperhaltung, insbesondere der betont gleichgültige Blick ins Leere, drückte geradezu Hochmut aus. Die Art, wie er sich seines Teekännchens bediente, unterstrich diese Attribute erst recht. Geziert führte er das blaue Tässchen immer wieder an den Mund, während er das Tellerchen wohlerzogen darunter hielt. Dabei wusste ich genau, dass mich die dunklen Augen im Visier hatten.

Als wir wenig später vom Platz aus die junge Alitalia-Crew beobachteten, die mit einem Synchrontanz sämtliche Blicke auf sich zog, schreckte ich unversehens zusammen. Derart nahe klang die männliche Stimme an meinem Ohr. Entgeistert blickte ich um mich und sah dem Fremden ins Gesicht.

«Where do you come from?», lächelte er und rutschte sogleich wieder über die Sitzbank von mir weg.

Dabei warf er seine Kopfbedeckung, die Suffra, kokett zurück und liess seine schneeweissen, makellosen Zähne blitzen. Einen Moment lang war ich völlig verwirrt und sprachlos, zumal mich dieses Gebaren an einen Pfau erinnerte, der sein buntes Gefieder zum Rad aufschlägt.

«Where do you come from?», wiederholte er, beinahe verlegen über den eigenen Mut.

«Du hast mich erschreckt», sagte ich.

«Ja, natürlich.»

Welch unerhörte Gelassenheit! Oder hatte er etwa mein Englisch nicht richtig verstanden?

«Nun gut, ich werde es dir verraten – wir kommen aus der Schweiz. Und woher kommst du?»

Eine Sekunde lang riss er den Mund auf und forschte in meinen Augen, bis mir klar wurde, dass dieser Blick Respekt forderte. Was hatte ich getan? Bei Gott, ich war mir keiner Schuld bewusst. Ich setzte eine harmlose Miene auf und nahm rasch vorweg: «So you may come from Dubai.» (Also kommst du von Dubai.)

Er musterte mich, als wäre ich ein Fabelwesen. Dann kam die Reaktion – und dies nicht ohne einen gewissen Stolz in den Augen: «I come from Abu Dhabi.»

«Oh, es ist gewiss ein weiter Weg bis hierher, nicht wahr?»

Seine dunklen Augen nahmen mich erneut scharf ins Visier, als müsste er überlegen und abwägen, bevor er redete.

«Nun», kam es schleppend, «mit dem Kamel zieht es sich auf eine Tagreise hin.» Wonach er schallend lachte.

Aha, er hatte also tatsächlich auch Humor. Ich wandte ihm wortlos den Rücken zu. Was glaubte er, wer er sei? Erst versuchte er einem Respekt einzuflössen, um sich hinterher lustig zu machen? Na ja. Mir fiel ein, dass Khalid gelegentlich auf die selbe Weise reagierte. Ob meine Äusserungen für arabische Verhältnisse wohl derart merkwürdig waren?

Als sich sein Lachen endlich beruhigt hatte, entschuldigte er sich und stellte sich mit Namen vor: «I am Mattar».

Dabei schwang er seine Suffra würdevoll nach vorne und hielt sie, beinahe verführerisch, ins Gesicht gezogen.

«Er gebärdet sich wahrhaftig wie eine Haremsdame», flüsterte Lisa mit vorgehaltener Hand. Ich versuchte krampfhaft, ernst zu bleiben. Ich wollte die Aura, die diesen Fremden umgab, auf keinen Fall zerstören. Plötzlich stand er auf und meinte: «Komm, lass uns tanzen.»

«Das ist wohl nicht sein Ernst», dachte ich – tanzen in einer Kandora und Sandalen. Bevor ich protestieren konnte, griff Mattar nach meiner Hand und Lisa half mit einem Stups nach.

Als das weisse Gewand anfing, sich im Rhythmus zu Madonnas «You can dance» zu wiegen, traute ich mich kaum hinzusehen. Dem Beifall nach waren die Gäste rundum hell begeistert über den couragierten «Scheich». Sie tanzten mit jedem Song frenetischer um ihn herum. Dabei hatte er doch bloss Tee getrunken.

Unschuldig und von Neugierde getrieben – wie Kinder, so kam es mir in jener Nacht vor, näherten sich Orient und Okzident einander an. «Bei Allah, wenn Khalid mich so sähe», dachte ich plötzlich sorgenvoll und verzog mich an den Tisch zurück. Bald stand auch schon unaufgefordert ein Kännchen duftenden Minzetees vor mir. Ich blickte den Kellner fragend an, der wortlos in Richtung Tanzfläche auf Mattar deutete. Dieser löste sich sofort aus der Menge und kehrte an seinen Platz zurück.

Als er verschnauft hatte, sagte ich trotzig: «Ich mag aber kein heisses Getränk.»

Für den Bruchteil einer Sekunde wich der Glanz aus seinen Augen. Doch gleich darauf musste Mattar hell auflachen. Und es schüttelte ihn noch immer, als die dunklen, fast schwarzen Augen wie zufällig aufblitzten: «Du würdest besser daran tun, diesen Tee zu trinken. Er ist gesund und bekommt deiner Haut besser als Alkohol.»

Solche Belehrung eines Fremden war mir im Leben noch nicht passiert. Ich rang um Worte, wusste aber nichts Scharfsinniges dagegenzuhalten. Eines stand jedoch fest: Dieser Araber musste unglaublich eitel sein, beschäftigte sich doch tatsächlich mit der Epidermis. Und dies mitten in der Wüste. Ich wollte aus dem Staunen nicht herauskommen. Einstweilen trank ich den

Minzetee. Mattar sollte nicht denken, dass die Menschen des Westens nur lustig sein konnten, wenn sie Alkohol tranken.

Schliesslich hielt ich es für ratsam, ihm von Khalid zu berichten. Je eher, desto besser. Sich nur nicht in Unannehmlichkeiten verstricken – nicht hier in Dubai. Kaum hatte ich das gedacht, meinte Mattar: «Ich besitze übrigens eine Farm in Al Ain, die ich euch gerne zeigen würde.»

Ich wusste sogleich, dass ich die Einladung, selbst wenn sie noch so verlockend klang, ausschlagen musste.

«Das ist wirklich nett von dir, Mattar. Doch sind wir hier in Dubai zu Gast eines Freundes, den ich seit meiner Studienzeit kenne.»

Er sah mich an, völlig von der Rolle und wollte wissen, wer dieser angebliche Gastgeber sei.

«Der wird dir nicht bekannt sein», sagte ich, «er stammt aus Al Waha.»

Lisa kam unterdessen vom Tanzen zurück. Womit Mattar sie sogleich in misstrauischem Ton überfiel: «Ist das wahr Lisa, habt ihr tatsächlich einen Freund, unter dessen Obhut ihr steht?»

«Ja, natürlich. Khalid. Er ist ein sehr guter Freund – nicht wahr, Verena?»

Lisa musste spüren, dass Mattars Interesse und Aufmerksamkeit niemand anderem galt als mir. Mit provokativem Lächeln wiederholte sie deshalb noch mal: «Ja, Khalid ist wirklich ein sehr lieber Freund von uns.»

Es war spät geworden. Überdies hielt ich es für klüger, mich an dieser Stelle zu verabschieden.

Harem

Bereits am Nachmittag hatte ich mir den Kopf zerbrochen, was ich am Abend anziehen sollte. Es war nicht einfach, für arabische Verhältnisse seriös gekleidet und für Khalid trotzdem anziehend auszusehen. Je näher die Stunde rückte, desto nervöser wurde ich.

«Sag mal, Lisa, wie findest du mein Outfit für das Nachtessen auf der Dhau?»

«Du siehst fabelhaft aus in deiner sandgoldenen, schwingenden Hose. Aber beeil dich, in zehn Minuten steht Khalid mit seinem Freund hier.»

Als wir kurz darauf die Lobby betraten, rollte eine schneeweisse Stretch-Limousine vor, die den gesamten Eingang verdeckte. Gespannt sahen wir zu, wer dem Cadillac entstieg und stellten fest, dass der Wagen uns galt. Allmählich wurde Khalid zum immer grösseren Rätsel für mich. Inzwischen stieg auch sein Freund Zayed aus der Limousine. Ein auf den ersten Blick eher untypischer Araber. Zayeds Gesicht war breit, die Stirn kantig und er trug einen Vollbart. Auch sonst waren die beiden Freunde unterschiedliche Erscheinungen. Ich war nervös, als stünde ich vor einer Prüfung. Khalid ergings wohl ebenso. Beinahe etwas zu formell stellte er mich Zayed vor, der mich mit einem Schwall von Höflichkeitsformeln begrüsste. Seine Gestik war schwerfällig und die Augen undurchschaubar. Überrascht bemühte ich mich, die Höflichkeiten zu erwidern, die nun angebracht waren. Ich hatte das Gefühl, Khalid sei mit mir zufrieden.

Als wir durch den Jebel Ali Park hinausfuhren, wunderte ich mich, was die beiden Männer wohl verband. Zayeds Gehabe wirkte eher phlegmatisch, und mit seinem Bart sah er aus wie ein Glaubensgelehrter. Wie dem auch sei. Hinter den dunklen Scheiben hätte ich mich eigentlich wie eine Scheicha fühlen sollen. Doch die riesige Innenkabine, bei der man sogar eine kugelsichere Trennscheibe hinauffahren konnte, wirkte auf mich eher wie eine lästige Barriere. Bei aller guter Absicht – aber ich war schliesslich eine langjährige Freundin und kein Staatsbesuch. (Ich hatte ja keine Ahnung!) Dass ich solche «Trennscheiben» noch des öfteren zu spüren bekommen sollte, würde sich bald zeigen.

Khalid und Zayed beschäftigten sich auf der Fahrt ausschliesslich mit Telefonieren. Als wir endlich das World Trade Center passierten, war ich froh, die Skyline von Dubai zu sehen. Bald würde ich aussteigen, und bald würde Khalid nahe an meiner Seite sein.

Wie im Märchen tummelten sich am Quai die traditionellen schweren Dhaus in Zweier- und Dreierreihen. Dahinter erhoben sich funkelnde Wolkenkratzer und Luxus-Hotels. Diese Mischung von Relikten aus der Vergangenheit und dem Prunk der Ölmilliarden bot einen gewaltigen Kontrast. Staunend gingen wir einige Meter dem Quai entlang bis zu unserer Dhau. Ein laues Lüftchen wehte vom Golf her über die Stadt. Arabische Familien flanierten in Scharen auf und ab. Vorne schritten die Männer in weissen Kandoras, dahinter, ganz in schwarz gehüllt, folgten die Frauen – mal mit, mal ohne Gesichtsmaske, und darum herum tobten die Kinder. Auch Khalid und Zayed gingen ein paar Schritte vor uns.

Als wir die knarrende Schiffstreppe hochstiegen, fühlte ich mich sogleich in die Piratenzeit, an die Strasse von Hormus, zurückversetzt. Ein Blick über den Creek zeigte, wie wunderbar hier die Traditionen mit futuristischen Elementen verschmolzen.

In jener Nacht lag die Feuchtigkeit so schwer in der Luft, dass man beim Hinsetzen die ganze Nässe zu spüren bekam. Lisa und ich blickten uns einen Moment lang gequält an. Schliesslich entschädigte uns aber das prachtvolle Fischbuffet und der atemberaubende Ausblick über den Creek. Bald folgte die nächste unangenehme Überraschung. Khalid bestellte, ohne zu fragen, was wir trinken möchten, einen Liter Wasser. Als Lisa und ich den Wunsch nach einem Glas Wein äusserten, schlug er uns als Ersatz grinsend Kamelmilch vor.

«Aber, Verena, wir sind in einem arabischen Restaurant. Ich glaube, du musst noch einiges lernen», lachte er.

Ich starrte ihn ungläubig an und bemerkte, wie sich selbst der schwerfällige Zayed ein Grinsen nicht verkneifen konnte.

«Ihr macht euch lustig, das ist unfair», lachte Lisa mit.

Schliesslich erhielten wir eine Cola. Innert Kürze beschlugen sich nicht nur Gläser und Flasche, sondern auch unsere Handtaschen. Und erst unsere Haare. Ich hätte mich bei Gott nicht im Spiegel sehen wollen. Mit Schaudern beobachtete ich, wie das braune Tischtuch die Wasserlache um die Petflasche herum aufsog und wünschte mir inständig, ich sässe im trockenen, klimatisierten Hotel (wie dekadent …)

«Khalid», sagte ich über alles hinwegsehend, «es war wirklich eine wunderbare Idee von dir, hierher zu kommen. Weisst du, ich mag diese Gegensätze zwischen Piratenzeit und schwindelerregenden Glaspalästen. Die alten Dhaus, der Prunk und Luxus rundum, sie geben einem wahrhaftig das Gefühl vom Märchen aus Tausendundeiner Nacht. Ausserdem habe ich gehört, dass sich hinter der Skyline der grösste Goldmarkt des mittleren Ostens verbergen soll.»

Khalid wandte den Blick verächtlich zum Wasser hinaus: «Der Tag wird kommen, an dem wir die Wüste wieder entdecken, wo wir hinausströmen und der Abhängigkeit des Westens ein Ende setzen», war sein Kommentar.

Zayeds Augen hefteten sich an Khalids Lippen, dabei murmelte er etwas arabisches. Lisa und ich sahen uns verwirrt an. Khalids Stimme klang ernst, ja beinahe feindselig.

«Im Übrigen gebührt dieser Verdienst unseren Vorfahren», fügte er noch an.

War das der Khalid, den ich kannte? Weshalb plötzlich diese Gesinnung? Fuhr er nicht selbst einen Amerikanerwagen, ganz zu schweigen davon, wie sehr er von den USA profitiert hatte durch sein Studium. Auf den Gedanken, dass seine Bemerkungen Lisa und mich verletzen könnten, kam er nicht. Und trotzdem; irgendetwas hielt mich zurück, meine Meinung dazu abzugeben.

«Ich kann deine Gefühle gut verstehen», sagte ich schliesslich. «Mit den sprudelnden Ölquellen muss wohl alles viel zu schnell über dieses Land hereingebrochen sein. Doch mir scheint, ihr habt eure Traditionen bewahrt und das finde ich bewundernswert – nicht wahr, Lisa?»

Dabei warf ich ihr einen mahnenden Blick zu. Ich fürchtete, sie könnte sich vielleicht mit Dingen, von denen wir ohnehin zu wenig verstanden, aufs Glatteis begeben.

Wie zu erwarten stieg ein stolzes Lächeln aus dem Innersten der beiden Männer auf.

«Und wenn wir schon bei den Traditionen sind, Khalid. Ich sähe dich gerne mal in einer Kandora.»

Ich wollte dieses unangenehme Zwischenspiel rasch beenden. Selbst wenn ich mich stets als Individuum mit eigener Meinung betrachtete, so gehörte ich doch auch dem Westen an. Was aber nicht hiess, dass ich mit allem einverstanden war.

Khalid lachte: «Wer weiss, wir werden sehen.»

Somit stand in den Sternen geschrieben, ob ich ihn jemals in dem einheimischen Gewand sehen würde.

«Wie gefällt dir übrigens meine Haremshose – ich habe sie extra für dich angezogen?»

Khalid lachte verlegen. Solche Fragen war er bestimmt nicht gewohnt.

«Nun, ich finde sie etwas – sagen wir mal, aus der Mode.»

«Bitte was? In Paris werden solche Hosen derzeit auf jedem Laufsteg präsentiert. Dieses Stück sollte in keiner Frauengarderobe fehlen.»

Khalid und Zayed lachten sich schief.

Der Abend, auf den ich soviel Hoffnung gesetzt hatte, verlief ganz und gar nicht nach meinen Wünschen. Zuletzt wollte ich nur noch eines; schnell zurück in unser Refugium, das Jebel Ali

Irgendwann wurde mir klar, dass mich die beiden Männer lieber im Chanel-costume gesehen hätten. Schliesslich strebte man nach Westen und nicht nach dem Ort der Vorzeit – zu den Beduinen – zurück. Selbst wenn alles noch so widersprüchlich anmutete.

Als wir später zu viert die Jebel Ali Bar betraten, drehten sich einige Gäste neugierig nach uns um. Ich verspürte einen Stich, als mir ein vertrautes Augenpaar entgegensah.

«Sieh nur, Mattar ist auch da», stellte Lisa unüberhörbar fest.

Dies war Khalids Ohren natürlich nicht entgangen.

«Weisst du», sagte ich rasch, «dies ist der Mann aus Abu Dhabi, von dem wir dir beim Essen erzählt haben.»

Ein Glück, hatte ich Khalid am Rande darüber informiert. Ich wagte gar nicht auszudenken, was andernfalls passiert wäre. Die Lage war so schon peinlich genug – Mattar gebärdete sich, als würde er uns weiss Gott wie lange kennen.

Ohne es gewollt zu haben, sah ich mich plötzlich auf einer Art Gratwanderung zwischen zwei Kulturen. Und dies nach gerade mal drei Tagen auf arabischem Territorium. Dass ich von nun an besser daran tat, mich von fremden Gästen, die das Hotel besuchten, zu distanzieren, wurde mir jetzt unmissverständlich klar.

Die Nacht der Verzweiflung

Hatten etwa über Nacht Beduinen ein Lager an unserem Strand aufgeschlagen? Neugierig und vorsichtig näherten wir uns dem riesigen, braunen Zeltlager. Zu unserer Überraschung fanden sich keine Beduinen vor, sondern Dienstpersonal in hellblauem Overall, das eifrig elektrische Anschlüsse installierte oder aufgerollte Teppiche und Diwane herankarrte. Es sah ganz nach einem Folklore-Abend aus. Wir wollten ihn uns auf keinen Fall entgehen lassen.

Während des ganzen Tages herrschte reges Treiben um das Zeltlager. Khalid meldete sich zwischendurch aus Dubai und meinte, morgen Freitag könne er nicht kommen und auch am Tag darauf nicht. Der Grund dafür musste wohl das islamische Wochenende sein.

«Dann musst du unbedingt heute kommen, Khalid.» Dabei schwärmte ich ihm vor, welches Spektakel sich heute Abend am Strand abspielen würde.

«Ich weiss nicht, ich bin ziemlich müde, ich habe in den letzten Tagen kaum geschlafen.»

«Oh je, das verstehe ich gut, Khalid, bei diesen weiten Strecken, die du meinetwegen in Kauf genommen hast. Entschuldige, dass ich dich gebeten habe, schon wieder hierher zu fahren. Ich werde auf jedenfall in Gedanken bei dir sein, okay?»

In Wirklichkeit gab es kaum eine Minute, in der Khalid nicht mein Denken beherrschte. Enttäuscht kehrte ich danach wieder zum Strand zurück.

Inzwischen lag die Sonne flach über dem Arabischen Golf. Der Palmengarten hatte sich geleert und der Zauber war vollendet. Wasserpfeifen wurden angezündet, Schafe und Ziegen drehten sich am Spiess über dem Feuer und der Sand war mit Teppichen belegt. Ein betörender Duft von Weihrauch, Rosenwasser und Moschus lag in der Luft. Entlang den Wänden reihten sich bordeauxrote, niedrige Diwane und aufeinanderge-stapelte Kissen. Über den niedrigen Esstischen hingen wunder-schöne, feinziselierte orientalische Messinglämpchen – einfach märchenhaft.

«Tut mir ausserordentlich leid, meine Damen», meinte der Bankett-Manager, der alles ein letztes Mal überprüfte, «dies ist ein privater Anlass. Doch morgen Freitag findet ein Barbecue im Palmito Garden statt. Natürlich fehlen da auch arabische Köst-lichkeiten nicht.»

Welch schwacher Trost. Enttäuscht schlurften wir durch den Garten zum Zimmer hinauf. Während ich unter der Dusche stand, vernahm ich das Läuten des Telefons. Ich hörte wie Lisa sprach, doch ich verstand die Worte nicht.

«Verena, halt dich fest. Khalid ist mit Zayed unterwegs hier-her.»

«Nein, wirklich?» Vor Freude fiel ich ihr um den Hals. Wie musste er sich nach mir sehnen, dachte ich. Genau wie damals in England, als er meinetwegen kilometerlange Fussmärsche zurückgelegt hatte, weil seine Gastfamilie ja am anderen Ende der Stadt gewohnt hatte. Jetzt war ich mir sicher: Was immer passieren würde, etwas verband uns unauslöschlich. Kleider und Haarbürsten wirbelten nur so durch die Luft. Selbst Lisa wurde angesteckt von dem orientalischen Fieber. Sie posierte sich vor dem Spiegel und schwenkte ihre Hüften verführerisch zu arabi-schen Klängen aus dem Fernseher.

Als ich Khalid gegenüberstand, wünschte ich nichts so sehr, als dass wir uns in die Arme fliegen könnten. Seine Augen fun-kelten sogleich, als hätte er verstanden, als wünschte er selbst nichts sehnlicher als das. In dem Augenblick wusste ich, dass der besagte Moment nicht mehr allzu weit entfernt war.

Zu viert gingen wir Richtung Strand. Ich wollte unbedingt, dass Khalid einen Augenschein von dem Beduinenzelt nahm. Wer weiss – vielleicht würde er sich, im Schutze der Nacht, trauen, meine Hand zu ergreifen. Als wir beim Palmengarten ankamen, fanden wir das gesamte Gelände eingezäunt vor. Vom Zelt her waren männlicher Jubel und arabische Musikklänge zu vernehmen. Im Fackellicht näherten sich drei Araber auf dem Rücken von Kamelen. In ihren schneeweissen Gewändern sahen sie aus wie eine Fata Morgana – so schön und so unwirklich. Währenddessen drehten sich die Ziegen unentwegt über dem Feuer. Der sanfte Wind, der vom Meer her wehte, trug den herrlichen Duft von Ziegenfleisch und heissem Fett über den Park. Wehmütig blickte ich zu Khalid auf, der unbemerkt seinen Arm um meine Schulter gelegt hatte. Ich stand wie unter Strom. Doch nur für einen Augenblick, bis Khalid meinte: «Lasst uns essen gehen.»

An jenem Abend stand im Ibn Majed das Thema «Fondue Night» auf dem Programm.

«Herrje, hier riecht es aber streng», verdrehten die Männer ihre Augen.

Zu unser aller Erstaunen wurden sämtliche Arten Fondues, vom Bourguignon bis hin zum Walliser Käsefondue, angeboten.

«Trotzdem», meinte Lisa, «ihr solltet eine Kostprobe nehmen, wir sind auch offen und probieren eure Speisen.»

«Nein, danke, ich will doch keine Magenprobleme bekommen», entgegnete Zayed.

«Na, dann kosten wir doch mal davon», meinte Khalid beherzt.

Zayed schüttelte bloss staunend den Kopf. Als wollte er andeuten, dass sein Freund vor Verliebtheit den Verstand verloren hatte. Am liebsten hätte ich Zayed auf der Stelle verwünscht. Zumal ich ohnehin das Gefühl hatte, dass er alles erschwerte.

Doch Khalid liess sich davon nicht beeindrucken. Den ganzen Abend über studierte er jede meiner Gesten. Wenn sich unsere Blicke trafen, spürte ich Röte im Gesicht aufsteigen. Je verlegener ich wurde, desto mehr begann er, wie zufällig, meine Hand zu streifen oder meine Schulter zu berühren. Was mich jedesmal elektrisierte.

Mit einem Mal verspürte ich den unsäglichen Wunsch, zu erfahren, wie und wo Khalid eigentlich lebte. Ich hatte ja keine Ahnung, wie unmöglich meine Wünsche waren.

«Khalid», wagte ich mutig den Versuch: «Wann wirst du uns endlich deine Familie vorstellen? Ich würde so gerne sehen, wie du lebst.»

Zayed brachte den Mund vorerst gar nicht mehr zu. So sehr, bis es Khalid anfing zu schütteln, worauf beide in Gelächter ausbrachen.

«Was ist denn so komisch daran?», fragte ich leicht irritiert.

«Ach, Verena, das funktioniert bei uns nicht wie in der Schweiz. Ich kann dich nicht so einfach nach Hause mitnehmen.»

«Weshalb denn nicht? Wir kennen uns nun schon zehn Jahre – ich bin doch keine Fremde?»

«Trotzdem, Verena.»

«Warum fragst du nicht einfach deine Mutter? Bestimmt wäre sie einverstanden, wenn du eine alte Schulkameradin aus England einlädst.»

Zayed verdrehte die Augen. Weshalb tat er bloss so bescheuert, statt die Idee gut zu heissen.

«Wir werden sehen – so Gott will», sagte Khalid schliesslich.

«Also fragst du sie?», liess ich nicht locker.

«Wir werden sehen», wiederholte er stur.

Damit hatte ich mich zufrieden zu geben, soviel verstand ich. Wonach die beiden Männer sogleich heftig diskutierten. Aller Wahrscheinlichkeit nach berieten sie, wie sie mir den törichten Wunsch aus dem Kopf schlagen konnten. Dabei konnte ich regelrecht sehen, wie Khalids Glanz in den Augen nach und nach verflog.

Bald darauf rief er zum Aufbruch auf.

Mir wurde flau ums Herz. Wie schaffte er es bloss, mich so zu verlassen, dachte ich verzweifelt. Schon wieder wegzufahren, ohne dass wir uns allein gesprochen hatten. Geschweige denn, dass er mich in den Arm genommen hatte. Dabei war doch längst klar, dass wir uns vor Sehnsucht verzehrten. Etwa nicht? War es denn möglich, dass ich mich dermassen täuschte? Plötzlich schoss mir durch den Kopf, dass er mir vielleicht wehtun wollte.

Hatte sich Khalid etwa geschworen, mir das heimzuzahlen, was ich ihm angetan hatte? Bei dem Gedanken wurde mir übel.

In Wirklichkeit hatte ich nicht die leiseste Ahnung, was Khalid seit Tagen durchmachte meinetwegen. Wie sehr er zu kämpfen hatte mit sich.

Um so mehr fiel ich aus allen Wolken, als er beim Verabschieden sagte: «Verena, lass uns noch ein Stück allein zu Fuss gehen, ja?»

Soweit ich mich erinnere, war ich dem Kollaps nahe. Zayed schien gut darauf vorbereitet zu sein. Er entfernte sich, ohne eine Miene zu verziehen, in Richtung Parkplatz zum Wagen.

Dann schlenderten wir wortlos durch den tropischen Park. Nur das Zirpen von Grillen und unsere Schritte waren zu hören. Die feuchte Nachtluft umschloss uns wie ein Mantel. Plötzlich sehnte ich mich so stark nach Khalids Berührungen, dass ich mich fast schon sorgte. Irgendwie hatte ich das Gefühl, Glück und Unglück stünden einander in gleicher Weise nahe. Solche Hochspannung lag in der Luft. Er ergriff meine Hand. Mir stockte der Atem. Sein Händedruck fühlte sich unglaublich gut und stark an. Mir wurde fast schwindlig. Doch je weiter wir gingen, desto unerträglicher wurde die Stille, die eine immer tragischere Gestalt annahm. Auf einmal hielt Khalid inne, hob mein Kinn und blickte mir tief und ernst in die Augen. Dann nahm er mich in die Arme und zog mich fest an sich. Unsere Lippen berührten sich und ich merkte, wie mich ein sanfter Schauer durchströmte. Wie trunken musste erst die richtige Liebe mit ihm machen, schoss es mir durch den Kopf. Khalid hielt mich lange und eng umschlungen, als wollte er mich stärker, deutlicher fühlen, mir noch näher sein. Die Welt hätte in diesem Moment untergehen können, ich hätte mich nicht gesorgt. Schliesslich nahm er mein Gesicht in beide Hände, blickte mich lange und fest an. Im Mondschein sah ich, wie seine Augen feucht schimmerten. Das traf mich wie ein Stich ins Herz. Mir wurde ganz Angst.

«Hör zu, Verena», begann er leise, aber eindringlich zu sprechen: «Ich liebe dich so sehr – du sollst immer wissen, dass ich es bis zu meinem Tod tun werde. Aber …»

Ich schloss die Augen: «Nein. Bitte sag es nicht – ich will es nicht hören. Ich liebe dich.»

Alles in mir war ein einziger Schmerz.

«Doch, sieh mich an, Verena, bitte!»

Er schüttelte mich an der Schulter. Dabei starrte er mir mit verzweifeltem und direktem Blick in die Augen, wütend und unnachgiebig, mit dem Blick eines Arabers, der zum Kampf bereit ist – mit mir, mit dem Tod und Teufel.

In meiner Verletztheit konterte ich mit ebenso teuflischem Blick: «Weshalb heiratest du mich nicht gleich vom Fleck weg, wenn du mich so sehr liebst, Khalid?»

«Verena, wir können nie heiraten. Du weisst ja so wenig über mein Leben, ich werde dir einiges erklären müssen.»

Was sagte er da? Das wurde ja immer schöner.

Ich trat einen Schritt zurück, doch Khalid hielt mich bei den Handgelenken fest und liess mich nicht los.

«Hör zu, wir werden einen Weg finden – so Gott will. Und, so wahr ich hier stehe. Ach, weshalb musstest du nur untertauchen …»

Ich spürte, wie mir heisse Tränen aufstiegen.

«Sieh mich endlich an», sagte er, «du sollst wissen, wie schrecklich das für mich war. Erst dachte ich, du liebst mich, wie ich dich liebe, dann hast du aus unerfindlichen Gründen nicht mehr geantwortet, und schliesslich war nicht mal mehr dein Telefonanschluss in Betrieb. Meinst du nicht, dass du wenigstens versuchen solltest, mir das alles zu erklären?»

Ich wischte mir mit dem Ärmel über die Wange. «Es ist ja eh alles sinnlos und zu spät.»

Khalid fasste mich empört bei der Schulter: «Weshalb glaubst du das? Warum vertraust du mir nicht? Ich hab dir gesagt, dass ich einen Weg finden werde.»

Wie gerne hätte ich ihm vertraut und gesagt, dass meine Gefühle für ihn stärker sind als alles in der Welt. Stattdessen entgegnete ich voll Bitterkeit und Ernüchterung: «Du hast ja den Verstand verloren.»

Vor den Kopf gestossen starrte er mich an. Masslose Enttäuschung und Verletzung zeichnete sich in seinen Zügen ab.

Ich dachte schon, er würde zu weinen anfangen, aber er tat es nicht. Stattdessen blitzte Zorn in seinen Augen auf. Er öffnete den Mund, um etwas zu sagen, besann sich, zögerte und sagte schliesslich mit eisiger Stimme: «Du hättest mir besser nicht geschrieben, dass du nach Dubai kommst.»

Damit liess er mich stehen und machte sich in Richtung Parkplatz davon.

Wie vom Donner gerührt blickte ich Khalids Gestalt nach, die Schritt um Schritt im Dunkel verschwand. «Khalid!», schrie ich plötzlich aus Leib und Seele, «es war nicht so gemeint.»

Doch nichts rührte sich. Alles blieb totenstill. Mir brach das Herz.

Als ich kurz darauf durch die Lobby eilte, hatte ich das Gefühl, die Beine würden mir jeden Moment versagen. In meiner Verzweiflung stieg ich die Treppe hinunter zum Club, wo ich Lisa wusste. Ich musste sie sprechen, sonst würde ich durchdrehen. Aber zu meinem Unmut winkte mir eine Gestalt in weisser Kandora zu. Es war Mattar, und neben ihm sass Lisa. Ich wollte sogleich kehrt machen, doch meine Freundin hatte mich bereits gesichtet und winkte mir aufgeregt zu. Scheinbar wartete sie nur darauf, spannende Neuigkeiten von mir zu hören.

«Ach, es gibt nicht viel zu berichten», sagte ich, «wir sind uns bloss etwas näher gekommen.»

Meine Freundin sah mich stutzig an.

«Bist du sicher, dass nichts weiter war? Du siehst ein wenig mitgenommen aus.»

«Na, schön. Ich werde dir später in aller Ruhe davon erzählen. Weisst du, ich möchte nicht, dass unserem Nachbarn etwas zu Ohren kommt. Weshalb ist er bloss jeden Tag da? Er verfolgt uns ja richtiggehend.»

«Das kann man wohl sagen», grinste Lisa amüsiert.

Damit hätte sich ein Bleiben erübrigt, doch es war klar, dass ich unter den gegebenen Umständen besser nicht allein im Zimmer sass. Ich hätte wahrscheinlich losgeschrien.

«Wie geht es deinem Freund Khalid?», sagte Mattar, als Lisa unter den Tanzenden verschwunden war.

«Vielleicht solltest du ihn beim nächsten Mal selbst fragen», entgegnete ich, ohne ihm in die Augen zu sehen.

«Verena, du brauchst nur zu sagen, wenn du keine Gesellschaft wünschst.» Dabei machte er Anstalten, sich zu erheben.

«Entschuldige, es war nicht so gemeint.»

Mattar setzte sich wieder und beobachtete mich lange aus dem Augenwinkel. Schliesslich lehnte er sich bedächtig zu mir herüber und fragte: «Shall I get you a tea, darling?»

«Nein danke, heute nicht. Und das Darling habe ich überhört.»

Beschämt lächelte er in seine weisse Suffra hinein. Wenn er sich noch weiter anstrengte, würde er es schaffen, ein ungewolltes Lächeln auf mein Gesicht zu zaubern.

«Weisst du was», meinte er schliesslich, «ich denke, dass dir ein Besuch auf der Farm gut bekommen würde.»

«Ach, wirklich?»

Er rückte etwas näher.

«Wie soll ich es dir erklären … Nun, es ist, als stünde dieser Ort unter dem Einfluss einer positiven Schwingung, verstehst du?»

«Nein.» Er befasste sich also auch noch mit Esoterik.

«Manchmal ziehe ich mich tagelang dorthin zurück, um neue Energie und Kraft zu schöpfen. Ich schlendere durch die prachtvollen Gärten und fruchtbaren Felder, bewundere, wie alles üppig gedeiht. Der Duft von Jasmin und Zitrusfrüchten verleitet einen, ohne dass man es will dazu, tief durchzuatmen. Die Luft in Al Ain ist ohnehin angenehmer, trockener als hier. Vor dem Haus stehen riesige schattenspendende Palmen. Sie schützen es vor der Hitze, deshalb braucht es auch keine Klimaanlage. Von der Veranda aus kann man beobachten, wie bunte, zwitschernde Vögel sich im Sturzflug in den Springbrunnen werfen und vor Wonne kräftig mit den Flügeln schlagen.»

Mittlerweile lauschte ich Mattars Geschichten gespannt. Irgendwo draussen in der Wüste musste er einen Hektar Land besitzen. Wie es aussah, amüsierte er sich damit, Obst und Gemüse von überall her dort anzusiedeln und heimisch zu machen.

Selbst Bienenhonig züchte er. Seine Stimme und die Aura, die ihn umgab – eingehüllt in einen kaum wahrnehmbaren Schleier von Erfahrung, liessen mich für eine Weile alles vergessen.

Mir fiel auf, dass an diesem Abend einige Einheimische den Club besuchten, was wohl daran lag, dass das islamische Wochenende angebrochen war. In ihren Kandoras und Sandalen – alle mit Handys bewehrt – umkreisten sie neugierig die Tische. Im Gegensatz zu Mattar waren sie eher klein und feingliedrig gebaut. Fast alle trugen einen schmalen, kurz geschnittenen Bart. Auffallend dabei war der perfekt gestutzte Streifen zwischen Unterlippe und Kinngrübchen.

«Sag mal, Mattar, ist es in deinem Land schon vorgekommen, dass ein Araber eine Europäerin geheiratet hat? Oder verbietet das Gesetz solch eine Ehe?»

«Nein, sowas ist nicht verboten. In Abu Dhabi gibt es inzwischen einige solcher Mischehen.»

«Ach, wirklich?», sagte ich rasch, um die Enttäuschung zu überspielen, «das erstaunt mich aber. Ich frage mich bloss, wie eine Frau aus dem Westen damit zurechtkommt, wenn ihr Angetrauter sich eine zweite Ehefrau nimmt, was doch erlaubt ist?»

Er lachte.

«Herrje, die jungen Araberinnen akzeptieren heute keine zweite Frau mehr, sowas gehört längst der Vergangenheit an.»

Nun wusste ich endlich Bescheid. Khalid *wollte* mich nicht heiraten.

Ich hielt es nicht länger aus und verabschiedete mich. Auf dem Zimmer verbarg ich mein Gesicht in den Händen und weinte lautlos.

Merrill Lynch Golf-Treffen

Am folgenden Tag war das Beduinenzelt verschwunden. Zu unserer Verblüffung baute man stattdessen eifrig ein neues Gebilde auf. Pfähle wurden in den Rasen geschlagen, Zeltplanen herangeschleppt, ineinander gestapelte Tische und Stühle herangekarrt. Alles geschah völlig lautlos, sodass sich keiner daran zu stören brauchte. Im Gegenteil, es war das reinste Spektakel. Neugierig näherten wir uns dem Bankett-Manager, der gerade Regie führte. Das Dienstpersonal, zum Teil mit weissen Turbanen auf dem Kopf, folgte beflissen seinen Anweisungen. Wie er uns verriet, sollte der Palmito Garden für das alljährliche Golftreffen der «Merrill Lynch Bank» hergerichtet werden. Nebenbei bemerkt hätte das Beduinenzelt vom Vorabend der Eröffnung dieser Incentive-Reise gedient. Nun war das Rätsel gelöst.

An diesem Vormittag verbrachten wir die ganze Zeit unter den schattenspendenden Palmen. Mein Kopf war wie betäubt, die Augen brannten und waren geschwollen vom Weinen. Zum ersten Mal hatte Khalid nichts von sich hören lassen. Keine Lautsprecherdurchsage, keine Nachricht – alles blieb totenstill. Wie konntest du bloss das, was dir am Liebsten ist, derart verletzen, warf ich mir immer wieder vor. Warum musstest du auch nur alles zerstören? «Jetzt habe ich ihn womöglich endgültig verloren …»

«Ach, Verena, mach dich nicht verrückt», meinte Lisa. «Wenn Khalid wollte, hätte er dich längst zur Frau genommen, das weisst du doch jetzt. Ich dachte, dieser Mattar hätte dir gestern Abend erklärt, wie sich die Dinge verhalten?»

Natürlich wollte ich nichts von alldem hören. Vielmehr hatte ich gehofft, Lisa würde mir Mut zusprechen, so in der Art: «Hab Geduld, er wird sich bestimmt melden – spätestens dann, wenn ihn die Sehnsucht verzehrt.» Doch nichts dergleichen. Sie lag völlig relaxt neben mir und blickte immer wieder begierig auf das Geschehen rund um uns herum.

Eine ausgelassene Gruppe Männer in Badehose und T-Shirts eilte über die Liegewiese. Die Männer erzählten lautstark von ihrem erfolgreichen Fischfang auf einer Hochseeyacht.

«Die gehören bestimmt zur Merrill Lynch Gruppe», bemerkte Lisa.

«Wahrscheinlich, ja.»

Noch immer zermalmte ich mir den Kopf, was wohl in Khalid vorging. Hätte ich ihn ausreden lassen, wüsste ich es jetzt. Seit gestern stand lediglich fest, dass Mischehen hierzulande durchaus erlaubt sind. Zumindest verbot das Gesetz sie nicht. Und für mein Verständnis von Liebe waren andere Beweggründe schlichtweg unakzeptabel. Entweder alles oder nichts. Was wiederum bedeutete, dass Khalids Gefühle für mich nicht stark genug waren.

Trotzdem gab es an diesem Tag immer wieder Augenblicke, in denen ich zweifelte. Weshalb bloss dieses Trauerspiel darum herum, fragte ich mich? Warum dieses Glühen der nahen Verzweiflung in seinen Augen? Irgendetwas passte überhaupt nicht ins Bild. Es sei denn, es gab etwas für ihn, das stärker, mächtiger und grösser war als unsere Liebe.

Lisa äusserte sich ebenso ratlos. Überdies meinte sie, es wäre kaum ratsam – falls Khalid sich je wieder melden sollte – ihn ein weiteres Mal zu sehen. Es würde bloss alles verschlimmern. Sie hatte ja keine Vorstellung davon, wie sehr ich den Moment herbeiwünschte. Dass ich vor lauter Sehnsucht zu allem ja gesagt hätte.

Als die Sonne schliesslich den Zenit erreicht hatte, war es soweit. Die ersten Gäste versammelten sich am Barbecue-Buffet. Etwas abseits davon ragte das schneeweisse Märchenzelt der Merrill Lynch Bank in die Luft. Das Zeltdach war exakt einer arabischen Moschee nachgeahmt. Wobei einige Seitenwände kunstvoll heraufgerollt und mit roten Kordeln am Dach befestigt waren, so dass das ganze Lager ein offener Blickfang war. Die gesamte Ausstattung war in Stoffen von verschiedensten Weisstönen gehalten. Dazwischen glänzte reichlich Gold. Zauberhaft mutete eine von der Kuppel herunterhängende, riesige orientalische Messinglampe an. Auch effektvolle Teppiche, Wasserpfeifen und Kannen, die an Relikte aus der Vergangenheit erinnerten, fehlten nicht.

Bei dem Anblick erfasste mich eine wahnsinnige Sehnsucht. Ich war dabei, eine neue Welt zu entdecken. Ein Diesseits, das meine längst vergangene Kindheit auf eigenartige Weise zum Klingen brachte.

Wie es der Zufall wollte, lernten wir an diesem Nachmittag einige interessante, einflussreiche Leute der Merrill Lynch Bank kennen. Dazu gehörte auch Abdul. Ein für arabische Verhältnisse sehr weltoffener und europäisch erzogener junger Kuwaiti. Abdul schloss sich uns an und für Lisa war er eine willkommene Abwechslung.

Am nächsten Tag war Samstag. Das islamische Wochenende schien vorüber zu sein. Im Hotel kehrte allmählich wieder Ruhe ein.

Während ich dem sanften Rauschen des Arabischen Golfes lauschte, war es, als würde ich Stimmen aus dem Meer vernehmen. Ein Warnruf, der mir bedeutete: «Halte deine Gefühle im Zaum, sonst Gnade dir Gott. Du bist ihm bereits wieder gefährlich nahe gekommen. Er wird dir nie gehören. Selbst wenn er noch einmal in Versuchung gerät – nichts als Unglück wird über dich hereinbrechen. Alle Zeichen sprechen dafür.»

Insgeheim wusste ich es. Doch wagte ich nicht daran zu denken, Khalid nie wieder zu Gesicht zu bekommen. Die Vorstellung schmerzte so sehr, dass mir beinahe wieder Tränen aufstiegen. «Himmel, Verena, reiss dich zusammen», sagte ich zu mir selbst. «Wo bleibt bloss der Verstand! Du bist gerade zweiunddreissig geworden, und in dem Alter sollte eine Frau ihr Leben doch im Griff haben.»

Meine kreisenden Gedanken kamen abrupt zum Stillstand, als Lisa ihre Badetasche geräuschvoll neben mir fallen liess.

«Morgen Verena.»

«Na, was heisst hier Morgen?», sagte ich erstaunt.

«Mrs. Schmidt, Mrs. Verena Schmidt, please contact the operator ...», säuselte eine Stimme im Hintergrund.

Perplex sahen wir uns an. Mir stockte der Atem. Das musste Khalid sein. Lisa hob ihre Schultern, um klarzumachen, das ich allein entscheiden müsse. Ich besann mich eine ganze Weile, bis ich merkte, dass ich weder den Mut noch die Kraft aufbrachte, Khalids Anruf unbeantwortet zu lassen.

Eine junge, lebendige Frauenstimme sagte:

«You can pick up phone number one.»

«Halloo?»

«Hi, Verena, wie geht es dir?»

«Danke, es geht so – und dir? Hast du dich gut erholt übers Wochenende?», fragte ich gespielt gleichmütig.

«Nicht wirklich – nein. Ich habe viel über uns beide nachgedacht.»

Ich schwieg verbissen. Alles in meinem Kopf drehte sich. Ich wusste nicht, wie ich reagieren sollte und was ich dem anfügen sollte.

«Ich habe dich so sehr vermisst», sagte die weiche Stimme mit einem Mal.

Ich war wie elektrisiert. Verschämt blickte ich zu Boden und suchte nach Worten.

«Ich ... ich habe dich auch vermisst», entfuhr es mir schliesslich. Dabei biss ich mir auf die Lippen und verwünschte mich sogleich.

«Verena», atmete er geräuschvoll auf, «ich weiss, dass deine Worte nicht ernst gemeint waren. Pass auf, ich habe eine Überraschung für dich. Ich werde dich morgen Vormittag gegen elf zu einem Ausflug abholen.»

Ich geriet in Panik.

«Hör zu, Khalid, wir wissen beide, dass es besser ist, wenn wir uns nicht mehr sehen.»

«Sag das nicht», stöhnte er auf. «Sag sowas nie, nie wieder.»

In seinem Innern musste die Flamme der Leidenschaft brennen. Und ich spürte, wie sie unweigerlich auf mich übersprang, wenn er nicht sofort damit aufhörte. Mein Puls raste bereits in höchster Erregung.

«Mach es uns nicht noch schwerer, Khalid. Nimm endlich Vernunft an und stehe zu deinen Entscheidungen.»

«Das ist nicht fair von dir», überschlug sich die Stimme beinahe.

«Du bist diejenige, die aus dem Nichts wieder aufgetaucht ist, die mein Leben aus den Fugen reisst, du.»

Dabei stöhnte er vor Verzweiflung auf.

Ich wusste kaum, was ich darauf sagen sollte.

«Schau, Khalid, ich konnte nicht wissen, wie es kommen würde, als ich dir die Postkarte schrieb. Ich hatte nie beabsichtigt, dein Leben aus den Fugen zu reissen …»

«Verena, ich werde verlangt, ich muss auflegen aber warte am Telefon, ich komme gleich wieder.»

«Lieber Gott, sag mir was ich tun soll», seufzte ich schwer. Ich schloss die Augen und wusste, dass ich keine Ruhe fände, solange ich in Dubai war. Dass ich jede Stunde, jede Minute an ihn denken würde. Dass mir seine kehlige Stimme in den Ohren klänge, bis ich vor Sehnsucht draufgehen würde.

Es läutete wieder. Die Telefonistin nickte mir lächelnd zu.

«Verena?»

«Ja.»

«Bitte, sag mir, dass du mich liebst, dass du mich jede Stunde vermisst und dass du mich nie wieder verlassen wirst – bis in den Tod, ja?»

«Ach, Khalid, du treibst mich noch in den Wahnsinn.»

Er lachte voller Zärtlichkeit und Entzücken.

«Also werde ich dich morgen gegen elf Uhr abholen?»

Ich hatte das Gefühl, dass er voll stiller Freude und Erwartung steckte.

«Natürlich, du hast gewonnen.»

«Oh, Verena, bitte sag das nochmal, ja? Es klingt so süss wie Honig.»

Ich atmete bloss schwer aus.

Er klang nun voll innerem Jubel: «Weisst du, wohin wir fahren?»

«Nein, keine Ahnung, aber ich bin sicher, dass du es mir bestimmt gleich sagen wirst.»

«Ich kann dir nur soviel verraten; wir werden nicht vor Einbruch der Dunkelheit zurück sein.»

«Sag bloss, wir fahren nach Al Waha?»

«Lass dich überraschen.»

«Nein, Khalid, sag schon, geht es nach Al Waha?»

«Du wirst es sehen», schmunzelte er geheimnisvoll.

«Grosser Gott, ich hab's erraten, wir fahren nach Al Waha. Hast du deine Mutter gefragt? Ist sie einverstanden? Freut sie sich, mich kennenzulernen?»

Er schmunzelte bloss.

«Na, dann bis morgen – und zieh dir bitte etwas Schulterbedeckendes an. Lisa ist selbstverständlich mit eingeladen.»

Voller Aufregung eilte ich durch den Garten zu Lisa. Meine Gedanken begannen einen optimistischen Reigen zu tanzen. Setzte Khalid etwa ernsthaft alles in Bewegung, während ich hier gesessen und voreilige Schlüsse gezogen hatte? Wie konnte ich bloss so wenig Vertrauen haben in ihn.

«Stell dir vor, Lisa, morgen fahren wir nach Al Waha!»

Obwohl die Aussicht, hinter die Mauern einer einheimischen Familie zu blicken, Lisa nicht besonders begeisterte, versprach sie, mich zu begleiten.

Für den Rest des Tages war ich oft in eine andere Welt eingetaucht. Eine seltsame Mischung aus Vorfreude, Spannung und Nervosität erfüllte mich bis tief in den Schlaf hinein.

Die Strasse nach Al Waha

«Smile, you are in Sharjah», war das erste, was uns bei der Einfahrt nach Sharjah-City ins Auge fiel. Ein in riesigen Kreideletttern gemalter Spruch inmitten bunter Blumenbeete. Diese Stadt war das reinste Labyrinth einander überquerender Strassen, Lagunen und Inseln. Hier konnte man leicht die Orientierung verlieren. Doch Khalid lenkte den Wagen kundig durch den Irrgarten, vorbei am Ruler's Palace, bis hin zum Sharjah Military-Camp. Mit jedem Wort sprachen Freude und Stolz aus ihm, als hätte er das alles selbst gebaut – die ganzen Wasserparks, Brücken und Clock Türme.

«Seht her», meinte er bedeutungsvoll. «Dort drüben im Military-Camp ist Zayed stationiert.»

Dabei verriet er uns, dass sein Freund als Militärpsychiater eine hoch angesehene Stellung besetze.

«Psychiater? Da hättest du uns aber auch vorwarnen können.»

Khalid lachte. Dann setzte sich der Wagen wieder in Bewegung und wir verliessen die Stadt in Richtung Al Waha.

Eine Schnellstrasse führte uns entlang der Piratenküste, vorbei an weiteren kleinen Scheichtümern. Ausser dem Sound von «Dire Straits», der offensichtlich zu Khalids Favoriten gehörte, und dem gelegentlichen Piepen des Geschwindigkeitsmessers, verliefen die nächsten Kilometer ruhig. Mit der Zeit tauchte ich richtiggehend ab in die Gitarrenklänge des grossen Meisters. Diese Musik verlieh der vorbeiziehenden Wüstenlandschaft eine seltsame Dramatik. Als der Song «Once upon a time in the west» (Es war einmal im Westen …) erklang, blickten Khalid und ich uns eine Sekunde tief in die Augen. Es war nur ein Augenblick – aber er war lang genug, eine starke innere Verbindung zu spüren. Eine Liebe, die abgrundtiefe Unterschiede zwischen zwei Kulturen überbrückte.

Als wir Ajman, etwa auf halber Strecke, hinter uns gelassen hatten, musste der Wagen aufgetankt werden. Khalid besorgte Cola- und Sevenup-Dosen zur Erfrischung. Allmählich machte mich die Aussicht, seine Mutter kennenzulernen, nervös. Ab sofort klangen auf der Weiterfahrt ausschliesslich arabische Lieder aus den Boxen. Ich dachte, ich müsste mich innerlich auf die Begegnung mit der Familie einstimmen.

«Na, wenn es denn sein muss, dann hören wir eben Pfeifen und Trommeln», meinte Khalid.

Doch er übertrieb masslos; die schöne Frauenstimme mit den klagenden Tönen in allen Höhen und Tiefen passte wunderschön zur kargen Landschaft. Zwischen dem letzten Emirat und Al Waha herrschte eine nahezu gespenstische Einöde. Am Strassenrand lagen Sandwehen. Für lange Zeit sahen wir nichts als Wüste, Asphalt und – weit weg, das tintenblaue Meer. Erstaunlich, welch gewaltiges Spiel der Farben und Kontraste diese Einöde hervorbrachte.

Khalid warf einen Blick durch den Rückspiegel auf die schlummernde Lisa. Obschon er bemerkte, wie ich ihn fixierte, wandte er den Blick nicht von der Strasse. Die ganze Zeit lag ein stummes Lächeln in seinen Zügen. Sein charakteristisches Profil mit der langen, typisch arabischen Nase bot ein Bild formvollendeter Männlichkeit. Plötzlich schien mir, als wolle er absichtlich, dass ich das Bild tief in mir aufnahm. Ich spürte, wie mir Röte ins Gesicht stieg und wandte den Blick ab. Als ich zum Fenster hinaussah, strich Khalid zärtlich über meine Wange und sagte: «Du sollst immer wissen, dass ich dich mehr liebe als alles auf der Welt.»

Im Dunst der Hitze war nach und nach das Hajar Gebirge zu erkennen – Al Waha nahte. Auf dem Hintersitz regte sich Lisa. Sie war kurz nachdem wir den Wagen aufgetankt hatten, eingedöst.

«Sind wir bald da?», reckte sie sich.

«Ja, du solltest wach werden, wir steigen nächstens aus», sagte Khalid.

Schon zogen die Berge zum Greifen nahe an uns vorbei. Zwi-

schen Palmen und flachen, weissen Häusern erhoben sich einige
Minarette gegen den Himmel. Das Meer zur Linken war ganz
plötzlich hinter riesigen Sanddünen verschwunden. Vor uns lag
die Stadt. Mein Herz raste, die Anspannung wuchs und es wurde immer stiller im Wagen. Mir war, als stünde ich vor einer
grossen Prüfung. Und dies am abgelegensten Zipfel der arabischen Halbinsel.

Al Waha lag bereits in der späten Nachmittagssonne. Eigentlich hätten wir eher hier sein sollen. Doch Khalid hatte noch
Ausserplanliches zu erledigen, sodass wir mit drei Stunden Verspätung vom Jebel Ali weggefahren waren. Inzwischen kurvte
der Pontiac um den Clock Tower, einem sechseckigen Zeltdach
auf Pfählen, inmitten feinstem Rasen.

«Smile, you are in Al Waha», scherzte Lisa.

Khalid rang sich ein mühseliges Lächeln ab. Es schien, dass er
mit einem Mal ebenso angespannt war. Mit starrem Blick lenkte
er den Wagen durch die Altstadt, vorbei an einer alten Festung
und der Moschee. Hohe Gebäude oder gar Glaspaläste sah man
hier keine. Wir kurvten durch enge Strassen um tausend Ecken,
vorbei an malerischen Märkten mit Fisch, Obst und Gemüse.
Dazwischen blinkte immer wieder blaues Wasser. Die Orientierung hatte ich längst verloren, als Khalid den Wagen endlich
vor einem mehrstöckigen Wohnhaus parkierte. Ein Haus, das
aussah wie alle anderen. «Von hier stammt er also», dachte ich.
«Dies ist das Elternhaus, das er mir so lange vorenthalten hat.»

«Aussteigen, Ladies.»

Ein paar Kinder, die auf der Strasse spielten, umzingelten
schaulustig unseren Sportwagen.

«Khalid», fragte ich unsicher, «sind wir jetzt da?»

Zufrieden darüber, dass er mich fürs Erste verschaukelt hatte,
schmunzelte er: «Wir besuchen erst noch jemand anderen.»

«Und wer ist dieser Jemand?»

«Meine ehemalige Schullehrerin.»

Vor Überraschung blieb mein Mund offen. Bevor ich etwas
entgegnen konnte, fand ich mich im Treppenhaus. Eine ganze
Schar Frauen und Kinder drängte sich im Flur. Es war schwer

abzuschätzen, ob unser Besuch erwartet wurde, zumal man in Arabien jederzeit auf Gäste vorbereitet war. Als die Herrin des Hauses Khalid mit einer Tirade von Willkommensgrüssen überhäufte, bedeutete sie der Schar zu verschwinden. Doch niemand reagierte darauf. Bald hüllte uns schwerer Geruch von Weihrauch und Räucherstäbchen ein. «Ich verliere gleich die Besinnung», schien Lisas Blick zu sagen. Endlich beachtete die Hausherrin auch uns. Khalid wandte sich mir zu: «Verena, darf ich dir Mrs. Shandrani vorstellen, meine ehemalige Schullehrerin, von der ich dir erzählt habe.»

Hatte ich nicht eben erst auf dieser Türschwelle von ihr erfahren? Ich warf Khalid einen tadelnden Blick zu.

«Welcome, Marhaba Verena», begrüsste sie mich herzlich.

Dabei bestaunten mich Mrs. Shandranis Augen eingehend.

«O, your hair is beautiful», sagte sie voller Hingabe und berührte es sogleich. «Sie hat die Schönheit einer Rose», bemerkte sie, mit Blick auf Khalid.

Mir wurde es peinlich. Ich hatte ja keine Ahnung, dass solcherlei Umgangsformen nun mal zur Lebenskultur dieser Menschen gehörten.

Schliesslich wurden wir vom Empfangskomitee ins Wohnzimmer geschubst. Unschlüssig standen wir vor den vielen Sofas.

«Setzt euch», forderte uns Khalid auf.

Unterdessen begab sich Mrs. Shandrani in einen Nebenraum, vermutlich die Küche. Khalid spielte seelenruhig mit dem kleinen Jungen, der sich heimlich zu ihm geschlichen hatte. Kurz darauf betrat die Hausherrin wieder den Salon, gefolgt von einem Dienstmädchen, das uns Tee servierte. Erst jetzt realisierte ich, dass Mrs. Shandrani, obwohl sie mit Khalid arabisch gesprochen hatte, nicht von hier stammte. Sie trug einen Sari, wie es die Frauen aus Indien oder Sri Lanka taten. Zunächst hatte ich Mühe, Worte zu finden. Derart überrumpelt fühlte ich mich von Khalids Planänderung. Genauso verwirrt war ich über den schweren Rauch, der aus einem kupfernen Gefäss aufstieg und den Raum erfüllte. Dabei hätte es natürlich unzählige interessante Fragen gegeben, was Khalids Schulzeit anbetraf. Selbst Lisa sass ehrfürchtig und still da.

«How do you like the United Arab Emirates», bemühte sich die Lehrerin um Konversation. Khalid liess uns derweil völlig im Stich. Er sass im gegenüberliegenden Teil des Wohnzimmers und beschäftigte sich mit dem Jungen, der wie ein Äffchen an ihm herumturnte.

Dies musste wohl meine erste Prüfung sein.

Langsam spähte ein Gesicht nach dem anderen hinter den Sofas hervor. Die Mädchen schlichen sich von hinten heran und wupp, sassen sie neben ihrer Mutter. Mit ihren kohlschwarzen Kulleraugen bestaunten sie Lisa und mich, als wären wir Fabelwesen.

«Na, wie heisst du denn? Und du? Wie alt seid ihr? Geht ihr schon zur Schule?» Und, und, und.

Was anderes traute ich mich kaum zu fragen. Alles konzentrierte sich auf die fremden Bräuche und ich betete: «Lieber Gott, gib mir das richtige Benehmen.»

Nach einer Weile kam das Dienstmädchen zurück und stellte uns ein Tablett mit Mezzeh-Schälchen hin. Mrs. Shandrani forderte Khalid auf, sich zu bedienen. Worauf er die Geste dankend an die Hausherrin und die Damen weitergab. Nun war ich an der Reihe. Schüchtern kostete ich eines der undefinierbaren Häppchen. Es schmeckte, als hätte ich auf Seife gebissen. Dies musste meine erste Erfahrung mit Ingwer oder Koriander gewesen sein. Ich spülte den Bissen mit Tee hinunter und versuchte, mir nichts anmerken zu lassen. Lisa kämpfte auch, sie musste etwas kolossal Scharfes erwischt haben. Doch unsere Gastgeberin überging das diskret. Ein weiterer Hausbewohner, der uns von weitem zunickte, stiess unerwartet dazu. Der Mann sah zerknittert und verschlafen aus – vermutlich war er eben von seinem Mittagsschlaf erwacht. Khalid erhob sich und begrüsste ihn respektvoll. Es musste Mister Shandrani sein. Sofort wurde frischer Tee herbeigetragen und der Mann setzte sich in die Nähe von Khalid. Hatte ich nicht schon irgendwo gehört, dass sich Frauen und Männer oft in getrennten Wohnbereichen aufhalten? Plötzlich wurde mir klar, weshalb Khalid nicht neben mir sass. Es gehörte sich nicht.

Seit nunmehr einer Stunde sass ich da ohne zu wissen, weshalb wir so lange an diesem Ort verweilten und was mich an diesem Tag noch erwarten würde.

Als Mrs. Shandrani Datteln und Honigkekse auftischen liess, sah ich überhaupt kein Ende mehr. Von da an versuchte ich krampfhaft, Khalids Blick einzufangen. Als er endlich reagierte, schien mir ein zuversichtliches Lächeln zu sagen, dass wir bald gehen würden.

Bei uns zu Hause hätte ich meinem Ärger längst Luft gemacht. Doch hier war alles anders. Ich wusste, dass in Arabien andere Gesetze des Einvernehmens galten. Irgendein Instinkt sagte mir: «Du darfst jetzt nicht aufbegehren, sonst erreichst du womöglich genau das Gegenteil.» Woran ich gut tat, wie sich später herausstellen sollte.

Nachdem wir das Haus von Mrs. Shandrani endlich verlassen hatten, war die Sonne längst hinter den Dächern versunken. Der Himmel hatte sich rosa gefärbt und aus der Ferne ertönte der Ruf «Allahu Akhbar» von den Minaretten. Welche Gegensätze, dachte ich bei mir, als Khalid den Motor seines futuristischen Sportwagens startete. «Na, Verena, ich hab dich wohl etwas überrascht mit diesem Besuch», meinte Khalid abtastend.

Dabei klang Schalk aus seiner Stimme. Ich bemühte mich krampfhaft um Gelassenheit. Lisa sagte gar nichts mehr, da sie längst bereute, mit uns nach Al Waha gefahren zu sein.

Über eine riesige, steil ansteigende Brücke verliessen wir den alten Stadtteil.

Jenseits des Hafenbeckens erstreckten sich Grünflächen und mächtige Häuser hinter Mauern. Eingrenzungen, die das Leben der Bewohner vor unbefugten Blicken abschirmte. Dazwischen immer wieder dunkelgrüne Palmenhaine. Wir folgten einer Strasse, die leicht anstieg, direkt auf die Berge zu. Eindrückliche Anwesen, die sich hinter immer höheren Mauern vermuten liessen, reihten sich aneinander. Ich schwieg gebannt.

Unterdessen war die Dämmerung hereingebrochen. Die

Strasse, auf der wir uns befanden, führte zweifellos wieder Richtung Stadt. Mir schien, dass Khalid im Kreis herumfuhr. Langsam wich meine Aufregung einer unruhigen und unsicheren Enttäuschung. «Jetzt reichts aber», dachte ich. Meine Geduld war am Ende. Ich spürte, dass ich seine Mutter niemals kennenlernen würde.

«Khalid, würdest du bitte mal kurz anhalten?»

Er stoppte den Wagen und sah mich mit einer Unschuldsmiene an.

«Wir haben nun genug von Al Waha gesehen. Du wolltest uns doch dein Zuhause zeigen, oder?»

«Eben sind wir daran vorbei gefahren.»

«Wie bitte?»

Dann brach er unter hysterischem Lachen über seinem Lenkrad zusammen.

«Du, Verena, ich halt die Irrfahrt nicht länger aus, lass uns bitte zum Jebel Ali zurückkehren», sagte Lisa missmutig.

«Ja, natürlich, das werden wir gleich tun.»

Als Khalid sich wieder gefasst hatte, ahnte ich, was kommen würde.

«Verena, sei mir bitte nicht böse, ich muss dir etwas gestehen.»

«Gut. Aber sprich.»

«Weisst du, ich kann euch beide – als nicht verwandt und unverschleiert – niemals zu mir nach Hause bringen. Meine Mutter, die ganze Verwandtschaft, wäre zutiefst beunruhigt. So was käme in Al Waha einer Entehrung unserer Familie gleich. Ich meine das ernst, bitte vergib mir.»

Ich war sprachlos.

«Doch wir fahren nochmals vorbei und du wirst es vom Wagen aus sehen, okay?»

Enttäuscht musste ich mir eingestehen, dass ich etwas erzwingen wollte, was ganz einfach nicht möglich war. Tief im Innersten wusste ich es – vielleicht – doch ich wollte es nicht wahrhaben. Warum glaubte ich auch nur immer, die Gesetze des Universums verändern zu können?

Schweigend fuhren wir wieder zurück in Richtung Hajar-Gebirge. Unterdessen dunkelte es ein über Al Waha. Ich fragte mich, ob es wohl das war, was Khalid wollte. Mussten wir die Zeit totschlagen, damit es dunkel wurde? Als wir den Anstieg hinter uns gelassen hatten und parallel die nächste Strasse, von der wir ursprünglich hergekommen waren, wieder hinunter rollten, verlangsamte er die Fahrt. Obwohl es noch nicht vollends dunkel war, hätte man das Licht normalerweise eingeschaltet. Aber wir fuhren ohne Beleuchtung. Der Wagen stand nun praktisch still und Khalid spähte wie ein lauerndes Tier in Richtung eines Anwesens, das unmittelbar vor uns lag.

«Hier ist es», flüsterte er beinahe. «Dies ist mein Zuhause.»

Er rollte einige Meter näher heran. Ich hatte das Gefühl, wir müssten den Atem anhalten, es könnte uns sonst jemand hören. So angespannt war die Atmosphäre. Stumm betrachtete ich das Haus, das halb verborgen hinter einer hohen Mauer stand. Nur die oberen zwei Etagen und die Dächer ragten darüber hinaus. Es war ein mächtiger, älterer Bau. Khalid stammte also keineswegs aus bescheidenen Verhältnissen. Das Rätsel wurde immer verzwickter.

«Weshalb stehen zwei Häuser auf dem Grundstück? Wohnt jemand im zweiten kleineren?», fragte ich.

«Ja, die erste Ehefrau meines Vaters», kam die sachliche Antwort.

«Dein Vater hat mehrere Frauen?»

Khalid schien mich nicht mehr zu hören. Er war zu sehr konzentriert darauf, dass uns keiner entdeckte.

«Wo befindet sich dein Zimmer, kann man es von hier aus sehen?»

In dem Moment setzte sich der Wagen in Bewegung und vorbei war der Spuk. Wir hatten wohl kaum länger als zehn Sekunden dagestanden.

Drei, vier Häuser weiter vorne sagte Khalid unvermittelt: «Schau, Verena, das ist das Haus meiner Schwester.»

Ein für Al Waha-Verhältnisse höchst modernes, eindrückliches Bauwerk, auf welches Khalid besonders stolz war, wie ich bemerkte.

115

Ein verzweifeltes Augenpaar schien nun zu fragen, ob ich alles verstanden hätte. Ja, ich hatte.

Nach all dem brauchte ich dringend einen starken Kaffee. Ausserdem benötigten Lisa und ich längst eine kurze Toilettenpause. Noch bevor wir die Stadt verliessen, schwenkte Khalid von der Hauptstrasse ab zu einem kleinen Hotel namens «Al Waha.»

«Bitte, geht schon voraus. Ich habe noch einige wichtige Anrufe zu erledigen. Ich werde gleich nachkommen.»

Als wir das Entree durchquerten, sah uns der Mann von der Rezeption ungläubig nach. Gerade so, als hätte er eine Fata Morgana gesehen. In gewissem Sinne stimmte es ja sogar. Vermutlich hatte sich kaum je eine westliche Menschenseele hierher verirrt, erst recht keine weibliche.

Das Restaurant stand leer, es herrschte absolute Ruhe. Nur das Flattern und Zwitschern aus einer Vogelvoliere unterbrach hin und wieder die gespenstische Stille. Lisa und ich waren zu erschöpft, um uns über das Geschehene auszulassen. Und im Grunde sprachen die Ereignisse ja für sich selbst.

Als der Kaffee längst getrunken und Khalid nicht nachgekommen war, bezahlten wir und verliessen das Haus. Wo blieb er nur, fragte ich mich? Wieso folgte er uns nicht? Befürchtete er etwa Fragen, auf die er keine Antwort geben konnte? Wie vermutet sass Khalid im Wagen und telefonierte – oder tat so als ob. Plötzlich war ich mir sicher, dass diese Geschäftigkeit bloss eine Ausrede war. Bestimmt wagte er selbst in diesem Hotel nicht, sich mit uns zu zeigen. Müde und entmutigt stieg ich in den Wagen.

Als wir den Highway erreicht hatten, war Lisa bereits am eindösen. Indessen versuchte ich hinter die Geheimnisse der hohen Mauern zu kommen. Mit allem Respekt für die Gefühle der Menschen, die dahinter lebten, versteht sich. Ich fügte ja nur meine Mosaiksteinchen zusammen und hoffte, sie würden eines Tages ein klares Bild ergeben. Dabei staunte ich, welch einfallsreiche Ideen die Not zu Tage brachte. Khalid wollte mir bei nächster Gelegenheit den Grundriss seines Elternhauses auf ein Blatt Papier zeichnen. So könnte ich mir ein besseres Bild machen. Welch eine Ironie des Schicksals, dachte ich. Mit unbewegter Miene erklärte er weiter, dass seine Mutter die zweite und jüngere Ehefrau seines Vaters sei. Sie bewohnten das Haupthaus. Die erste Ehefrau, die allein im Nebenhaus lebte, wäre für ihn so etwas wie eine Tante oder Grossmutter. Ihre Kinder, Khalids Halbgeschwister, lebten nicht mehr im Haus. Sie wären längst verheiratet. Schmunzelnd meinte er, die sogenannte Stiefmutter hätte sich oft zum Segen und Nutzen in der Familie erwiesen. Dann zum Beispiel, wenn Mama wegen einer Torheit hinter ihm her war. In solchen Momenten hätte er stets darauf zählen können, in die rettenden Arme der Stiefmutter zu flüchten. So ungewohnt und fremd alles klang, so wunderbar schien dennoch alles zu funktionieren. Khalids Ausdrucksweise verriet jedenfalls, wie glücklich er aufgewachsen war.

Ob ich nun seine wiedergefundene Ruhe zerstören sollte? Da war noch etwas, was mir plötzlich in den Sinn kam. England! Auf einmal fiel mir die Episode mit der vorausbestimmten Braut wieder ein. Dieses ehrenvolle Versprechen zwischen Familienoberhäuptern, das im Islam noch immer Gültigkeit hatte. War sie vielleicht der Grund für Khalids Geheimnistuerei? Sein vermeintliches Trauerspiel und die nahe Verzweiflung? War sie die Antwort auf sein merkwürdiges Verhalten all die Jahre über? Nie wäre mir in den Sinn gekommen, dass Khalid, in der Gewissheit, eine andere Frau zu heiraten, mich über so viele Jahre hinweg lieben und verfolgen könnte. Doch vielleicht wusste er ja selbst nicht, wie die Dinge verlaufen würden. Wer weiss das schon. Plötzlich ist Krieg, ein Erdbeben erschüttert das Land oder die Sintflut bricht über uns herein. Je nachdem könnte sich auch ein ganz anderes Schicksal ereignen.

Ich suchte nach unserer Musikkassette und überlegte krampfhaft, wie ich beginnen sollte. Meine Finger zitterten vor Nervosität, als ich mit dem Tonband herum hantierte. Ob es wohl die Angst vor der Endgültigkeit war? Die Zerstörung einer letzten, klammheimlich gehegten Hoffnung, die mich zögern liess? Wie einfach es doch war, die Augen vor der Wahrheit zu verschliessen! Während all die Sehnsüchte aus den Gitarrentönen klangen, verwischte sich auf einmal die Erinnerung an den Anfang und nahm die Dringlichkeit vor dem Ende. Schliesslich wurde ich schwer und müde. Zuletzt hatte ich noch Khalids Silhouette vor Augen, die wie versteinert auf die Fahrbahn und den Horizont blickte.

Als ich erwachte und blinzelte, funkelten mir Tausende von Lichtern wie Diamanten entgegen. Wir befanden uns inmitten der Wüstenmetropole Dubai. Auf dem Hintersitz regte sich Lisa wortlos. Derweil lenkte Khalid den Wagen über die Al Garhood Brücke.

«Ich hoffe, ihr verzeiht mir, wenn wir auf direktem Weg zum Jebel Ali fahren. Es ist spät geworden, und ich muss um sechs Uhr früh am Port Rashid in Dubai sein.»

Während wir die letzten Kilometer zum Hotel zurücklegten, schien Khalid weit in die Ferne gerückt.

«Woran denkst du?», fragte ich.

Doch Khalid liess mit keinem Wort durchblicken, was in ihm vorging. Selbst seine Augen lieferten keinerlei Hinweis darauf, was er dachte oder empfand. Allmählich machte ich mir ein Gewissen, weil ich eingeschlafen war, statt mit ihm zu reden.

Als wir aus dem Wagen stiegen, strich Khalid sich mit der Hand über das Gesicht. So, als wollte er irgendetwas abreiben – schwere Arbeit, schwere Gedanken.

«Du solltest nicht mehr bis Al Waha fahren», sagte ich und streichelte seine Wange. Ich war voller Schuld und Mitgefühl.

«Vielleicht hast du recht, ich werde wohl in Dubai übernachten.»

«Versprichst du es?»

Er nickte wortlos.

Damit verabschiedeten wir uns.

«Wenn nicht bald etwas geschieht, droht sich mein letzter Hoffnungsschimmer aufzulösen», sagte ich zu Lisa.

«Ach Verena, du kennst ja meine Meinung.»

Als wir kurz darauf die Hotelhalle betraten, war es bereits nach zweiundzwanzig Uhr. Anstatt zu duschen und die Kleider zu wechseln, gingen wir nun direkt zum Speisesaal. Zu unserer Überraschung erwartete uns bereits jemand.

«Schön, euch zu sehen», rief Mattar von seinem Platz beim Eingang. Er erhob sich galant und breitete die Arme aus zum Zeichen, dass wir uns zu ihm setzen sollten. Die Oberkellnerin, die uns begleitete, hatte die Geste verstanden und machte sich beflissen daran, uns einen Stuhl anzubieten.

«Nein danke, Madame», sagte ich, «wir gehören nicht zu dem Herrn.»

«Verena, bitte», sagte Mattar mit der Hand auf der Brust, «es wäre mir eine grosse Ehre. Ihr seid selbstverständlich meine Gäste.»

Lisa war schon dabei, sich zu setzen, als ich noch immer nach einer Ausflucht suchte. Mattar war bereits zur Seite gerückt, um mir den Platz neben sich anzubieten. Ich wusste, dass ich einen Fehler beging.

Mit seinen blendendweissen Zähnen strahlte er verheissungsvoll auf mich herab: «Habibti.»

«Bitte was? Ich verstehe kein Arabisch.»

Er überging die Frage salopp und orderte stattdessen eine Flasche Bordeaux. Als er den Wein probierte, fragte ich mich, ob er wohl den Zweck des Riechens kannte, oder ob er es bloss den Europäern abgeschaut hatte. Jedenfalls schmeckte der Tropfen tadellos.

«Weshalb kommt ihr erst jetzt zum Essen, wart ihr heute unterwegs?»

«Was glaubst du?»

«Nun ja, die Europäer essen normalerweise viel früher.»

«Du scheinst gut zu beobachten, Mattar.»

Er lächelte geehrt in seine weisse Suffra hinein. Eine Geste, die mich immer wieder faszinierte.

«Nun, wir waren heute auf Erkundungsreise. Sie führte uns bis nach Al Waha.»

«Ah, ihr wart also mit eurem Freund Khalid zusammen.»

Seine Miene verfinsterte sich sogleich.

Zum ersten Mal wurde mir bewusst, wie sehr sich doch Mattars Charakterbild von demjenigen Khalids unterschied. Während dieser Araber seine Emotionen offen darlegte – ob Freude oder Ärger, liess Khalid einen kaum jemals in seine Gefühlswelt blicken. Dies trieb mich all die Jahre über oft beinahe zum Wahnsinn.

Am ringsum laufenden Buffet schwirrten kleine, schlanke asiatische Köche um die Platten herum und hielten alles frisch. Während ich meinen Teller füllte, lächelte Mattar von der gegenüberliegenden Seite keck zwischen den dekorativ geschnitzten Gemüsen hindurch. Bestimmt gehört das Jebel Ali zu seinem Jagdrevier, dachte ich bei mir.

Als wir später unterhaltsame Gespräche führten, musste ich unvermittelt an Khalid denken. Bestimmt wäre er gekränkt, wenn er mich in Mattars Gesellschaft wüsste. Erst recht nach solch einem Tag. Doch irgendwann redete ich mir ein, dass Khalid gar kein Recht dazu hatte.

«Entschuldige meine Neugier Mattar, aber womit beschäftigst du dich eigentlich, wenn du nicht gerade im Jebel Ali bist?»

«I'm a lawyer.»

«Tatsächlich, du bist Rechtsanwalt. Wo hast du studiert? Gibt es in Abu Dhabi eine Universität?»

«Nein, ich habe mein Studium in Kairo absolviert. Danach musste ich in Abu Dhabi fünf harte Jahre als Militär-Rechtsanwalt durchlaufen.»

«Harte Jahre?», lachte Lisa. «Bestimmt hast du deinen Dienst in einem angenehm klimatisierten Büro geleistet.»

Seine Lippen kräuselten sich zu einem Schmunzeln.

«Na, es war nicht immer einfach für mich, gewisse europäische Mittelsmänner abzuservieren.»

Wir blickten ihn beide fragend an. «Ich verstehe wohl nicht ganz?», sagte ich.

«Nun, ich meine damit Flugzeug- und Waffenhändler aus Frankreich, die mich gegen Bestechungsgelder Kaufverträge für Kampfjets unterzeichnen lassen wollten. Doch da hatten sie sich arg getäuscht. Dies ist absolut nicht die Art, wie man am Arabischen Golf Geschäfte tätigt. Im übrigen bin ich heute stolz darauf, dass ich mich nie korrumpieren liess.»

«Das finde ich wirklich beachtenswert, Mattar.»

«Ja, ja …», seufzte er, «und inzwischen besitze ich eine eigene Anwaltskanzlei. Doch das Faxgerät, an dem ich mir schon die Zähne ausgebissen habe, weiss ich noch immer nicht zu bedienen. Ich kriege es einfach nicht hin, Dokumente zu verschicken.»

Dabei lachte er aus vollem Hals über sich selbst.

Dass mit den Ölmilliarden alles zu plötzlich über dieses Land hereingebrochen war, kam wieder einmal deutlich zum Ausdruck. Die Technologie bereitete noch Mühe, was ich gut verstehen konnte.

Zu unserer Überraschung stand Abdul auf einmal vor uns. Weltoffen wie der Kuwaiti war, stellte er sich sogleich bei Mattar vor. Worauf dieser gar nicht anders konnte, als Abdul einen Platz anzubieten.

Je mehr Zeit verstrich, desto unruhiger wurde ich. Meine Gedanken schweiften immer wieder zu Khalid. Was, wenn er nicht einschlafen konnte? Was, wenn ihn die Sehnsucht erfasste und ich nicht da war? Nicht einmal um Mitternacht. Ich hielt die Zentnerlast des schlechten Gewissens nicht länger aus und verabschiedete mich.

«Aber, Verena, nicht schon wieder …», sagte Abdul.

«Ich bin nun mal kein Nachtmensch, weisst du.»

Mattars dunkle Augen fixierten mich kritisch. Und dann, als wollte er mich in sein Netz locken, schwang die weisse Suffra betörend in das bildschöne Gesicht. «Habibti, bitte vergiss mich nicht, ja?»

«You are a crook, Mattar», lachte ich und rettete mich zum Ausgang.

Im Fahrstuhl war bereits der «Monday-Teppich» ausgelegt. So spät war es also. Als die Tür aufging, eilte ich zum Zimmer. Ich hatte Angst, dass mir ein Telefonklingeln entgehen könnte. Doch alles blieb ruhig. Reumütig riss ich die Gardinen auf und trat auf den Balkon hinaus. Es war eine mondlose, pechschwarze Nacht, einzig die Lichter der Jebel Ali Freihandelszone tanzten in der Luft. Ich setzte mich und wartete darauf, dass irgendetwas geschah, doch nichts rührte sich. Hin und wieder war das Geräusch einer Autotür zu vernehmen, sonst blieb alles mäuschenstill. Ich wusste einfach nicht, wie ich mich als «arabische Frau» verhalten, gleichzeitig wie ein Feriengast und obendrein Lisas Freundin sein sollte. Das war zuviel. Das konnte doch gar nicht funktionieren. Ob wohl morgen der Himmel bedeckt war? Wo übernachtete Khalid eigentlich? Warum machte er aus jedem und allem ein Geheimnis? Wie konnte er bloss einmal so distanziert und verschlossen sein, das andere Mal voller Sorge und Zärtlichkeit? Es war zum verrückt werden mit ihm. Wäre ich mir nicht absolut sicher gewesen, dass hinter dieser vorgetäuschten Fassade ein wertvoller Mensch steckt, ich hätte das alles nie mitgemacht.

Als ich zu Bett ging, war mir klar, dass Khalid niemals zugeben, geschweige denn erzählen würde, dass er umsonst angerufen hatte. Dafür war er viel zu stolz.

Die Incentive Reise der Merrill Lynch Bank ging an diesem Tag zu Ende. Abdul verlängerte seinen Aufenthalt kurzerhand. Für wie lange – Inshallah, das wusste niemand. Khalid, der seit frühmorgens am Port Rashid beschäftigt war, rief mich mehrmals von seinem Handy an. Keiner von uns beiden redete über die letzte Nacht.

Dass Lisa von nun an in Begleitung von Abdul sein würde, gefiel Khalid bestimmt nicht. Doch er äusserte sich nicht darüber. Stattdessen erklärte er sich einverstanden damit, den Kuwaiti kennenzulernen.

An jenem Abend erwarteten wir Khalid also zu dritt. Abdul hatte vor, uns ins Hyatt Regency einzuladen. Im japanischen Restaurant war bereits ein Tisch reserviert für uns. Ob die Begegnung der beiden Männer wohl gut gehen würde? Irgendwie wurde ich das Gefühl nicht los, dass da zwei allzu verschiedene Welten aufeinander prallten. Abdul sah zu aller Erstaunen an diesem Abend wie «The Great Gatsby» persönlich aus. Seine Haarpracht trug er mit viel Gel nach hinten gekämmt, dazu brillierte ein heller Anzug mit weissbraunen Golfschuhen. Natürlich fehlte die berühmte Montechristo nicht.

«Na, Verena, ich bin ja gespannt auf deinen Khalid.»

Irgendwie schwang ein seltsamer Unterton mit, aber ich konnte mir nicht vorstellen, weshalb. Schliesslich sollten die beiden Männer ja keinen Kampf um mich ausfechten.

Als Khalid endlich durch die Schwingtür der Plantation Bar trat, erhob sich Abdul sogleich wohl erzogen. Er breitete die Arme aus und nahm ihn weltmännisch in Empfang. Vielleicht etwas zu sehr in der Art des Gastgebers. Ich wunderte mich jedenfalls nicht, als sich Khalid im Gegenzug betont unmanierlich in den Sessel fallen liess. Es hatte also bereits geknallt.

Zu allem Überfluss entblössten sich auch noch ein paar Füsse ohne Socken. Herrje, war mir das peinlich. Khalid benahm sich unmöglich. Er legte eine Störrigkeit an den Tag, die ich nie zuvor an ihm gesehen hatte. Doch der Kuwaiti überging die angespannte Lage souverän und bemühte sich um Konversation. Schon bald äusserte er sein Vorhaben, uns ins Hyatt Regency auszuführen.

«Warum nicht», meinte Khalid unbeeindruckt.

Für einen Moment spielte ich mit dem Gedanken, Lisa und Abdul allein nach Dubai fahren zu lassen. Schliesslich sollte der Abend zur Freude und nicht zu einem Zwang werden. Abdul musste meine Gedanken erraten haben, denn er gab sich alle erdenkliche Mühe, uns sein Vorhaben schmackhaft zu machen.

«Ich sage euch, ihr werdet begeistert sein von der japanischen Küche. Andernfalls wechseln wir das Restaurant unverzüglich – das versprech ich euch. Es gibt ja für jeden Geschmack etwas im Hyatt Regency, nicht wahr, Khalid? Und selbstverständlich seid ihr meine Gäste.»

Dabei klopfte er ihm freundschaftlich auf die Schulter. Khalid versuchte, sich der Einladung zu widersetzen, doch der Kuwaiti duldete keine Widerrede. Schliesslich gingen sie wie Freunde nebeneinander zum Ausgang. Abdul hatte bereits wieder für eine Überraschung gesorgt. Der Portier fuhr einen riesigen, weissen Oldtimer vor, ähnlich einem Rollce-Royce, der perfekt zu seinem Outfit passte. Die Szene war filmreif.

123

Khalid wollte nicht auf den eigenen Wagen verzichten, was mir sogleich einen Stich der Freude versetzte. Endlich würde ich allein sein mit ihm.

Wortlos lenkte er den Pontiac hinter dem Oldtimer durch den Park hinaus zur Schnellstrasse.

«Khalid, ist alles okay, geht es dir gut?»

«Natürlich geht es mir gut», meinte er mit ausdrucksloser Miene.

Ich spürte, dass ihm nicht zum Lachen war. Entweder kränkte ihn die Art des Kuwaitis, oder aber die Ungewissheit, wo ich letzte Nacht geblieben war. Vielleicht hatte ich in der Tat keine Ahnung. Möglicherweise plagten ihn ganz andere Sorgen und er war kreuzunglücklich.

Ich suchte nach aufmunternden Worten.

«Khalid, du sollst wissen, dass mir der Ausflug nach Al Waha trotz allem sehr viel bedeutet hat. Schliesslich war dir klar, dass du mich nicht nach Hause bringen konntest. Trotzdem hast du dir meinen Wunsch zu Herzen genommen und dir etwas einfallen lassen. Das finde ich bemerkenswert.»

Seine Züge entspannten sich etwas.

«Also nimmst du mir nicht übel, dass nicht alles erwartungsgemäss verlaufen ist?»

«Nur ein bisschen», schmunzelte ich.

«Mit deiner Lehrerin hast du mich schon etwas überrumpelt.»

Er lachte und strich mir dabei tröstlich über die Hand.

«Du hast mir ja keine andere Wahl gelassen. Wenn du dir etwas in den Kopf setzt, dann willst du es haben – auf Teufel komm raus. Ist es nicht so, Verena?»

«Nun, vielleicht hast du recht. Ich kann schon hartnäckig und ausdauernd sein. Sag, wie geht es überhaupt deiner Familie? Sind alle gesund?» (Nun sprech ich doch schon wie die Araber.)

«Ja, es geht allen gut», schluckte er.

«Khalid?»

«Ja?»

«Ich habe das Gefühl, in deiner Stimme schwingt etwas Sorgenvolles mit?»

«Ach, wirklich?»

«Mmh», nickte ich überzeugt.

«Nun, in unserem Hause ist nicht alles, wie es sein sollte. Mir fehlt mein Vater unendlich – er ist vor zwei Jahren gestorben.»

Ich betrachtete Khalid eingehend von der Seite und versuchte abzuwägen, wie schwer ihn dieser Verlust getroffen hatte.

«Es macht dich noch immer traurig, was?»

«Es war die schlimmste Phase meines Lebens. Es brachte mich beinahe um den Verstand. Innert kurzer Zeit haben mich gleich zwei meiner liebsten Menschen verlassen.»

Hatte er zwei gesagt? Sofort überschlugen sich meine Gedanken. Er meinte doch nicht etwa mich?

«Tja, Verena, du kannst dir nicht vorstellen, wie sehr du mir weh getan hast. Wie sehr ich dich gebraucht hätte. Und du warst nicht da – in der schwersten Zeit meines Lebens.»

Ich fühlte mich vor den Kopf gestossen durch diese Anschuldigung.

«Wenn du wüsstest, Khalid, wie sehr du mich an den Rand des Wahnsinns gebracht hast. Was glaubst du denn – glaubst du, es wäre einfach gewesen für mich, unterzutauchen?»

«Verena, lass uns jetzt nicht darüber streiten, wer wen trauriger gemacht hat, es ist ohnehin zu spät.»

Was sagte er da? Ich verspürte einen Stich in der Brust. In seinen Worten lag so etwas Endgültiges. Dabei hatte er mich doch erst angefleht «hör zu, wir werden einen Weg finden – so Gott will. Und so wahr ich hier stehe.»

«Wie meinst du das, Khalid?»

Er seufzte tief, presste den Mund zusammen und tat sich schwer. Schlimmer hätte es kaum kommen können.

«Ich habe meinem Vater am Sterbebett versprochen, das von ihm und den andern Familienoberhäuptern vorausbestimmte Mädchen endlich zu heiraten.»

Die ganze Zeit über hatte ich so etwas geahnt. Und trotzdem war ich empört bis zum Äussersten.

«Weshalb um Gottes Willen erzählst du mir das erst jetzt?

Warum hast du mir nicht gleich am ersten Tag gesagt, dass du verheiratet bist, warum – verflucht nochmal, musst du immer alles geheim halten?»

«Neiin! – Verena, beruhige dich. Ich bin es noch nicht. Doch es soll bald geschehen, noch in diesem Jahr.»

Mir wurde flau im Magen.

«Und was soll dann alles noch – unsere Treffen, unsere Ausflüge, deine Liebesgeständnisse?»

«Du bist diejenige, die ich liebe», sagte er seelenruhig.

«Ich habe es vom ersten Tag an getan, als ich dich gesehen habe, und es wird immer so bleiben. Du bist die erste und die letzte wahre Liebe meines Lebens.»

«Aber Khalid!»

Ich schüttelte verständnislos den Kopf. Dann blickte ich zum Fenster hinaus und fand keinen Sinn, kein Verständnis – gar nichts mehr.

«Verena, versprich mir, dass wir bis an unser Lebensende Freunde bleiben – was auch immer geschehen mag.»

Ich starrte ihn entgeistert an.

«Bitte …», flehte er mit tieftraurigen Augen.

Schliesslich konnte ich dem Blick nicht länger standhalten.

«Okay, Khalid – ich versuche es.»

Zu meiner rechten Seite zog wie durch einen Schleier die wunderschöne Grünanlage des Emirates Golfclub vorbei. Die eindrücklichen, weissen Beduinenzelte des Klubhauses leuchteten märchenhaft rosa im Abendlicht. Vor der Jumeirah Beach kräuselte sich das Meer. «Dies ist das Ende eines wunderschönen Traumes», dachte ich.

Am Hyatt Regency Eingang erwarteten uns bereits Lisa und Abdul. Ich hoffte fest, sie würden den Sturm, der über uns hereingebrochen war, nicht bemerken. Wie auch immer – ich glaube, die beiden wollten sich den Abend durch nichts verderben lassen und marschierten fröhlich voraus.

Abdul verstand es, in der grossen Welt zu agieren. Gekonnt führte er uns durch die Sushikarte und wir überliessen ihm die

Auswahl der Speisen. Der runde Tisch füllte sich bald mit Brettchen und Plättchen mit rohem Fisch. Dazu wurden unzählige Saucen serviert. Ich bemühte mich um Gelassenheit und versuchte, die Freude des Abends mit den andern zu teilen. Khalids Gesichtsausdruck dagegen verhiess nichts Gutes. Missbilligend betrachtete er die roten, weissen und braunen rohen Fischstückchen, indessen er Abdul die kalte Schulter zeigte.

«Verena, das magst du bestimmt – es ist Thunfisch, probier mal», sagte Abdul.

Seine Augen waren voller Fröhlichkeit.

«Es schmeckt ausgezeichnet, Khalid, koste auch mal», munterte ich ihn auf.

Doch der rang sich bloss ein gezwungenes Lächeln ab. An unserem Tisch breitete sich eine unheilvolle Stimmung aus. Allmählich bekam ich das Gefühl, dass Khalid auf den Kuwaiti eifersüchtig war. Obwohl sich dieser den ganzen Abend lang um Konversation bemühte, gab sich Khalid gegenüber Abdul ziemlich unterkühlt. Abermals entfernte er sich mit dem Handy vom Tisch, warf auch noch volle Gläser um und täuschte Appetitlosigkeit vor. Offensichtlicher konnte er den Kuwaiti nicht spüren lassen, wie wenig ihm seine Gesellschaft bedeutete. Je mehr Aufmerksamkeit Abdul mir schenkte, desto starrer wurde Khalids Gesichtsausdruck, und ich wusste, dass ich besser daran tat, das Weite zu suchen.

«Lass uns aufbrechen, Khalid. Ich glaube du hast einen anstrengenden Tag hinter dir, nicht wahr?»

Doch Abdul kam seiner Antwort zuvor. Mit wohlwollendem Lächeln meinte er: «Verena kann selbstverständlich mit uns fahren, du brauchst die Strecke zum Jebel Ali nicht noch einmal zurückzulegen, Khalid.»

Dies musste wohl die Revanche für Khalids Benehmen gewesen sein.

Kurz darauf irrten wir beide verstört über den riesigen Parkplatz und hielten Ausschau nach dem Wagen. Khalid öffnete zackig die Beifahrertüre und wartete ab, bis ich einstieg. Währenddessen blickte er gekränkt über mich hinweg. In seinem Gesicht fand sich nichts als Wut und Ärger. So würde ich auf keinen Fall in seinen Wagen steigen. Das wäre viel zu gefährlich.

«Sag, was habe ich getan?», fragte ich stattdessen.

Khalid schwieg beharrlich.

«Willst du mir nicht sagen, was dich bedrückt?»

Ein feuchtes Augenpaar wandte sich von mir ab.

«Heh», sagte ich mit sanfter Stimme und legte die Hand um seine Schulter, «wir sind doch Freunde.»

Sein Kopf fiel mit einem schweren Seufzer auf meine Schulter.

«Ich verstehe nicht», flüsterte ich, «wie wir so starke Gefühle füreinander empfinden können und uns trotzdem nie gehören sollen. Ich habe es nie verstanden. Nicht vor zehn Jahren – und nicht jetzt.»

Er drückte mich fest an sich und schwieg weiter.

«Die Antwort, Khalid, kennst nur du ganz allein.»

Er musste bemerkt haben, wie sich auf einmal zwei Männer in weissen Gewändern näherten.

«Lass uns einsteigen, Verena», kam es ihm plötzlich über die Lippen.

Fast hätte ich vergessen, dass es hierzulande höchst anstössig war, sich in der Öffentlichkeit zu umarmen. Khalid startete den Motor und wischte sich über das Gesicht. Wortlos fuhren wir in Richtung Creek-Mündung, durch den Shindagha-Tunnel und am Hafen vorbei nach Jumeirah. Aus dem Radio klang arabische Musik. Im Stillen wünschte ich, Khalid würde irgendwo an der Jumeirah Beach anhalten. Wir würden barfuss durch den feinen Sand schlurfen und alles auf uns zukommen lassen. Ja, – das war ich. Selbst jetzt, wo ich doch wusste, dass alles verloren war, kam mir der Gedanke nicht, dass es noch nicht zu spät war zum Umkehren. Mich loszulösen, mich von ihm zu verabschieden – für immer. Nein. Stattdessen spürte ich einen Anflug von wirrer Romantik und Fantasterei. In meinen Gedanken verfiel Khalid den Küssen im Mondschein derart hoffnungslos, dass er nicht mehr anders konnte, als sein Versprechen vor Gott und seiner Familie aufzulösen. Solche Träume hatte ich.

Doch nie hätte Khalid weder meine Ehre, noch die Ehre der zukünftigen Frau beschmutzt. Dafür hatte er viel zu viel Respekt vor der Liebe, dem Leben und vor sich selbst. Insgeheim wusste ich es ja. Und dafür liebte ich ihn umso mehr.

Bald schon war die glitzernde Schatztruhe in der Ferne zu erkennen. Khalid hatte mir mal erzählt, wie bezaubernd er die Postkarte mit meiner Beschreibung der Schatztruhe fand.

«Ein Hotel namens Jebel Ali – in der Nähe von Dubai …»

Dabei kannte man dieses Resort im ganzen Land. Ausser den Stadthotels gab es ja nur dieses eine Strandhotel, das für die Araber von Bedeutung war. Das wusste ich natürlich nicht.

Plötzlich durchbrach Khalid die Stille: «Verena, du bist mir noch eine Antwort schuldig – erinnerst du dich?»

Ich blickte ihn fragend an.

«Ach, tu jetzt nicht so», lächelte er gequält.

«Du meinst aber nicht etwa mein Untertauchen vor drei Jahren?»

«Genau das meine ich.»

«Schau Khalid, ich glaube, du weisst selbst gut genug, weshalb ich so gehandelt habe. Ich wusste einfach keinen anderen Weg mehr. Irgendwie musste ich mich, bevor alles zu spät war, von dieser aussichtslosen Liebe befreien. Schliesslich gab es nichts, woran ich mich hätte festhalten können. Weder irgendwelche Pläne, Versprechungen, geschweige denn deine Nähe oder die Hoffnung auf eine Heirat, nichts. Einfach nichts. Ich weiss ja noch heute nicht, was dir damals durch den Kopf ging. Bestimmt kannst du mein Handeln verstehen.»

«Nein, kann ich nicht!»

Dieses feste, entschlossene Nein traf mich wie eine Ohrfeige.

«Aber hör mal, du …»

«Nein, nein, nein! Es rechtfertigt dein Verhalten in keinster Weise», fiel er mir laut ins Wort.

Ich schnappte angstvoll nach Luft. Sein Gesicht war ganz rot geworden vor Zorn. Ich wusste, dass ich besser daran tat, nichts mehr zu sagen. In seinem Inneren musste es brodeln wie in einem Vulkan. Und zwar nicht erst seit jetzt.

Khalid lenkte den Wagen immer schneller und unkontrollierter. Ich sah besorgt auf die Fahrbahn und zitterte innerlich. Schliesslich betete ich für jeden Meter, der uns dem Hotel näher brachte. Um den letzten Kreisel quietschten die Reifen derart, dass ich unser Bild bereits auf der Titelseite der «Khaleej Times» sah: «Pontiac mit überhöhter Geschwindigkeit in Beleuchtungspfeiler gerast.»

Mein Herz klopfte noch immer zu Tode erschreckt, als wir die Hotelauffahrt passierten. Khalid lenkte den Wagen zu den Parkfeldern, die in flachen Terrassen mit rosafarbenen Bougainvillea-Büschen, Palmen und Kakteen angelegt waren. In der Mitte führte eine Treppe zum Eingangsportal. Am liebsten hätte ich gesagt, er könne mich gleich beim Eingang absetzen. Doch ich wollte nicht Gefahr laufen, dass er im Affekt die Beherrschung verlor.

Er schaltete den Motor aus, ging schnellen Schrittes um den Wagen herum und riss die Türe auf. Ich stieg aus und blickte wütend und enttäuscht an ihm vorbei. Im Gegenzug packte er grob meinen Arm und warf mir einen respektfordernden Blick zu. Es würde noch so weit kommen mit uns, dass mein Kummer ganz von selbst verging und ich Khalid keine Träne nachweinen würde.

«Was habe ich denn nun schon wieder getan?», sagte ich gepeinigt, beinahe gleichgültig.

Es war nicht zu spassen mit ihm, das spürte ich. Doch da ich mich in der Sicherheit des Hotels wiegte, hielt ich dem furchteinflössenden Blick mutig stand. Solange, bis Khalid kapitulierte und mich heftig an sich zog.

«Du bringst mich noch um den Verstand», klang es schmerzvoll.

«Das scheint mir so», dachte ich. Mein Körper war ganz steif. Ich konnte die Umarmung nicht erwidern. Zu tief sass die Angst noch immer in den Knochen.

Khalid wiegte mich in den Armen und strich mir über den Rücken, als wäre ich ein Kind, das man beruhigen muss.

«Es tut mir ja so leid, dass ich in Rage gekommen bin», brachte er mühsam über die Lippen, «verzeih mir bitte.»

Noch immer stand ich reglos da und kämpfte mit meinen Gefühlen.

Plötzlich nahm er meine Arme und schlang sie um seine Hüften.

«Bitte, Verena, lass mich spüren, dass du mich noch liebst, ja?»

«Weisst du eigentlich, dass ich nächtelang wach liege und zu Gott bete, er möge mir helfen? Er möge endlich einen Weg finden für uns beide?»

Ein schwerer Seufzer machte die ausweglose Situation, in der er sich befand, noch deutlicher. Seltsam, auf einmal empfand ich für Khalid mehr Mitleid als für mich selbst.

Er schloss die Augen und stöhnte aus tiefster Seele.

«Ach, wie ich dich liebe und begehre. Deinen Körper zu spüren erfüllt mich mit einer solchen Sehnsucht, dass mir schwindlig wird.»

Seine Worte waren wie ein Hauch der Wärme in der Atmosphäre. Ich schmiegte mich an ihn und vergass, was geschehen war.

Um uns herum wurde es still. Nur der Wind, der über den Parkplatz wehte, strich sanft über uns hinweg. Hin und wieder, wenn sich eine Tür öffnete, war im Hintergrund die Musik der Plantation Bar zu hören. Wir verharrten lange und gedankenverloren, jeder in seiner Welt, bis auf einmal ein Rascheln vom Gebüsch her zu vernehmen war.

Ich blickte kurz auf – und traute meinen Augen nicht. Unbehagen beschlich mich. War da nicht eine weisse Kandora, die ich durch das Geäst gesehen hatte? Eine schlimme Vorahnung beschlich mich. Um Khalid abzulenken fragte ich ohne Umschweife: «Sag, wie fandest du eigentlich unser japanisches Essen und Lisas Freund?»

Über die unglückliche Frage klopfte mein Herz noch wilder.

131

Ich biss auf die Lippen.

Khalid sah mich entsprechend konsterniert an.

«Hast du gesagt, Lisas Freund? Dieser Mann hatte doch nur Augen für dich.»

«Aber, Khalid, das ist doch unmöglich.»

Dabei entfuhr mir ein nervöses Lachen. Ein deutliches Zeichen für die Überbelastung, unter der ich stand.

«Glaubst du, ich hätte nicht bemerkt, dass seine Aufmerksamkeit ausschliesslich dir gegolten hat? Die Art und Weise, wie er dich angesehen hat. Kannst du mir vielleicht verraten, weshalb er nicht mit der Merrill Lynch-Gruppe abgereist ist?»

«Khalid, bitte …»

Ein erneutes Rascheln liess mich augenblicklich innehalten.

Als mein Blick über Khalids Schulter hinweg für eine Sekunde auf Mattar traf, stockte mir der Atem. Dieser Araber musste den Verstand verloren haben! Mir nachzuspüren, und erst noch auf sich aufmerksam machen. Ich war entgeistert. Gleich würde sich ein Drama abspielen. Im Nu würde alles zerstört, das Vertrauen, die Liebe, die Freundschaft zwischen uns, alles. Mir lief es kalt den Rücken hinunter.

«Weisst du, Khalid», sagte ich in Panik, «Abdul ist bloss so eine Art Gentleman, der nett ist zu jedermann. Doch verliebt ist er nur in eine – und die heisst Lisa. Da bin ich mir ganz sicher.»

Khalid achtete nicht mehr auf meine Worte, er musste etwas bemerkt haben. Just in dem Augenblick, als ich mich gezwungen sah einzugreifen, bemerkte ich, wie sich die weisse Gestalt entfernte. Khalid wandte den Blick zu mir und sah mich forschend an. Falls er Mattar erkannt hatte, behielt er es für sich. Mir war angst und bange als ich sagte: «Lass uns lieber über uns beide sprechen, Khalid. Wie soll es denn weitergehen?», versuchte ich ihn abzulenken.

Er blickte verunsichert und leicht gereizt.

«Ich weiss es nicht genau – Allah allein kennt die Antwort. Ich werde für uns beten.»

«Damit meinst du also, ich werde in ein paar Tagen nach

Hause fliegen und du wirst heiraten und Kinder …»

«Hör bitte auf, ich ertrage es nicht.»

Beschämt blickte ich zu Boden und schwieg.

«Ach, sieh, wer da schon nach Hause kommt», bemerkte Khalid schnippisch. «Ich habs dir ja gesagt, er ist nicht wegen ihr geblieben.»

Lisa und Abdul schlenderten fröhlich Hand in Hand die Treppe hinauf.

«Wir haben den Lärm im ‹Hyatt Regency Club› nicht länger ausgehalten», lachte Lisa.

Zu meiner Überraschung traf mich von Abdul ein ernster Blick, der aber sogleich wieder in ein Lächeln überging.

«Wir sehen uns dann.»

Damit liessen uns die beiden allein.

Was nun geschah war schrecklich. In wenigen Minuten ruinierten wir mit Worten und Sätzen nahezu unsere Vergangenheit, die Gegenwart, die Zukunft – alles. Kaum waren Lisa und Abdul ausser Sichtweite, warf Khalid mir voller Bitterkeit an den Kopf, ich würde sowohl Mattar als auch Abdul Anlass zu Hoffnungen geben. Mir blieben die Worte im Hals stecken. Tugendhafter als ich konnte eine Frau wohl kaum sein. Verärgert schnappte ich nach Luft und versuchte, mich zu beherrschen. Doch Khalid hörte nicht auf mit der Tirade. Dass er Mattar zuvor erkannt hatte, war mir jetzt klar. Doch was konnte ich denn dafür? Und Abdul, Lisas Freund – also nein. Inzwischen war ich so gekränkt, dass ich bereit war, Dinge zu sagen, die besser ungesagt geblieben wären. Schliesslich wurden meine Sätze immer sarkastischer und verletzender. Welches Recht hatte Khalid denn überhaupt noch zu solch rasender Eifersucht?

Unversehens machte er kehrt auf dem Absatz, und eh ich mich versah, knallte die Autotür zu. In blinder Wut startete er den Motor und warf den Rückwärtsgang ein. In letzter Sekunde gelang es mir, die Tür zu fassen und in den Wagen zu rufen: «Freunde dürfen sich nicht im Unfrieden trennen!»

Der Wagen rollte an, ohne dass Khalid mich noch eines Blickes würdigte.

Auf dem Weg zum Zimmer brach ich in Tränen aus.

Von jenem Tag an nahmen die Dinge ihren Lauf ins Verderben.

Mattars Farm

«Komm Verena, pack deine Sachen zusammen, wir besuchen Mattars Farm. Etwas Ablenkung wird dir gut tun. Na, sieh mal einer an, deine Augen sind ja ganz geschwollen? Sag, was ist geschehen?»

Welche Ironie des Schicksals. Der Spiess hatte sich umgedreht. Im Grunde sollte ich diejenige sein, die die Freundin wieder aufrichtete. Deshalb waren wir doch nach Dubai gekommen.

Als Lisa hörte, was sich ereignet hatte, meinte sie: «Was muss noch alles passieren, damit du endlich Vernunft annimmst, Verena?»

Hinterher erzählte sie mir, wie es zu Mattars Einladung gekommen war. Abdul und sie seien gestern Nacht in der Bar auf ihn gestossen. Dabei hätten sich die beiden Männer regelrecht angefreundet. Was schliesslich zu der Einladung führte.

«Mattar ist übrigens sehr angetan von dir. Er wollte deine ganze Lebensgeschichte wissen.»

«Die hast du ihm hoffentlich nicht erzählt.»

«Keine Angst, du bist noch immer ein Geheimnis hinter tausend Schleiern.»

«Aber Khalid. Was, wenn er erfährt, dass ich auf Mattars Farm zu Besuch war? Er wäre geradezu bestätigt in den Unterstellungen, die er mir an den Kopf geworfen hat. Gesetzt den Fall er sucht mich auf und findet heraus, mit wem ich vom Hotel weggefahren bin? Ich sage dir, Lisa, er wäre für den Rest seines Lebens der Meinung, dass ich eben doch keine fünf Pfennige wert bin.»

Sie seufzte schwer.

«Hör zu, Verena, es tut mir leid, dass ich dir das sagen muss, aber du wirst nie glücklich sein.»

Ich starrte meine Freundin mit offenem Mund an. Das war

wohl nicht ihr Ernst. Doch Lisa legte noch einen drauf und sagte fast beiläufig: «Soviel ich mich erinnere, hat er dir doch gesagt, dass er bald heiraten wird, oder nicht?»

Der Hieb sass.

«Nun gut», seufzte ich resigniert, «ich schliesse mich euch an. Fahren wir mit Abduls Wagen, oder holt uns Mattar ab?»

«Mattar ist bereits hier, er hat im Jebel Ali übernachtet.»

«Was? Weisst du eigentlich, dass er uns gestern Nacht beim Parkplatz bespitzelt hat?»

Als der Groschen gefallen war, lachte Lisa laut heraus. Dies sei eben noch ein Mann, einer, der etwas in Bewegung setze. Übrigens wären die beiden Männer heute früh mit Mattars Hochseeyacht zum Fischen hinausgefahren. Matti, wie ihn Lisa unterdessen vertraut nannte, hätte vor, für uns zu kochen.

Schliesslich schwang ich mich vom Liegestuhl, doch die Begegnung mit Mattar würde mir peinlich sein.

Eine Stunde später befanden wir uns erwartungsfroh auf dem Weg nach Al Ain. Arabische Songs klangen aus den Boxen, dazwischen ertönte das vertraute Piepen des Geschwindigkeitsbegrenzers, biii … Achtung, eine Strassenschwelle, und schon raste der Mercedes mit Vollgas bis zum nächsten Hindernis. Die beiden Männer unterhielten sich ausgelassen. Mattar warf hin und wieder einen zufriedenen Blick in den Rückspiegel. Es schien fast so, als würde die Fuhr auf dem Rücksitz und der Fang im Kofferraum die Männer in eine alberne Stimmung versetzen. Die Wellen des Gelächters steigerten sich immer mehr. Vorbeiziehende Häuser, Menschen und Kamele – alles und jedes, das ganze Leben, wurde zu einem Scherz. Langsam war mir klar, dass ich Khalids Lachen oft missverstanden hatte. Die Menschen am Arabischen Golf schienen tatsächlich von aussergewöhnlich fröhlicher Natur zu sein.

Links und rechts der Strasse erstreckte sich erfrischendes Grün, ein Zeichen dafür, dass wir uns im Scheichtum Abu Dhabi befanden. Der schnurgerade sechsspurige Highway zog sich weiter bis Al Ain. Einzig die Sandverwehungen auf dem Asphalt liessen vermuten, dass wir uns in Richtung Wüste bewegten. Nobelkarossen und Geländewagen flogen an uns vorbei. Niemand kümmerte sich um die Geschwindigkeitsbegrenzungen. Vom Vordersitz sprudelte es arabisch, eine Sprache, die mich immer wieder faszinierte. Oder war es die Wüste? Zwischendurch zeigten arabische Schriftzeichen auf Ortstafeln an, dass sich nahe der Strasse Dörfer befanden. Mit einem Mal verlangsamte Mattar die Fahrt und hielt vor einem verstaubten Krämerladen.

«Ihr könnt im Auto warten», meinte er. Worauf die beiden Männer im Shop verschwanden.

Ein paar Inder oder Pakistani sassen im Schatten auf dem Boden vor dem Eingang. Sie starrten auf unseren nagelneuen Mercedes. Zum Glück schützten uns dunkel getönte Scheiben vor den neugierigen Blicken. Ich stellte mir vor, wie aufregend es sein musste, die Welt im Schutze eines Schleiers unverhohlen beobachten zu können.

Nach einer Weile kehrten die Männer mit Plastiktüten beladen zurück. Al Ain stand voll in der Mittagshitze, als wir die Farm endlich erreichten. Von aussen liess sich kaum vermuten, was hinter dem riesigen Holztor mit den hohen Mauern versteckt lag. Mattar stieg aus, polterte gegen das Tor und rief laut gegen den Himmel. Nichts passierte. Er versuchte es etwas heftiger. Lisa und ich sahen uns an. Ob er wohl den Schlüssel vergessen hatte? Na ja, das ging nicht auf mein Konto. Lisa und Abdul wollten sich schliesslich auf dieses Abenteuer einlassen.

Aber dann öffnete sich die Pforte. Mattar reckte den Kopf hinein und schlurfte sogleich wieder zum Wagen zurück. Wortlos startete er den Motor und wir fuhren, nun sehr neugierig geworden, durch das Eingangsportal. Ein Wächter verriegelte das Tor hinter uns. Der Mercedes holperte langsam über einen Plattenweg, der mitten durch eine prachtvolle, saftiggrüne Oase zum Farmhaus führte. Beim Aussteigen strömte uns angenehmer Orangenblüten- und Jasminduft entgegen. Man hörte das Zwitschern von Vögeln, ein Geflirr und Geflimmer lag in der Luft, und wir bekamen die ganze Wucht der Sonne zu spüren.

Mattar öffnete den Kofferraum. Zum Vorschein kamen zwei Kühlboxen. Eine davon mit Getränken gefüllt, worunter sich

137

sogar eine Flasche Chardonnay befand. Bestimmt hatte er den im Jebel Ali erstanden. In der zweiten Kühlbox lagerten die Fische, die er geangelt hatte.

Als der Wagen ausgeladen war, folgten wir den Männern ins Haus. Bestimmt gab es einen Haupteingang, doch Mattar schob kurzerhand die Verandatür auf. Schon fanden wir uns inmitten des Wohnzimmers, einem riesigen Salon mit weissen und okerfarbenen Wänden. Orientalische Bögen mit Ornamenten verziert unterteilten den Raum und führten zu den übrigen Wohnbereichen. Unzählige Diwane mit Beistelltischchen reihten sich entlang den Wänden. In der Küche angelangt, griff unser Gastgeber in die Tüte und zog ein Huhn am Hals heraus. Lisa und ich blickten uns angeekelt an. Alles baumelte noch daran, nicht mal ordentlich gerupft war das Federvieh. Schliesslich griff er mit beiden Händen in die Kühlbox und hob stolz seine Beute, die Meeresfische heraus, die schlüpfrig auf den Marmor glitten.

«Ich glaube, da halten wir uns lieber raus, Mattar», lachte Lisa vieldeutig.

Weder bei Khalid noch bei ihm wusste man, was als nächstes geschehen würde. Nun, vielleicht wissen es die Araber ja selbst nicht. Oder sie finden es schlichtweg unnötig, die Frauen zu orientieren.

Als in der Küche alles ausgepackt war, gingen Mattar und Abdul durch den Salon zur Verandatür hinaus – wir hinterher. Es erstaunte mich, mit welcher Leichtigkeit sich der Kuwaiti im Beisein von Mattar der arabischen Lebensform entsann. Als hätte «The Great Gatsby» nie existiert.

Hoheitsvoll schritt Mattar voran durch den blühenden Garten Eden. Was für Lisa und mich zu Hause alltäglich war, das grenzte hier an ein Wunder. Früchte und Gemüse aller Art gediehen in voller Pracht. Und es schien, dass dieser Araber seinen Schatz mit unendlicher Hingabe pflegte und hegte. Immer wieder blieb er stehen und musterte die Erzeugnisse, wobei er die schönsten davon sogleich pflückte. Selbst ein Bienenhaus fehlte nicht. Unglaublich, sogar eigenen Honig stellte er her. Der war ja wirklich putzig, dieser Araber.

Als unsere Hände und Arme voll beladen waren, brachten wir die Ernte zur Küche. Mattar zerrte einige Teppiche aus dem Salon auf die Veranda heraus, warf schwere Kissen darauf und bat uns, Platz zu nehmen. (Zum Glück trugen wir lange Röcke.) In der Mitte platzierte der Hausherr eine Schale mit frisch gepflückten Früchten. Dann streckte er sich auf dem Teppich aus, lehnte sich wie ein Pascha an ein Kissen und reichte uns von den süssen Aprikosen. In seiner weissen Kandora bot er ein Bild ausserordentlicher Schönheit. Das leise Plätschern des Springbrunnens unten auf dem Kiesplatz und das Zwitschern der Vögel verklärten uns völlig.

Ich weiss nicht, wie lange wir so dagesessen hatten. Irgendwie spielte die Zeit keine Rolle mehr. Da forderte uns Mattar auf, ihm zu folgen. Bestimmt würde er uns nun den Pool zeigen. Bevor wir vom Jebel Ali weggefahren waren, sagte Abdul, wir sollen unser Badezeug einpacken.

Durch den hellen Kiesel führte ein Plattenweg um das Anwesen herum, das uns in Staunen versetzte. Direkt an der Hausmauer angelegt lag ein zauberhaftes, maurisch anmutendes Bad, das zur einen Seite von hohen, schlanken Palmen gesäumt war. Dahinter die Mauer, die das gesamte Gelände umschloss. Eine breite Treppe führte unter einer blaugrün gekachelten Kuppel auf vier Säulen ins flache, türkisblaue Wasser.

«Ach, Mattar, weshalb hast du uns bloss hierher geführt. Jetzt wird uns dieser Flecken Erde ein Lebtag nicht mehr zur Ruhe kommen lassen», lachte ich halb scherzend, halb ernst.

Mattars dunkle Augen glänzten voller Stolz hinter der Suffra hervor.

«Wenn ihr Lust habt zum Schwimmen, könnt ihr das selbstverständlich tun. Ich werde solange das Essen zubereiten mit Abdul. Nicht wahr, mein Freund», schmunzelte Mattar und versetzte ihm einen freundschaftlichen Hieb.

Einen Augenblick lang hatte ich das Gefühl, einen gewissen Besitzanspruch zu spüren. Doch sogleich wurde mir bewusst, dass es sich nach moslemischer Sitte nicht gehörte, zusammen mit dem anderen Geschlecht zu schwimmen.

Wir gingen zur Veranda zurück. Mattar führte uns durchs ganze Haus und zeigte uns den Umkleideraum, der einen direkten Zugang zum Swimmingpool hatte. Wie schade, dass ich die Kamera im Hotel vergessen hatte. Zu Hause würde mir kein Mensch glauben, welchem Zauber ich hier begegnet war.

Das Wasser war sauber und kühl. Ich schauderte.

«Komm, gib dir einen Ruck», rief Lisa.

Also liess ich mich – ruckzuck – ins Nass fallen und paddelte, nach Atem ringend, wild hinter Lisa her. Ich fragte mich, ob vielleicht eine Kühlanlage unter dem Schwimmbad eingebaut war. In diesem Land war ja alles möglich. Nach einer Weile legten wir uns auf den warmen Plattenboden und liessen uns an der Sonne trocknen. Ich musste an Khalid denken. Was, wenn er wüsste, dass ich einer fremden Einladung gefolgt war? Doch je länger ich darüber nachdachte, desto mehr merkte ich, wie dumm das war. Wie konnte ich mich einem Mann gegenüber schuldig fühlen, der demnächst eine andere Frau heiratete? Das war doch absurd. Ausserdem redete ich mir ein, dass sich Khalid bestimmt nicht so schnell wieder melden würde.

Während wir verträumt am Beckenrand sassen und unsere Füsse im Wasser kreisen liessen, näherte sich Abdul.

«Na, Ladies, würde es euch stören, wenn ich eine Runde schwimme?»

«Natürlich nicht, Abdul», beteuerten wir beide.

Schliesslich waren wir uns im Jebel Ali alle schon einmal im Badeanzug begegnet. Dass unsere sogenannte Freizügigkeit als Verstoss gegen die arabische Sitte und Moral verstanden wurde, sollte ich bald zu spüren bekommen. Ja, bereits der Besuch ohne Khalid – ja nicht einmal abgesprochen mit ihm – war schon schlimm genug. Darüber hinaus mit einem Araber im Pool zu schwimmen, statt sich züchtig zu bedecken, so etwas wurde arg vermerkt. Dass selbst Mattar, der überhaupt keine Ansprüche auf mich hatte, in giftige Eifersucht verfallen sollte, wäre mir erst recht nicht eingefallen. Wie naiv wir doch waren.

Nach einer Weile verschwand ich in den Umkleideraum, zog mir den Rock über und liess die beiden allein. Je näher ich zur

Veranda kam, desto deutlicher nahm ich den Geruch der Küche wahr. Aus dem Salon strömte ein fremder, orientalischer Duft.

«Mmh, hier riecht es herrlich – lass mich raten, das muss ein Curry sein.»

Mattar warf mir einen forschenden Blick zu.

«Weshalb weisst du das?», fragte er streng.

«Na, weil ich es riechen kann.»

«Ach. Ich denke, in der Schweizer Küche kennt man keinen Curry.»

Dieser misstrauische Ton verwirrte mich. Was war bloss in ihn gefahren?

«Mattar, stimmt etwas nicht?»

Seine Augen hatten etwas Diabolisches angenommen. Dann stiess er es von sich.

«Ihr Frauen aus dem Westen, ihr reist doch in der ganzen Welt herum – von einem Bett ins andere.»

Um Himmels Willen, was hatte denn der Curry damit zu tun? Tausend Gedanken schwirrten durch meinen Kopf.

«Aber Mattar, ich bitte dich, das ist doch absurd.»

Mit spöttischem Blick saugte er eine Erdbeere in den Mund. Ich rang um Fassung. Versuchte, seine Gebärden zu ignorieren.

«Schau, auf einige mag das vielleicht zutreffen, doch es sind längst nicht alle westlichen Frauen so.»

«Das stimmt nicht.»

«Glaubst du etwa, dass ich auch dieser Sorte angehöre?»

Er wandte den Blick ab und murmelte kleinlaut gegen den Himmel, «Ja, natürlich.»

Mir blieb die Spucke weg. Wie kam er dazu, mich so zu beleidigen? Im ersten Moment wusste ich nicht, ob ich weinen oder vor Lachen losbrüllen sollte. Konnte man so was überhaupt noch ernst nehmen?

«Schau, Mattar, du hast mich doch sicher nicht in dein Haus eingeladen, um mich zu beleidigen.»

Er wandte den Blick zum Springbrunnen und schwieg.

«Jetzt machst du mich aber wirklich traurig», bemerkte ich.

Er schnappte sich eine Aprikose aus der Schale, erhob sich

und sah mir direkt in die Augen: «Vergiss, was ich gesagt habe, du bist schon okay, Verena.»

Damit klopfte er mir auf die Schulter und verschwand in die Küche.

Meine Augen richteten sich auf den Teppich, zeichneten gedankenverloren das Muster nach. Was hatte ich denn schon verbrochen – schwimmen im Pool, mit einem Mann – Abdul war doch kein Fremder. Ausserdem konnte ich nichts dafür, dass er auch ein Bad nahm. Das Bild der schmutzigen westlichen Frau schien in seinem Kopf so stark verwurzelt zu sein, dass es absolut keinen Sinn machte, mit ihm darüber zu diskutieren. Sowas lässt sich nicht an einem Tag verändern. Schon gar nicht mit blossen Worten. Wenn uns die Araber so sehen, dann ist es eben so. Punkt. Und trotzdem liebte ich dieses Land und seine Menschen.

Aus der Küche vernahm ich leises Geschirrklappern. «Seltsam», dachte ich. «Klingt fast nach einem Friedensangebot.» Keinerlei Wut oder Ärger steckte in dem Geräusch. Vielleicht war dieses Intermezzo eine Prüfung gewesen. In Wirklichkeit konnte ich gar nicht glauben, dass mich Mattar als leichte, ehrlose Frau betrachtete. Sonst hätte er längst andere Avancen gemacht. Ich schluckte meinen Ärger runter und sah nach, ob ich etwas helfen konnte. Auf leisen Sohlen näherte ich mich vorsichtig der Küche.

Er musste mich im Augenwinkel herannahen sehen, doch er ignorierte es.

«Kann ich dir etwas helfen, Mattar?», fragte ich.

Er sah vom Kochtopf auf, legte den Löffel beiseite und sagte: «Okay, Habibti, fass mal an und trag die Teller raus.»

«Nur, wenn du mir verrätst, was «Habibti» heisst.»

«Geh jetzt, du stellst zu viele Fragen.» Dabei spielte ein Lächeln um seine Mundwinkel.

«Ich bin ja schon weg, aber das ist nicht fair.»

Auf der Veranda deckte ich unseren «Tisch», den Teppich, und schob die Früchteschale beiseite, damit der Curry-Eintopf Platz hatte.

142

«Wo befindet sich das Besteck?», fragte ich, zurück in der Küche.

«Es gibt heute keines, wir essen mit den Händen.»

Dann drückte er mir ein Packpapier mit Fladenbrot in die Hand und meinte: «Hier ist das Besteck.»

Einen Moment lang war ich verblüfft. Ich sah zu ihm auf und musste lachen. Jetzt fiel mir wieder ein, dass Araber mit der rechten Hand zu essen pflegen. Na, das konnte ja heiter werden – ich als Linkshänderin.

«Und ruf bitte die andern zum Essen», klang es hinterher.

So begann unser erstes Mahl im Beduinen-Stil. Gespannt sassen wir mit gekreuzten Beinen im Kreis um den riesigen, dampfenden Curry-Topf herum. Daneben stand eine Schale Klebreis, das Fladenbrot, eine Flasche Wasser und der Chardonnay. Mattar bat Abdul, mit dem Essen anzufangen. Dieser bedankte sich erst überschwänglich für die Gastfreundschaft und das gesegnete Mahl, natürlich in arabischer Sprache, doch ich verstand die Gestik. Darauf erhob er sein Weinglas und gab die Aufforderung, sich zu bedienen, an Mattar zurück.

Auch wir bedankten uns, und Lisa meinte, wenn er einmal die Schweiz besuche, sei er unser Gast. Währenddessen schöpfte Mattar jedem eine Kelle voll auf den Teller. Ich fragte mich, wie wir dieses flüssige Gericht mit den Händen essen sollten.

«Ich hoffe bloss, dass da keine Hühnerfedern drin schwimmen …», sagte Lisa halb im Scherz, halb ernst.

«Aber ja doch, speziell für dich habe ich ein paar dringelassen.»

Schallendes Gelächter begleitete Mattars freche Bemerkung. Und das Lachen beruhigte sich erst, als wir Tränen in den Augen hatten und vor Lachen schon ganz schwach waren. Der Curry schmeckte ausgezeichnet. Ohne Besteck zu essen war weit weniger kompliziert, als ich befürchtet hatte. Man brach ein Stück Fladenbrot ab, faltete es wie eine kleine Omelette und schaufelte Fisch- oder Huhnstückchen damit auf. So einfach gings. Einzig das Hantieren mit Reis und Sauce war gewöhnungsbedürftig. Man knetete etwas Reis in der Hand zu einer Kugel und tunkte ihn im Curry ein. Dass die Fingerspitzen dabei mit Sauce bekleckert wurden, war nicht zu vermeiden.

Nachdem wir der Reihe nach im Bad die Hände gewaschen hatten, trug Mattar eine Wasserpfeife herbei. Wir hatten nicht die leiseste Ahnung, dass dieses Ritual – als Abschluss eines Beduinenmahls – hierzulande gang und gäbe war. Kritisch beobachteten Lisa und ich, wie er die Kohlestückchen anzündete und entschieden, dieses Zeremoniell den Männern zu überlassen. Stattdessen wollten wir uns die Küche vornehmen, was uns sogleich lauten Protest einbrachte. Dafür seien die Bediensteten zuständig, meinte Mattar energisch. Worauf uns die beiden Männer belehrten, dass Frauen am Arabischen Golf traditionell eine hohe Stellung genossen und keinerlei Hausarbeit zu verrichten hätten. Darüber hinaus dürften sie ihr eigenes Vermögen verwalten und über Haus und Kinder bestimmen. Die Frauen wären in der Familie sozusagen für den innenpolitischen und die Männer für den aussenpolitischen Bereich zuständig. Was Lisa und ich beispielhaft und klug fanden.

Eines Tages, vielleicht schon diesen Sommer, meinte Mattar, beabsichtige er in die Schweiz zu reisen. Dabei strahlten seine dunklen Augen verheissungsvoll. Mir war nicht wohl, denn ich spürte allzu gut, dass der Platz in meinem Herzen noch immer jemand anderem gehörte. Als Mattar von endlosen Tannenwäldern, Wiesen, Bächen und Blumen schwärmte, schob ich meine Beklemmung wieder beiseite. Selbstverständlich gedenke er in einem richtigen Chalet zu wohnen. Vor dem Haus müssten Kühe weiden und die Glocken bimmeln. Ach du lieber Himmel, meinte er das wirklich ernst? Ich verstand nicht, wie jemanden diese Ländlichkeit anziehen konnte. War doch die Wüste so viel geheimnisvoller, mächtiger und beeindruckender.

Wir brachen erst von der Farm auf, als die Sonne längst untergegangen war. Wehmütig blickte ich noch einmal zurück und sah, wie sich die Flügel des schweren Holztores hinter uns schlossen. Hohe weisse Mauern zogen an uns vorbei. Keiner hätte vermutet, welche Oase des Friedens und des Zaubers sich dahinter verbarg.

Je näher das Emirat Dubai rückte, umso stärker meldete sich Khalid wieder in meinem Kopf. Insgeheim hoffte ich darauf, eine Nachricht von ihm vorzufinden.

Als wir uns zuletzt von Mattar verabschiedeten, war ich bereits wie auf Nadeln. Normalerweise wurden Nachrichten unter der Zimmertür durchgeschoben. Doch auf dem Fussboden fand sich kein Umschlag. Weder auf dem Schreibtisch noch auf dem Bett war irgendetwas zu sehen. Ich musste mich hinsetzen. Mein nächster Reflex war der aller Menschen in meiner Situation: Ich hoffte, dass es nicht geschehen war. Ich hoffte, dass Khalid nicht nach mir gesucht hatte. Bestimmt hatte ich mir den ganzen Tag über bloss eingebildet, dass er x-mal im Hotel angerufen hatte.

Nach Mitternacht wusste ich, es war keine Einbildung gewesen.

Während sich die Gedanken bis dahin quälend im Kreis drehten, hoffte ich immer noch auf ein Wunder. Um zweiundzwanzig Uhr dachte ich, wenn Khalid sich versöhnen wollte, dann würde er es spätestens zu dieser Stunde tun. Doch nichts geschah – alles blieb totenstill.

Ich griff zum Hörer und wählte sein Mobiltelefon an. Keine Antwort. Ohne zu zögern probierte ich jetzt mit Herzklopfen die Nummer von seinem Zuhause – nichts rührte sich. Obwohl ich ahnte, dass die Büros um diese Zeit nicht mehr besetzt waren, wählte ich wie von Sinnen alle Nummern durch. Vom World Trade Center über Port Rashid, Al Waha sowie das Flughafen-Office. Mein Atem ging immer schneller. Ich zog die Kleider aus, duschte und versuchte es von Neuem. Nichts geschah. Was sollte ich bloss tun? An ein zu Bett gehen war gar nicht zu denken. Zum Lesen oder Fernsehen war ich ausserstande. Selbst weinen konnte ich nicht. Plötzlich legte sich eine nie gekannte Schwere auf mein Herz.

In dieser verzweifelten Stunde trat ich auf den Balkon hinaus, um den Himmel anzuflehen. Die Nacht war klar und wolkenlos. Und zum Verzweifeln stumm. Ich stützte die Ellbogen auf der hohen Mauer ab und starrte wie hypnotisiert in Richtung Osten nach Al Waha. Vielleicht war die Luft zu auf-

145

geladen, meine Gedanken sprangen über den Balkon wie Funken. Ein Teilchenhagel. Das Rasen der Moleküle. Wonne und Schrecken, Seligkeit und Absturz, war das die Liebe? Endlich fiel mir ein, was mich am meisten kränkte. Jugendliebe war der falsche Ausdruck, ich war bereits zweiunddreißig. Die Zeit, in der manche schon wieder an Scheidung dachten. Ja, bin ich denn verrückt geworden? Statt Silberwahn rotes Funkeln. Das Funkeln und Brennen von Wüstenzauber – Weihrauchkohle – Begehren.

Plötzlich fiel der Groschen. Es war durchaus möglich, dass Khalid die Jebel Ali Nummer auf dem Display des Handys sehen konnte. Was bedeutete, dass er absichtlich nicht reagierte. Sollte er doch seine Genugtuung haben. Wenn ich genug Busse geleistet hatte, würde er bestimmt abnehmen. Und so kam es denn auch.

Meine Uhr zeigte bereits nach Mitternacht, als sich in Al Waha endlich seine Stimme am Telefon meldete.

«Aallu?»

«Khalid, bist du es?» Ich wusste nicht, ob ich lachen oder weinen sollte.

«Yes, it's me», kam die Antwort.

«Verzeih mir Khalid, dass ich zu dieser späten Stunde anrufe.»

«Kein Problem», sagte die gleichgültige Stimme.

«Ich habe mir Sorgen gemacht, weil ich dich den ganzen Tag nicht erreicht hatte», schwindelte ich.

«Ach, wirklich?», klang es interesselos.

Ich wusste zum Vornherein, dass Khalid zu stolz war, zuzugeben, wie oft er im Jebel Ali angerufen hatte. (Falls er es getan hatte.) Also konnte ich ruhig etwas pokern.

«Das tut mir leid Verena, ich habe mein Handy irgendwo verlegt.»

Na, prächtig. «Wer es glaubt», dachte ich.

«Dein Handy verlegt? Oh, welch ein Pech.»

Mein Herz raste. Seine Stimme war kühl, fast unnahbar und er redete nur, wenn er gefragt wurde. Dieses Schweigen war einfach schrecklich. Endlich hatte ich ihn am Telefon, und trotzdem fühlte ich die gleiche Beklemmung wie zuvor.

«Sag doch, wie geht es dir?»

«Es geht so.»

«Deine Stimme klingt so anders als sonst ... hör zu Khalid, es tut mir leid wegen gestern.»

«Ach, ich bin bloss müde,» erwiderte er teilnahmslos.

«Pass auf, ich weiss nicht, aber es war, als ob gestern eine Fremde aus mir gesprochen hätte. Ich konnte mich selbst nicht wiedererkennen, weisst du?»

Er reagierte nicht darauf. Mir wurde bange ums Herz. Wenn ich doch nur wüsste, ob er etwas verbarg. Oder ob er schlichtweg keine Ahnung hatte, dass ich auf Mattars Farm war. Jedenfalls war nicht daran zu denken, ihm von dem Ausflug zu erzählen. Nicht in dieser Stimmung.

«Du möchtest also nicht über gestern reden. Nun gut, wie geht es deiner Mama?»

Zum erstenmal vernahm ich so etwas wie ein Lächeln.

«Ich meine die Frage ernst», sagte ich ruhig.

Lächelte wieder. «Es geht meiner Mutter gut.»

Ich hatte keine andere Antwort erwartet.

«Bist du in deinem Zimmer, ich meine, wo steht das Telefon? Ach, was rede ich nur für einen Unsinn, entschuldige. Ich versuche mir bloss vorzustellen, wie du hinter den Mauern lebst. Du hast mir noch immer keine Zeichnung gemacht. Kannst du den Mond von deinem Fenster aus sehen?»

«Und ob ich das kann.»

«Wie meinst du das, und ob?»

Khalid schwieg.

«Ach so. Du hast recht, jeder braucht seine Geheimnisse. Kannst du dich erinnern, wie wir in England manchmal den Mond beobachtet haben? Du sagtest, dass dieses silberne Gestirn uns über den weiten Kontinent hinweg verbinden würde, weisst du noch?»

«Und ob ...»

Nun fiel es mir wie Schuppen von den Augen. Ich hatte ver-

147

gessen, wie Khalid mir damals vom Mond schrieb, wie er oft nächtelang wach lag und hinaufblickte.

«Ach Khalid, jetzt fällt es mir ein, natürlich kannst du den Mond von deinem Zimmer aus sehen.»

Er lächelte nur.

«Khalid, ist dir klar, dass meine Abreise näherrückt?»

«Ich weiss – wir werden uns schon noch sehen. Also dann, gute Nacht, Verena.»

«Gute Nacht – Khalid.»

Wie versteinert hielt ich den Hörer noch immer in der Hand. Es musste Schreckliches passiert sein, so wie die Dinge lagen. Diese kühle Distanz bis zum Schluss hatte ich nie zuvor an ihm gekannt. War es überhaupt möglich, dass ihn ein Streit derart verletzen konnte? Oder kam er sich hintergangen vor, weil ich ohne Nachricht einen ganzen Tag lang verschwunden war? Im ungünstigsten Fall traf beides zu. Es sollte aber noch schlimmer kommen.

Ich weiss nicht, wie lange ich in Erstarrung auf dem Balkon gesessen hatte, als sich die Türfalle bewegte. Ich schob den Vorhang beiseite und sah Lisa auf leisen Sohlen ins Zimmer tippeln.

«Gott, es ist bald drei Uhr morgens – was tust du da draussen?»

«Ich bin dabei, den Verstand zu verlieren.»

«Nicht schon wieder», seufzte Lisa.

Schliesslich erzählte ich ihr von dem Unglück.

«Mach dich nicht verrückt, Verena. Also wirklich. Wenn du mich fragst; Khalid ist doch gar kein Mann für eine europäische Frau. Sieh nur, wie er sich an dem Abend mit Abdul benommen hat. Er hat uns ja richtiggehend des Vergnügens beraubt. Und erst auf der Dhau – ich wollte dir ja nichts sagen – aber seine realitätsfernen Bekundungen sind mir noch immer ein Gräuel in den Ohren. Was willst du denn mit einem Mann, der sein Land am liebsten dem Erdboden gleich sähe und in die Wüste zurückkehren will? Schau mal Abdul oder Mattar, das sind weltoffene, aufgeschlossene Araber. So etwas würde dir viel eher entsprechen. Überdies verdienst du einen verständnisvollen Mann, einer, in dessen Leben du im Mittelpunkt stehst. Und einer, der dich auf Händen trägt. Auf jeden Fall keinen, der längst vergeben ist und demnächst heiraten wird.»

Ich seufzte schwer.

«Komm, Verena, lass uns zu Bett gehen. Wir wollen uns die wertvollen letzten drei Tage nicht verderben lassen. Khalid hat doch gesagt, dass ihr euch nochmals sehen werdet. Übrigens, noch einen ganz lieben Abschiedsgruss von Abdul. Scheinbar muss er, im Auftrag der Merrill Lynch Bank, dringend nach London zurück. In zwei Stunden wird er zum Flughafen fahren. Er versprach, mich sobald als möglich in Zürich zu besuchen.»

Am nächsten Tag breitete sich eine seltsame Stimmung über dem Jebel Ali Garten aus. Lisas Urlaubsliebe war beim Morgengrauen abgereist und Khalid hielt sich, völlig verschlossen und unzugänglich, in Al Waha zurück.

«Kommst du mit auf einen Spaziergang zur Hafenmole, Lisa?»

«Nein, danke, ich bleibe lieber hier unter den schattigen Palmen.»

Ich setzte die Kopfhörer auf und marschierte allein los. Das Türkis des Meeres glitzerte zwischen den Palmen hindurch. Mit jedem Schritt kam ich dem Wasser näher, bis ich eingekreist war. Vom äussersten Ende der Mole bot das Jebel Ali einen atemberaubenden Anblick.

Ich kletterte zu den Felsbrechern hinunter. Sanfte Wellen berührten meine Füsse. Ein Helikopter schwirrte vorbei und die Klänge von «Dire Straits» rieselten aus den Kopfhörern. Ich blickte einfach aufs Wasser hinaus und liess die Gedanken auf den Wellen treiben. Ein Anflug von Wehmut überkam mich. Ich sah Ziegen, die sich auf Spiessen drehten, den zärtlichen Wind, der über den Jebel Ali Park wehte, dickbäuchige Dhaus, vorbeiziehender Wüstensand, bunte Pfauen und kreischende Vögel in Baumkronen. Auf einmal lief eine mondäne Yacht aus dem Hafen aus. Als mich der Kapitän erblickte, heulten die gewaltigen

Motoren auf, was das Zeug hielt. Vor Schreck kippte ich beinahe ins Wasser. Irgendwie schaffte es dieser Schwachkopf noch, sein Schiff wieder aufzufangen. Ärgerlich kletterte ich auf die Mole hinauf. Bevor ich zurück spazierte, nahm ich das Bild des prachtvollen Palmengartens noch einmal tief in mir auf. Es war der Anblick einer zur Fata Morgana gewordenen Wirklichkeit.

In der Ferne sah ich zwei Arme winken. Nach und nach erkannte ich Lisa. Ich beschleunigte meine Schritte. Sie rief etwas, doch ich konnte nichts verstehen. Allmählich kam es näher, «…aalid.»

Ach du lieber Himmel. Hatte ich richtig gehört?

Die letzten Meter rannte ich. Am liebsten wäre ich gehüpft vor Freude.

«Ist er am Telefon?», keuchte ich.

«Nein, er ist hier.»

Wie vom Blitz getroffen schlug ich die Hände auf der Brust zusammen: «Ist das wahr?»

«Ja. Du wurdest ausgerufen, aber ich konnte dich nirgendwo sehen. Als die Durchsage ständig von Neuem erklang, bin ich zur Rezeption gelaufen. Khalid sitzt in der Lobby und wartet auf dich. Er sagte mir, dass er auf dem Weg nach Abu Dhabi sei. Wenn wir Lust hätten, könnten wir mitfahren. Doch ich hab ihm bereits erklärt, dass ich keine grosse Lust dazu hätte, da wir gestern schon in Al Ain waren.»

Na prima, jetzt hatte er das von Lisa erfahren müssen. Mir wurde übel. Das Unglück war komplett. Wie sollte ich ihm jetzt unter die Augen treten? Ich durfte mich auf keinen Fall allein in seinen Wagen setzen. Gegebenenfalls musste ich Lisa dazu bewegen, mich zu begleiten.

«Nun beeil dich, Khalid wartet schon so lange.»

«Lisa, bitte tu mir den Gefallen und begleite mich zur Rezeption. Nur dieses eine, letzte Mal?»

«Okay, lass uns gehen, du bist ja ganz bleich – ist dir nicht gut?»

Als ich Khalid gegenüberstand, bekam ich sogleich Kälte zu spüren.

«Hi, Verena, wo bist du so lange geblieben?»

«Ich war auf der Mole draussen und hab unsere Musik gehört.»

«Ach, wirklich?»

Er sah mich lächelnd an, aber in seinen Augen flackerte es bedrohlich.

«Ich lade euch nach Abu Dhabi zum Mittagessen ein und du, Lisa, wirst auch mitkommen.»

«Nein Khalid, ich glaube es wäre gut, wenn ihr beide mal allein sein könntet.»

Er überging ihr Argument und sagte: «Aber Lisa, man kann doch nicht in die Arabischen Emirate reisen, ohne Abu Dhabi, das Juwel dieses Landes, gesehen zu haben.»

Dabei funkelte er Lisa verheissungsvoll an. Es machte fast den Eindruck, dass Khalid nicht die geringste Lust hatte, den Nachmittag mit mir allein zu verbringen. Weshalb kam er überhaupt hierher? Was spielte er für ein Spiel? Ich ärgerte mich, bis mir einfiel, dass er womöglich eine Anstandsdame benötigte. Immerhin war er im Begriff zu heiraten.

«Ihr habt fünf Minuten Zeit zum Umziehen, ich erwarte euch draussen im Wagen.»

«Lisa, ist doch schon gut, ich bin froh, dass du mit dabei bist. So kann er mir kein Drama machen wegen dem Ausflug mit Mattar.»

«Oh je, entschuldige übrigens, dass ich mich verplaudert habe.»

«Was solls, irgendwann wäre es sowieso ans Tageslicht gekommen. Fehlt nur noch, dass wir in Abu Dhabi in Mattar hineinlaufen.»

«Hör auf, mal nicht den Teufel an die Wand», meinte Lisa.

Kurz darauf stiegen wir in den schwarzen Pontiac. Khalid war gerade am Telefonieren. Ohne uns zu beachten, startete er den Motor, fuhr los und unterhielt sich weiter. Schon verfluchte ich, dass ich in den Wagen gestiegen war. Wir befanden uns längst auf dem Highway, als er das Handy endlich beiseite legte. Ohne mich eines Blickes zu würdigen fragte er: «Na, wie hat es dir auf Mattars Farm gefallen?»

151

«Es war sehr interessant, ich hätte dir gestern Nacht gerne davon erzählt. Doch du schienst müde zu sein, so liess ich es bleiben.»

Während ich redete, griff Khalid bereits wieder zum Handy. Es machte den Eindruck, als interessiere ihn meine Antwort nicht im Geringsten. Doch ich war mir sicher, dass er jedes Wort aufsog.

Das ging die ganze Fahrt über so bis Abu Dhabi. Obendrein schäkerte er durch den Rückspiegel mit Lisa. Ich schluckte den aufsteigenden Ärger hinunter und hoffte, die Spinnerei würde sich bis zum Mittagessen legen.

Damals wusste ich nicht, dass ich es im Grunde nicht anders verdient hatte. Mit dem Ausflug nach Al Ain hatte ich es fertiggebracht, die einheimischen Anstandsregeln aufs Schlimmste zu verletzen. Und Khalids Ehre damit. Das Mindeste, was ich hätte tun können war, Khalid um Begleitschutz zu bitten.

Mittlerweile waren wir im Begriff, Abu Dhabi zu durchqueren. Vor lauter Ärger und Beklemmung zog die Stadt an mir vorbei, ohne dass ich etwas aufnahm. Das Einzige, was mir im Gedächtnis blieb, war all der Überfluss an Grünflächen und die unzähligen Springbrunnen mit fröhlich sprudelnden Fontänen.

Vor dem Sheraton Hotel kam der Wagen schliesslich zum Stillstand. Beim Aussteigen musterte Khalid meine Freundin bewundernd und meinte: «Dieser Rock steht dir ausgezeichnet. Warum trägst du nicht auch einen solchen, Verena?»

Ich wusste keine Antwort. Der Hieb sass.

Lisa überging die scharfzüngige Bemerkung rasch und sagte: «Verena, du wolltest doch ein paar Fotos machen. Komm, stellt euch mal da drüben hin.»

Ich weiss nicht, weshalb ich dieses Theater mitmachte. Mir war klar, welch trauriges Bild Khalid und ich abgeben würden.

«Und jetzt noch ein Foto von mir», rief Lisa.

Khalid umfasste sogleich keck ihre Taille und strahlte, als wären die beiden ein Paar, was ohnehin nicht seine Art war.

Jetzt reichte es mir endgültig. Ich machte unverzüglich kehrt auf dem Absatz und hielt Ausschau nach einem Taxi.

«Verena, stimmt etwas nicht?» Lisa griff nach meinem Arm.

«Ach lass. Es ist mir verleidet, ich mag seine Kränkungen nicht länger erdulden. Ich fahre zurück ins Jebel Ali.»

«Aber Verena, du weisst doch genau, dass der arme Kerl vor Eifersucht ganz von Sinnen ist.»

«Ist mir völlig egal, es reicht jetzt.»

«Das kannst du doch nicht tun, Verena, bitte …», seufzte Lisa.

«Auch Eifersucht hat seine Grenzen», erwiderte ich missbilligend.

Khalid näherte sich peinlich berührt, als hätte er gut verstanden, worum es ging.

Einen Augenblick lang standen wir alle drei wortlos beisammen. Während sich Lisas Arm fest in meinem verkeilt hatte, flehten mich Khalids Augen stumm an. Solange, bis meine Freundin schliesslich zum Schritt ansetzte und ich mich, mehr oder weniger widerwillig, vom Fleck rührte.

Jedenfalls war Khalid gewarnt. Beim geringsten Anlass würde ich seine Gesellschaft verlassen und er würde die Konsequenzen tragen müssen. Was sich auch sogleich in seinem Verhalten niederschlug. Er gab sich mit einem Mal sehr fürsorglich. Er rückte mir den Stuhl zurecht, machte Empfehlungen aus der Menükarte und tätschelte sogar flüchtig meine Hand. Vielleicht hatte Khalid ja vorgehabt, ganz allein mit mir wegzufahren. Doch bevor es so weit kommen konnte, musste Lisa – wenn auch unabsichtlich – alles zerstören.

Schon bald gesellte sich ein Geschäftspartner zu uns. Hätte ich gewusst, dass Khalids Ausflug mit einem Termin verbunden war, wäre ich wohl kaum nach Abu Dhabi gefahren. Langsam gab ich die Hoffnung auf, dass wir irgendwann noch einmal ungestört miteinander reden konnten. Meine Stimmung sank auf den Nullpunkt.

Da Lisa und ich die Gepflogenheiten bei solch einem Treffen nicht kannten, fühlten wir uns obendrein überflüssig. Die beiden Männer sonderten sich gänzlich ab und sprachen ausschliesslich arabisch. Nachdem wir längst mit dem Essen fertig waren, wagte sich Lisa vor: «Khalid, wann fahren wir weiter? Verena und mich friert es allmählich von der Klimaanlage.»

Die Ausrede klang allemal glaubwürdig. Denn wo immer man hinkam, die Restaurants waren im Gegensatz zur Aussentemperatur allesamt zu stark gekühlt. Als wir endlich aufbrachen, waren fast drei Stunden vergangen. Im Wagen telefonierte Khalid sogleich von Neuem, wohl, um mir nicht allzu viel Beachtung schenken zu müssen.

«Fahren wir nun zum Hotel zurück?», fragte Lisa bestimmt.

«Ja, wenn ihr möchtet. Wartet Abdul schon auf dich?»

«Nein, er musste heute früh nach London zurückreisen.»

«Er wird Lisa bereits in einer Woche in Zürich besuchen», stichelte ich Khalid.

Doch die Quittung folgte postwendend.

«Ach, wirklich, Lisa? Da ist er dir aber gehörig verfallen. Übrigens, auch Zayed schwärmt noch immer von dir. Tja, Verena, deine Freundin übt scheinbar eine unglaubliche Anziehungskraft auf arabische Männer aus.»

Wie hässlich doch Eifersucht sein konnte.

Ich war heilfroh, als wir beim Jebel Ali ankamen.

«Danke für die nette Ausfahrt», sagte ich verächtlich, stieg aus und entfernte mich unverzüglich vom Wagen. Keine Minute länger hätte ich ihn ertragen.

Khalid blickte mir perplex nach. Doch das war mir egal. Er hätte sich vorher benehmen können. Selbst wenn ich der Auslöser für sein Verhalten war, so fehlte mir jegliches Verständnis für solche Niederträchtigkeit.

Gab es vielleicht eine Liebe, die nach Zerstörung rief? Khalid und ich wären jedenfalls die Antwort darauf, dachte ich.

Ich erwartete Lisa beim Fahrstuhl.

«Weisst du was, Lisa, heute leiste ich mir was Besonderes – ich werde den Juwelier-Laden plündern.»

«Ja, du hast recht, unser gesamtes Taschengeld ist noch unberührt. Ich werde mir heute Abend auch eine kleine Sünde leisten.»

«Hello, Ma'm, come in and have a look», tönte es später, als

154

wir die Goldschätze in der Auslage bestaunten. Neben den reich verzierten Armreifen und Halsketten funkelten Brillantdiademe, Perlen und Edelsteine. Wir stürzten uns gleich auf die funkelnden Ringe. Der Verkäufer reichte uns geduldig einen nach dem anderen zur Anprobe. Lisa beschäftigte einen zweiten Mann, der ihr Goldketten präsentierte. Es war berauschend, anhand des Gewichtes und des aktuellen Goldkurses über den Preis zu feilschen.

Eine Stunde später marschierten wir stolz, jede um ein bis zweitausend Schweizerfranken erleichtert, aus dem Laden heraus.

«Na, habt ihr was Schönes gesehen bei Damas?», klang es daher.

«Jelah, Habibti», zog mich Mattar sogleich bei der Hand, «ich möchte dir ein kleines Andenken kaufen.»

«Aber nicht doch, Mattar. Sieh nur, ich habe mir bereits eines gekauft.» Dabei zeigte ich ihm den funkelnden Ring an meiner Hand.

«Na, dann darf ich euch wenigstens zum Essen einladen. Das gilt natürlich auch für deinen Freund, Lisa.»

«Leider werden wir auf ihn verzichten müssen. Abdul musste heute früh überraschend nach London abreisen.»

Kurz darauf begaben wir uns zu dritt ins Roof-Top-Restaurant. So neuartig und reizvoll Handys auch sein mochten, mit der Zeit konnten sie einen auch nerven. Dies sagten wir einhellig, nachdem sich Mattar kurz entschuldigt und vom Tisch entfernt hatte. Dass er uns dabei sträflich getäuscht hatte, ahnte keine von uns beiden. Freudestrahlend kehrte er zurück und legte mir ein Päckchen auf den Tisch. Röte schoss mir ins Gesicht, als ich das «Damas-Signet» bemerkte.

«Nein, Mattar – das kann ich nicht annehmen.»

«Beschäme mich bitte nicht», flüsterte er peinlich berührt.

Abwägend blickte ich in die dunklen, ernsten Augen. Dabei spürte ich, dass jeglicher Widerstand zwecklos war. Egal, wie gross oder klein der Inhalt des Päckchens sein mochte – die Geste war voller Hingebung. Und sie wirkte wie Balsam auf meine Seele.

«Schau doch mal rein», schmunzelte er erwartungsfroh.

«Ja, Verena, mach es endlich auf.»

Verlegen blickte ich mich um und entblätterte das Päckchen. Gott, war mir das unangenehm. Als ich den Deckel öffnete, kam ein hauchdünner, goldener Armreif zum Vorschein. Einer, wie ihn die Mädchen und Frauen hierzulande dutzendweise am Handgelenk trugen.

«Das kann ich nicht annehmen, Mattar», sagte ich nochmals.

«Habibti, du bist mir nichts schuldig. Es genügt mir, wenn ich sehe, wie deine Augen leuchten.»

«Ich bin sprachlos», entgegnete ich.

«Lass dich doch zur Abwechslung etwas verwöhnen», meinte Lisa.

«Yes, she is right.» (Ja, sie hat recht.)

Wir brachen in Gelächter aus. Es hörte sich geradeso an, als hätte dieser Araber unser Schweizerdeutsch verstanden. Sogleich ergriff ich die Chance des Übermutes und warf ein: «Soll ich dieses Gold nun als Heiratsantrag verstehen, Mattar?»

Wieder schallendes Lachen. In Wahrheit war ich besorgt, die Situation könnte zu ernst werden. Beziehungsweise, es würde sich eine Entscheidung aufdrängen, zu der ich nicht bereit war. Jedenfalls nicht, bevor ich Khalid und Dubai verlassen hatte.

«Du darfst es so sehen, Verena», sagte er mit ruhiger Stimme.

«Gut, ich werde mit meinem Vater sprechen», gab ich schlagfertig zurück.

Es ging so weiter, bis sich die Wellen des Gelächters wieder einmal bis ins Unermessliche steigerten. Eigentlich hatte ich selten in meinem Leben so gelacht wie in Dubai. Aber auch geweint – das soll nicht ungesagt bleiben.

Schliesslich bat Mattar noch um einen Tanz, den ich ihm schwerlich ausschlagen konnte. Ein paar ältere Hotelgäste aus Deutschland beobachteten sein Werben scheinbar seit Tagen. Sie applaudierten uns vergnügt, als wir vom Tanz zurückkamen. Ich weiss nicht, was ihm die Herren rieten, doch die beiden deutschen Mütterchen meinten, dieser Scheich und ich würden ein richtiges Hollywood Filmpaar abgeben.

«Jetzt wird es aber Zeit, das Weite zu suchen», dachte ich. Mattar war inzwischen voll in Beschlag genommen. Jeder wollte etwas von diesem Araber wissen. Es schien, als wären die Herzen völlig eins, als hätte es nie eine Kluft zwischen Orient und Okzident gegeben. Bedächtig schlürften die Deutschen den duftenden Minzetee, den ihnen Mattar hatte auftischen lassen. Ein Bild, das Bände sprach. Eines, das keinerlei Erklärungen mehr bedurfte.

Die letzten zwei Tage verstrichen ohne ein Zeichen aus Al Waha. Allmählich legte sich eine bleierne Schwere auf mein Herz. Dieses zermürbende Abwarten war kaum noch auszuhalten. Es musste etwas geschehen, und zwar bald. Sonst würde ich das Schicksal selbst in die Hand nehmen müssen. Doch es geschah nichts. Weder am Morgen, noch am Mittag, noch am Abend.

Am drauffolgenden Tag griff ich, völlig am Ende mit den Nerven, zum Hörer.

Khalids Handy läutete still vor sich hin, ohne dass er sich meldete. Die Sekretärin in Al Waha liess verlauten, dass Mr. Al Rashid in Dubai sei. In Dubai hiess es, er wäre in Al Waha. Mir blutete das Herz. Irgendetwas ging nicht mit rechten Dingen zu. Hatte Khalid etwa angeordnet, dass er nicht zu sprechen sei für mich?

Mit letzter Kraft meldete ich mich nochmals im Büro von Al Waha und hinterliess eine Nachricht. Ich wollte mich nicht zum Narren halten lassen. Danach blieb mir nichts anderes übrig, als abzuwarten und zu vertrauen. Im tiefsten Inneren konnte ich mir nicht vorstellen, dass Khalid es übers Herz brachte, mich so abreisen zu lassen.

Langsam mussten wir ans Kofferpacken denken.

An jenem letzten Tag geschah etwas Unerwartetes. Wie aus dem Erdboden gewachsen stand Mattar auf einmal im Badeanzug neben unseren Liegestühlen. Mir entfuhr ein kurzer Schrei, dann griff ich in Windeseile zum Strandtuch und bedeckte mich. Wir hatten ihn zunächst gar nicht erkannt, so ungewohnt sah er aus ohne Kopfbedeckung. Als ich mich wieder gefasst hatte und aufrecht sass, tadelte ich ihn: «Das war wohl etwas ungezogen, Mattar.»

Er lachte verlegen, scheinbar hatte er nicht mit dieser Reaktion gerechnet.

«Entschuldigt, ich wollte euch nicht erschrecken, sondern nur zum Lunch einladen.»

Lisa und ich sahen uns an und lachten.

«Ich dachte, ihr hättet vielleicht Lust auf einen letzten Hamour, hinterher hab ich nämlich einen Tennismatch gegen die Deutschen.»

Er tappte befangen von einem Fuss auf den anderen. Seine Unmanierlichkeit musste ihm erst jetzt bewusst geworden sein. (Khalid hätte sowas nie getan.)

Kurze Zeit später sassen wir auf der Terrasse des Joumana Yacht-Club. Falls Khalid sich melden würde, gab es eine Lautsprecheranlage, die mit dem Hotel verbunden war. Ich konnte ihn also nicht verpassen. Doch der Fisch war längst verspiesen, unsere Teller abgeräumt und Mattar zum Tennisplatz gelaufen. Kein Zeichen von Khalid. Lisa redete mir Mut zu. Sie war überzeugt, dass Khalid mich nicht abreisen liesse, ohne sich wenigstens zu verabschieden. Wenn sie doch nur Recht behielte.

Als die Sonne hinter den Palmen verschwand, packten wir unsere Badesachen zusammen. Jeder Schritt, mit dem ich die wunderbare Oase hinter mir liess, schmerzte ein wenig. Mit einem Mal versiegte die leise rieselnde Musik hinter uns, eine Tür fiel zu, klimatisierte Luft schnitt die warme, angenehme Meeresbrise ab. – «Das ist nun das Ende einer wunderschönen Illusion», dachte ich.

Als ich die Zimmertür öffnete, spürte ich, wie mein Herz wild klopfte. Der Blick fiel sogleich auf den Boden. Mir stockte der Atem, als ich den Umschlag auf dem Teppich liegen sah. Schnell riss ich das Papier an mich und öffnete es vorsichtig. Als ich den Kopf hängen liess, sah mich Lisa überrascht an. Wortlos streckte ich ihr den Zettel hin, und sie ergoss sich in einem Lachanfall.

«Ach, die Reiseleitung. Sei froh, dass die uns nicht vergessen hat.»

«Mir wäre aber lieber, sie hätte es.»

Dieser Flecken Erde, die Wüste, der Wind, die wehenden Schleier und fremden Düfte, alles übte eine geradezu magische Anziehungskraft auf mich aus. «Wenn ich mal alt bin», dachte ich, «will ich hier leben und hier sterben».

Nachdem wir die Koffer gepackt hatten, warfen wir uns ein letztes Mal in schicke Garderobe. Ich wusste beileibe nicht, wie ich die letzten Stunden ohne Ablenkung überstanden hätte. Die beiden deutschen Ehepaare und Mattar erwarteten uns bereits. Stets umgab ihn ein Hauch von orientalisch anmutendem Parfum. Doch heute duftete er intensiver. Ob er sich wohl etwas erhoffte? Kaum. Ich denke, Mattar war zu intelligent und zu erfahren. Er spürte längst, was in mir vorging und übte sich in Geduld. In der Wüste hatten die Menschen ja so unendlich viel Zeit und Gleichmut. Die Umsetzung einer Idee konnte hier tatsächlich Jahre dauern. Und so musste es wohl auch mit der Liebe sein.

Während die deutschen Damen uns Komplimente für unser Outfit machten, zogen die Männer Mattar damit auf, dass sie ihn allzu gerne noch einmal auf dem Tennisplatz umher hetzen würden. Scheinbar war er für die deutschen Bälle nicht flink genug gewesen.

«Verena, wir sollten jetzt unbedingt die Adressen austauschen, bevor wir es vergessen. Ich werde dich in der Schweiz besuchen – wenn Allah will, sehr bald.»

Ich schmunzelte. Na ja, vielleicht mal eine Postkarte, ein unverbindlicher Draht zur arabischen Welt, das hätte mich schon gefreut. Mattar war längst im Alter, in dem man Frau und Kinder hat. Vor allem hier in Arabien. Auf meine neugierige Frage klärte er mich einmal auf, dass er ein freier, respektive ein geschiedener Mann sei. Doch das sagen alle Männer dieser Welt.

Dennoch war mir seine Unbeirrbarkeit, die bis zur letzten Minute anhielt, ein Rätsel. Es sei denn, er hatte sein Herz tatsächlich verloren.

Als wir uns später vor aller Angesicht verabschiedeten, brannten Mattars dunkle Augen vor sinnlichen Verheissungen und vor männlichem Verlangen. Mit sämtlicher Verführungskunst suchte er meinen Aufbruch hinauszuzögern.

«Habibti», flüsterte er hoffnungsvoll, «wo kein Wunsch nach Trennung besteht, kann es zu keiner kommen. Bitte, nur ein paar Schritte im Mondschein …»

Dabei zog er seine Suffra immer wieder verführerisch in sein bildschönes Gesicht. Doch niemals wäre ich ihm gefolgt – nicht, bevor ich Khalid auf Wiedersehen gesagt und Dubai den Rücken gekehrt hatte.

«Mattar, ich muss jetzt wirklich gehen, wir haben noch nicht einmal die Koffer gepackt», schwindelte ich. «Und wir werden schon um fünf Uhr aufgeweckt.»

Etwas enttäuscht, doch gefasst, begleitete er uns durch die Lobby. Als ich schliesslich den Fahrstuhl betrat, blickte mir ein wehmütiges Augenpaar nach, bis es vollständig hinter der Tür verschwand.

Wenngleich ich befürchtet hatte, von Khalid nichts mehr zu hören, so war es in jener Nacht doch, als schweige auf einmal die ganze Welt. Plötzlich gab es keine Hoffnung mehr und keinen Lichtblick, nur noch unendliche Leere und tiefe Traurigkeit.

Schwarzer Samstag

«Good morning, Ladies, ready for leave? Is this your baggage?»

Die unangenehme Geschäftigkeit des Pakistani warf mich rigoros auf den Boden der Realität zurück. Schon startete er den Motor, schon zogen die rosafarbenen Büsche, die Palmen und Pfauen vorbei, als wäre alles bloss ein Traum gewesen. In nur sechs Flugstunden sollten wir wieder in der Schweiz sein – mir graute. Dieses Land hatte mein Leben aus der Bahn geworfen, nichts würde mehr sein wie bisher.

Als wir den Flughafen Sharjah erreicht hatten, empfing uns die Reiseleiterin. Sie half uns bei der Gepäckaufgabe, zeigte uns den Weg zur Abflughalle und wünschte uns einen angenehmen Flug. Über eine Rolltreppe gelangten wir zum Wartesaal. Es herrschte reger Betrieb an diesem Morgen. Auf den Sitzbänken neben uns hockten ganze Sippschaften von verschleierten Frauen. In ihren schwarzen Tüchern, die sie komplett über das Gesicht gezogen trugen, wirkten sie wie Gespenster. Doch keineswegs so furchteinflössend. Zumal ich feststellte, wie fröhlich sie miteinander umgingen. Es sah aus, als hätten sie es geradezu lustig hinter ihren Schleiern. Sie beobachteten und kritisierten das Geschehen und alle Menschen rundherum. Dabei waren ihre Hände ständig in Bewegung, was äusserst aufreizend wirkte. Dies morgens um sechs Uhr, während ich an meiner inneren Not zu ersticken drohte.

«Lass uns langsam in Richtung Ausgang gehen», klang es plötzlich.

Ich blickte meine Freundin wie versteinert an und erhob mich vom Sessel. Gleich darauf streifte mich ein Augenpaar, das meinen Blick sogleich zurückfliegen liess. Im Bruchteil einer Sekunde stand mein Herz still. Als unsere Augen erneut aufeinander trafen, war es, als existiere weder Vergangenheit noch Zukunft, als gäbe es nur noch diesen einen Augenblick.

«Ich bin weder eine Fata Morgana, noch bin ich eine Halluzination, ich bin wirklich», schienen die Augen zu sagen.

Ich stand da wie angewurzelt und mit offenem Mund.

«Sieh, dort ist ein Taxfree-Shop», hörte ich Lisas Stimme wie durch einen Tunnel. Währenddessen erhob sich Khalid vom Platz und schritt durch die Menschenmenge auf mich zu.

«Bist du es wirklich?», fragte ich mit kaum vernehmbarer Stimme.

Seine Mundwinkel wollten sich zu einem Lächeln verziehen, doch die Augen schienen den Tränen nahe.

«Sweetheart, ich habe dich so vermisst», brachte er schliesslich hervor.

Wie betäubt vor Kummer blickte ich in die verzweifelten, traurigen Augen. Khalid hatte die Lippen zusammengepresst und suchte angestrengt nach Worten.

«Ich … ich werde sterben, wenn du weggehst», klang die erstickte Stimme.

Ein Schauder durchlief mich. Ich konnte mich nicht einmal in seine Arme werfen, das ging nicht – nicht hier in der Öffentlichkeit. Für einen Augenblick schwiegen wir. Lisa hatte mich wieder gefunden. Sie zeigte sich wenig verblüfft über Khalids Erscheinen.

«Weisst du was, Verena, ich möchte noch ein paar Sachen einkaufen. Wir sehen uns dann beim Ausgang. Und dir, Khalid, nochmals vielen Dank für alles. Es war wunderschön in Dubai, wir kommen bestimmt wieder.»

Dann küsste sie ihn rasch links und rechts auf die Wange, was ihm sichtlich unangenehm war. Bestimmt wurden wir hinter unzähligen Schleiern eingehend gemustert.

«Ich habe dich auch vermisst Khalid, ich kann dir gar nicht sagen, wie sehr.»

Er blickte abwechselnd in meine Augen und zu Boden, suchte nach Worten.

«Khalid, bitte, nimm wenigstens meine Hand, ich muss dich spüren.»

«Was glaubst du wie sehr ich verzweifle, wie gross das Verlangen ist, dich in meine Arme zu schliessen. Doch es geht nicht, hier in der Öffentlichkeit – ich darf dich nicht berühren.»

«Ja, natürlich, ich verstehe», sagte ich enttäuscht.

«Khalid?»

«Ja, Sweetheart …?»

«Hör mir gut zu. Du brauchst nicht zu sterben vor Kummer, behalte mich einfach hier. Ich meine es ganz ernst. Aus tiefster Seele. Ich liebe dieses Land mitsamt seinen Schleiern und Gesetzgebungen – so wie ich dich schon immer geliebt habe.»

Als Khalid krampfhaft überlegte und abwägte, wünschte ich die ersehnten Worte richtiggehend herbei: «Hast du wirklich geglaubt, dass ich dich gehen lasse? Um nichts in der Welt. Ich gebe dich nicht her, Sweetheart, niemandem gebe ich dich. Ich liebe dich schon so lange …»

Mein Herz pochte, und pochte.

«Verena, gib mir noch etwas Zeit – bitte.»

Das hatte ich befürchtet.

«Nein, Khalid, sei ehrlich mit dir, Zeit wird nicht weiterhelfen. Du hattest doch schon zehn Jahre Zeit, darüber nachzudenken. Wenn ich jetzt gehe», sagte ich und klang dabei mutiger als ich mich fühlte, «dann werde ich dich für immer verlassen und vergessen.»

Es herrschte bedrücktes Schweigen. Seine dunklen Augen blickten mich direkt und voller Verzweiflung an. Mir wurde schmerzhaft klar, dass ich eine Entscheidung treffen musste.

«Schau, Khalid», sagte ich während meine Stimme zu versagen drohte, «ich werde jetzt für immer aus deinem Leben verschwinden, und bitte, verschone mich mit Anrufen oder Briefen.»

Er schwieg beharrlich weiter.

Ich wollte glauben, dass ihm nicht ernst damit war, aber ein Blick in sein Gesicht verriet, dass er mich ziehen lassen würde. Unfähig, den Ausdruck seiner Augen noch länger zu ertragen, wandte ich mich ab.

Plötzlich sah ich alles glasklar vor mir. Ich ging, ohne einen einzigen Blick zurück, ohne Tränen zu vergiessen, wie in Trance zum Ausgang.

Erwacht aus
Tausendundeiner Nacht

Nach einer anfänglichen Zeit in einer Art Betäubung hatte ich die Endgültigkeit dieses Abschieds langsam begriffen.

Es wurde September, der Monat, wo das Sommerwetter oft noch einmal zurückkehrt. Ich hatte mich auf eine Holzbank gesetzt, direkt am Bach nahe unserem Haus. Der frische Duft von Tannennadeln erinnerte mich an die Trunkenheit von orientalischem Weihrauch. In der Hand hielt ich Mattars letzten Brief. Er schrieb, dass seine geliebte Mutter im Oktober am Hüftgelenk operiert werde. Und zwar bei einem Spezialisten in München. Er und einige andere Familienmitglieder würden sie während diesen Tagen begleiten. Sein Herz schlage höher beim Gedanken, mich bald zu sehen. Diesmal würde ich ihm nicht entkommen, damit ich es gleich wisse, schrieb er. Er müsse mich unbedingt sehen, er hätte mir Wichtiges und Ernstes mitzuteilen.

Ich musste unvermittelt an Khalid denken. Ob er wohl seine Hochzeitsfeier schon hinter sich hatte?

«Vielleicht wächst im Laufe der Zeit die Liebe zwischen den Partnern – dann um so besser.» So hatte er mir einmal erklärt, schaue die Zukunftsaussicht einer moslemischen Ehe aus. Die Vorstellung, dies könnte sich in Khalids Ehe so zutragen, rief einen bitteren Geschmack hervor.

Seit meiner Rückkehr in die Schweiz hatte ich nichts mehr von ihm gehört. Ausser an jenem Abflugstag, wo er sich vergewissern wollte, dass ich gut zu Hause angekommen war. Ich hatte mich jedoch strikt geweigert, ans Telefon zu gehen. Genau so wie ich es beim Abschied am Flughafen prophezeit hatte.

Zu der Zeit schrieb Mattar Gedichte und träumte von einem Sommerurlaub in der Schweiz. Es sollte im Juli sein. Ich wusste nicht, wie er sich das genau vorstellte. Mir war klar, dass es sich in Arabien in jeder Hinsicht anders verhielt mit dem Kennenlernen. Hätte er mir geschrieben, seine Familie hiesse mich in freudiger Erwartung willkommen, ich wäre der Brautschau garantiert gefolgt. Natürlich hätte ich mich äusserst beweihräuchert gefühlt. Ja voller Stolz und Freude wäre ich nach Abu Dhabi geflogen. Doch so wie die Dinge lagen, hatte ich keine Lust, ihn zu sehen.

Mattars Enttäuschung war gross als ich ihm eröffnete, dass ich während dieser Zeitspanne – im Juli – nicht in der Schweiz sein würde. Das stimmte zwar nicht ganz, doch ich sah keinen Sinn darin, ihm Erklärungen abzugeben.

Trotzdem freute es mich, an diesem Septembertag wieder von ihm zu hören. Mattar war für mich eine Art Draht in die Vereinigten Arabischen Emirate. Ob ich ihn allerdings empfangen würde, wenn er mir von München aus einen Besuch abstatten wollte, wusste ich noch nicht genau. Erst würde er sich telefonisch melden, dann konnte ich ja weitersehen.

So vergingen die Tage und Wochen, unmerklich floss die Zeit dahin. Das Heute war alles, das Morgen kam von selbst und das Gestern war vorbei. Endgültig vorbei. Bis mein Leben mit einem Schlag eine Wende nahm.

Doch alles der Reihe nach. Die Sache nahm im Oktober, gerade zu der Zeit, als Mattar in der Tat auf dem Weg nach Zürich war, ihren Anfang. An jenem Morgen glaubte ich noch den Überblick über mein Leben zu haben, während bei Sonnenuntergang das Lebensschiff bedrohlich ins Wanken geriet. Wie durch eine fremde Macht, musste sich draussen in der Wüste etwas geregt haben. Irgend ein Quäntchen deutete darauf hin, dass Bedrohung in der Luft lag. Oder gab es derartige Zufälle wirklich?

Als ich an dem besagten Abend versehentlich die Stimme aus der Wüste in der Leitung hatte, drückte ich den Hörer reflexartig auf die Gabel zurück. Mein Herz raste. Al Waha hielt sich also nicht an die Abmachung. Die Regel wurde gewissermassen gebrochen, nach nur vier Monaten. Zugegeben, er hatte damals weder ja gesagt noch mit dem Kopf genickt oder geblinzelt. Aber meine Worte waren unmissverständlich gewesen. Eine klare, deutliche Direktive, die ich Khalid für alle Zeit auferlegt hatte.

Es läutete von Neuem. Ich war den Wut- und Verzweiflungstränen nahe.

«Du hältst dich nicht an unsere Abmachung», wetterte ich im Stillen durch die Leitung. Weiss der Teufel, weshalb ich diesen Hörer überhaupt nochmal in die Hand nahm. Vom anderen Ende sprudelte es bereits aus dem Draht. Ich hielt den Atem an und lauschte. Khalid musste wissen, dass das Gelingen seines Versuches an einem seidenen Faden hing. Dass es unversehens «klick» machen konnte, und die Verbindung würde unterbrochen. Er redete mit grossem Eifer, verkündete innert Kürze strategische Pläne für unsere Zukunft – nichts Konkretes zwar, aber immerhin Ansätze. Dass es für jegliche Worte zu spät war, das hätte ich ihm am Flughafen Sharjah unmissverständlich zu verstehen gegeben. Es mussten also Taten folgen. Und nun sei es soweit. In drei Tagen – nur drei Tagen – werde er bei mir sein, mich in die Arme schliessen und nicht mehr loslassen.

Hin- und hergerissen von Emotionen ging alles drunter und drüber. Allein die Vorstellung, ich könnte Khalid noch einmal sehen, brachte alles aus dem Gleichgewicht. In meinem Herzen, im Kopf, im Bauch, überall. Ich brachte kein Wort hervor. Wie sollte ich auch? So weit, so gut. Doch Mattar hatte am nächsten Tag den Sechzehnuhrflug von München gebucht. Mein Blutdruck schnellte nach oben. Wenn die beiden Männer von einander wüssten …

«Verena, ich weiss, dass du schweigst, weil du sprachlos bist. Ich weiss aber auch, dass du zweifelst und Angst hast. Doch du darfst mir vertrauen. Dein Leben, dein Wohl, dein Glück, alles steht jetzt in meiner Verantwortung – bis über deinen Tod hinaus.»

Das waren starke Worte. In meinem Verstand setzte gerade der letzte Gedanke aus.

«Wenn du nichts sagen willst, Sweetheart, dann brauchst du nichts zu sagen. Aber bitte, leg nicht auf, bevor ich zu Ende gesprochen habe. Versprichst du das?»

«Ja.»

Und somit hatte ich mich endgültig in seinem Netz verfangen.

Meine Aufgabe war es nun, Mattars Besuch zu verhindern. Der nächste Anruf aus München würde einiges an Redekunst erfordern. Gott, lagen meine Nerven blank.

«Oh nein», klang es zunächst wehmütig aus der Leitung.

Dann weigerte sich Mattar hartnäckig, seinen Flug zu annullieren. Stattdessen wollte er solange in Zürich bleiben, bis ich für ihn Zeit hätte. Es war einfach furchtbar. Zuletzt blieb mir gar nichts anderes übrig, als die Karten offen auf den Tisch zu legen. Dass er dabei wutentbrannt und gekränkt das Gespräch abbrach, konnte ich nur allzu gut verstehen.

Die Sache tat mir unsäglich leid.

Zu Hause warteten inzwischen alle gespannt auf Khalid. Auch meine Freunde rechneten auf jeden Fall mit einem kleinen Augenschein.

Auf dem Weg zu ihm hoffte ich, es würde das letzte Mal sein, dass wir uns in einer Hotelhalle treffen mussten. Khalid hielt sich bereits in der Lobby auf. So wie er mich sah, schlug er die Hände vors Gesicht, als müsste er seine Freude verbergen.

«Ach, wie ich dich vermisst habe», sagte er und schloss mich fest in die Arme.

Ich glaubte, vor Glück ohnmächtig zu werden.

Eine Weile sassen wir wortlos beisammen und staunten uns nur an.

«Wenn du wüsstest, was ich durchgemacht habe», begann er.

Sein Blick schweifte zur Wand bis hin zur Decke. Schliesslich folgte ein wortloses Kopfschütteln: «Weisst du, als du abgereist warst, hatte ich allen Ernstes versucht, nicht mehr an dich zu denken. Aber da war nichts, was mich ablenken konnte. Wochenlang lag ich nachts im Bett und schlief nicht. Plötzlich sah ich alles glasklar. Ich wusste, dass mein Leben ohne dich keinen Sinn mehr hatte.»

Seine Worte taten unheimlich gut in der Seele. Ich konnte kaum genug davon kriegen. Solcherlei Äusserungen hatte er selten zuvor über die Lippen gebracht. Dass Khalid Schweres durchgemacht haben musste, stand jenseits aller Zweifel. Doch bevor ich mir über seine Pläne nicht im Klaren war, würde ich meine innere Unruhe nicht loswerden.

«Sag, Verena, und wie ist es dir ergangen während dieser Zeit?»

Ich musste lange nachdenken.

Natürlich wollte ich Khalid nicht erzählen, wie gründlich ich tatsächlich aufgeräumt hatte mit ihm. Dass ich in einem Anfall von Wut und Kummer all seine Briefe im Cheminée verbrannt hatte. Bis auf unsere Schulfotos musste alles, aber auch wirklich alles, vernichtet werden. Dass solch ein Akt der Verzweiflung in jeder Hinsicht unverzeihlich ist, wurde mir erst viel später bewusst.

Eine Weile sassen wir, jeder in Gedanken versunken, beisammen und tranken Kaffee. Schliesslich fing Khalid an, von seinen Plänen zu erzählen. Auf seinem Gesicht lag ein Ausdruck ruhiger Entschlossenheit. Völlig gespannt hörte ich zu, was sich in Al Waha zwischenzeitlich ereignet hatte.

Zunächst, so erklärte er mir, hätte er die geplante Hochzeit auf unbestimmte Zeit aufgeschoben. Den Familienoberhäuptern hätte er angekündigt, dass er in den kommenden Monaten geschäftlich ausserordentlich beansprucht würde. Wodurch er einer Hochzeitsfeier momentan nicht entgegensehen könne. Dies hätte er mit einer länger dauernden Reise nach Ägypten, wo er sich mit einem neuen Handelsabkommen auseinandersetzen müsste, noch bekräftigt. Auch stünden ferner geschäftliche Reisen in die Schweiz und nach Frankreich an.

«Und dies wurde ohne Einwand gebilligt?», fragte ich erstaunt.

«Ja, natürlich, so ist bei uns die Rangfolge.»

«Unglaublich», dachte ich.

Nicht zuletzt hoffte Khalid, dass die junge Studentin, die seine Frau werden sollte und die auch seine Cousine war, sich anderweitig verlieben würde. Im Grunde konnte er die Heirat immer wieder von Neuem aufschieben. So lange, bis es schliesslich passierte. Bis das Mädchen seinen Vater anflehen würde, einen anderen Mann zu heiraten als der ihr Vorbestimmte.

Ich wusste nicht so recht, was ich davon halten sollte. Lieber wäre mir gewesen, Khalid hätte den Familienrat beigezogen und alles gestanden. Doch das war wohl ein Ding der Unmöglichkeit.

«Pass auf Verena, zunächst werden wir nach Ägypten reisen. Dort haben wir alle Zeit der Welt für uns. Es gibt ja so vieles, das ich dir erklären und erzählen muss. Wir werden Stunden und Tage am Nilufer sitzen, Kaffee trinken und Zukunftspläne schmieden. Du wirst die geheimnisvolle Sphinx, die Pyramiden und den Grabschatz des Tutanchamun entdecken. Wer weiss, vielleicht fahren wir bis nach Abu Simbel oder zum Assuan Staudamm. Es gibt zwar einige geschäftliche Termine in Kairo, doch es wird wunderschön werden, das versprech ich dir. Vielleicht erwartet dich eine ganz grosse Überraschung, wenn wir dort sind.»

«Ach, wirklich? Klingt echt spannend. Bestimmt wirst du es mir gleich verraten», schmunzelte ich.

Doch Khalid behielt sein Geheimnis für sich.

Je mehr ich über Ägypten nachdachte, desto aufgeregter wurde ich. In Gedanken packte ich bereits Leinenkleider, Filme, die Fotokamera und mein Tagebuch in den Koffer.

«Weisst du, Verena, je länger und je öfter ich von Dubai fernbleibe, desto grösser ist die Chance, dass sich die Dinge von selbst lösen.»

Am liebsten hätte ich gefragt: «Und was, wenn alles scheitert?» Doch ich liess es bleiben. Welch sinnlose Überlegung. Es würde eh alles kommen wie Allah wollte …

Khalid hatte bereits in Dubai etliche geschäftliche Termine für Zürich vereinbart. Tagsüber führte er nun Verhandlungen mit Banken und Reedereien, mit denen er ins Geschäft zu kommen suchte. Seine Absicht bestand darin, Beziehungen mit der Schweiz anzuknüpfen. Eines Nachmittags, mitten in Verhandlungen, sah er auf die Uhr und sagte: «Bedaure, aber wir müssen unser Gespräch ein andermal weiterführen, ich habe noch einen dringenden Termin bei einer Immobilienagentur.»

Ich hatte keine Ahnung von dieser Verabredung und fragte mich, was er wohl im Schilde führte. Das Taxi, das uns stadtauswärts fuhr, bog in Richtung Küsnacht zum See. In Gegenwart des Chauffeurs wollte Khalid nichts verlauten lassen. Er tat sehr geheimnisvoll. Schliesslich betraten wir ein Immobilienbüro und ich hatte keine Ahnung, was geschehen würde. Dass sich Khalid für ein Wohnhaus interessierte, wäre mir nie in den Sinn gekommen. Ich dachte, es handle sich um ein Büroobjekt. Mir wurde immer mulmiger, als uns der Makler Baupläne und Bilder von drei verschiedenen Immobilien unterbreitete. Zum Schluss sollten wir einen Termin vereinbaren, um die Objekte zu besichtigen. Meine Nackenhaare sträubten sich bei dem Gedanken, dass ungefragt über mich bestimmt wurde. Als wir wieder draussen waren, meinte Khalid stolz: «Wir werden ein wunderschönes Haus mit Seesicht bewohnen – ich meine, wenn ich nicht gerade in Dubai oder sonstwo auf Reisen bin.»

«Jetzt ist er wirklich von allen guten Geistern verlassen», dachte ich.

«Freust du dich denn nicht, Sweetheart?»

«Na, weisst du, es bricht alles so plötzlich und schnell über mich herein. Ich muss erst mal klarkommen mit all deinen Plänen. Natürlich bin ich glücklich darüber.»

In Wahrheit hatten soeben ein paar Alarmglöckchen geläutet in meinem Kopf. Noch bestand kein Grund zur Besorgnis. Dass ein Plan und seine Ausführung zwei verschiedene Dinge waren, das wusste ich natürlich. Es würde mir demnach genügend Zeit bleiben, dieses Vorhaben zu verhindern – wenn ich denn wollte.

Alle waren begeistert von Khalid. Ich spürte, dass meine Familie ihn sogleich ins Herz geschlossen hatte. Und, dass sie mit ihm, in Bezug auf mich, einverstanden waren. Überall wurde er herzlich aufgenommen, speziell von den Frauen. Am Ende war ich beinahe froh, ihn wieder ins Flugzeug nach Dubai setzen zu können.

Als wir am Abflugtag in der Schlange beim Check-in standen, kramte Khalid in seinem Aktenkoffer.

«Halte mal die Reisepapiere, Verena.»

Aus einer Laune heraus öffnete ich seinen Pass, den ich nie zuvor gesehen hatte. Das Wort «Sheikh» vor seinem Namen, entlockte mir ein Schmunzeln. «Diese Araber», dachte ich vor mich hinlächelnd – «typisch, schreiben sich einfach irgendwelche Titel in den Pass.»

«Khalid?»

«Ja, Verena?»

«Weshalb steht hier Sheikh (Scheich) geschrieben?»

Im ersten Moment konnte ich mir wirklich keinen Reim darauf machen.

Khalid drehte sich um, sah mich an und legte den Finger an seinen Mund und schmunzelte: «Nun, jetzt weisst du es eben.»

«Bitte was? Du bist ein Scheich?»

Peinlich berührt sah er sich um: «Bitte, Verena, etwas diskreter, ja?»

«Nein, ich fass es nicht.»

Ich schnappte nach Luft.

«Seit wann bist du denn ein Scheich?», flüsterte ich.

Sein Schmunzeln und der Stolz in den Augen verrieten, wie sehr er meine Verblüffung genoss.

«Khalid, nun sag schon, seit wann trägst du diesen Titel, und warum fandest du es bisher nicht für nötig, mich einzuweihen?»

«Ich bin als Scheich geboren.»

Ungläubig kniff ich die Augen zusammen. Ich wusste nicht, ob ich einen Ärger- oder Lachanfall kriegen sollte. Doch mit seinen nächsten Worten wurde es noch extremer.

«Weisst du, Verena, dies ist mit ein Grund, weshalb ich dich so unglaublich liebe. Eben weil du mich immer so liebtest, wie ich bin – als Khalid.»

Ich stand da, mit grossen Augen und offenem Mund.

Welch eine Anmassung, mich derart zu verkennen. Als hätte sich dabei etwas geändert. Ich schüttelte nur noch den Kopf und war fassungslos. Als weiterer Beweis zog Khalid einen zweiten Reisepass aus dem Aktenkoffer.

«Diplomatic Passport», las ich – na, Bravo.

Allmählich begannen sich sämtliche Fragezeichen in meinem Kopf in Luft aufzulösen.

Zwei Monate später sass ich in der Maschine nach Kairo. In Ägypten sollten wir zum ersten Mal in unserem Leben für einige Zeit wie ein richtiges Paar zusammenleben. Es sollte zugleich unsere Bewährung sein, wie ich erst später begriff.

Es geschah im Niltal,
Dezember 1989

Es war erst zwei Wochen vor Abflug, aber ich wollte den Reisekoffer schon jetzt vor Augen haben, damit er mich ständig an Khalid erinnerte.

Nach zehn Jahren der Sehnsucht und des Schmerzes sollten wir einander endlich bekommen? Einfach unfassbar. Je mehr ich darüber nachdachte, desto nervöser wurde ich und desto weniger konnte ich nachts schlafen. Tag um Tag erfuhr ich, dass ich die sündigen Gedanken nicht mehr lassen konnte. Ich war nur noch von dem einen Wunsch besessen.

An jenem Tag, beim Check-in-Schalter am Flughafen Zürich lag höchste Spannung in der Luft. Beim Blick auf den Bildschirm zeichnete sich äusserste Konzentration im Gesicht der Schalterdame ab. Schliesslich hackte sie wiederholt auf die Tastatur ein, runzelte alsbald die Stirn und blickte allmählich zerknirscht in den Computer. Was mochte das bloss bedeuten? Mein Koffer stand noch immer reglos auf dem Waage-Förderband. Langsam verlor ich die Geduld. «Zum Kuckuck», dachte ich, «hier stimmt was nicht.»

«Gibt es ein Problem?», wollte ich wissen.

«Ihre Buchung ist auf Status Warteliste.»

«Wie bitte, weshalb denn das?»

Wut überkam mich.

«Die Maschine ist leider überbucht. Ich bitte Sie, Ruhe zu bewahren, Madame, möglicherweise können Sie trotzdem mitfliegen. Begeben sie sich zum Schalter Ausgang B 35, dort wird Ihnen das Bodenpersonal weiterhelfen.»

Ich fasste es nicht, eine überbuchte Maschine, als wäre ich nicht schon aufgeregt genug. Ich wollte heute und nicht erst morgen abfliegen.

Völlig aufgelöst begab ich mich zum Ausgang. Die Wartezeit bis zum Boarding schien mir nahezu unerträglich. Nachdem die

Passagiere an Bord gegangen waren, stellte ich mich zum zweiten Mal an den Schalter. Doch ich wurde sogleich wieder abgewimmelt. Ich zählte sechzehn Passagiere, mehrheitlich Männer, die sich eine Einsteigekarte erhofften. Laut Flugplan sollte die Maschine in fünf Minuten starten. Allmählich wurde mir bange. Die Bordtür konnte sich jeden Moment schliessen, die Maschine würde abdocken und zur Startbahn rollen – ohne mich.

«Mister Al Zoghbi and Mister Sawiris, please ...»

Du meine Güte, es bestand noch Hoffnung. Einer nach dem andern wurde aufgerufen und erhielt eine Bordkarte. Erwartungsvoll lauschte ich nach meinem Namen, während die Gruppe der Wartenden immer kleiner wurde. Doch mit einem Mal war Ruhe. Ich zählte jetzt sieben Passagiere. Die Spannung stieg, meine Nerven lagen blank. Noch einmal wurden Bordkarten verteilt, dann war der Spuk endgültig vorbei. Übrig blieben zwei Männer und ich. Hatte ich es doch geahnt.

Der Flug war bereits mehr als dreissig Minuten verspätet. Ich nahm an, dass die Maschine inzwischen auf die Piste rollte, denn es passierte rein gar nichts mehr. Diese fieberhafte Aufgeregtheit, die der Reise voranging, hielt also weiter an. Nochmals würde mir eine ruhelose Nacht bevorstehen, oder vielleicht zwei?

Nach einiger Zeit des Wartens winkte man uns herbei. Ich dachte, wir würden eine Umbuchung kriegen und erfahren, was mit dem Gepäck geschähe. Doch weit gefehlt. Bevor ich richtig erfasste, was passierte, riss uns die Sicherheitskontrolle hektisch das Handgepäck aus den Händen, schubste uns durch die Röntgen-Schranke, und von dort hetzte uns ein weiterer Mann mit Funkgerät durchs Fingerdock. Wir hatten uns kaum gesetzt, da rollte die Maschine schon an. Noch immer klang die Stimme des Bodenpersonals in meinen Ohren.

«Die EgyptAir hat entschieden, dass Sie in der Firstclass mitfliegen können – hier sind ihre Bordkarten. Steigen Sie so rasch wie möglich ein, die Maschine ist startbereit. Wir wünschen Ihnen einen angenehmen Flug, auf Wiedersehen.»

Im Nu war der Stress vergessen, bald würde ich Khalid in die Arme fallen. Ausser uns fanden sich lediglich drei regulär gebuchte Passagiere in der Firstclass. Ein europäisches Ehepaar und ein Araber. Zu meinem Erstaunen breitete der Muslim während des Fluges seinen Gebetsteppich aus und kniete gegen Mekka nieder. Das kleine Schicksal, das uns drei verband, löste eine gewisse Vertrautheit aus. Der dunkelhaarige, leicht angegraute Mann entpuppte sich als Artdirector einer namhaften Zürcher Werbeagentur. Erstmals seit zehn Jahren besuchte er sein Heimatland, was ihm scheinbar zuvor aus politischen Gründen nicht möglich gewesen war.

Der grosse Blonde, der sich mit meinem Einverständnis zu mir gesetzt hatte, erzählte, dass er als Reiseleiter unterwegs sei. Dies tue er jeweils während der Semesterferien. Eigentlich studiere er Geschichte und Archäologie. Na, das traf sich ja gut. Nun hatte ich sozusagen einen Berufskollegen getroffen. An Gesprächsstoff würde es nicht fehlen. Schliesslich tauschten wir, in der Aussicht, uns vielleicht mal wieder zu sehen, die Visitenkarten aus. Der Archäologe hinterliess mir ausserdem, falls ich Hilfe benötigen sollte, seine Kairoer Adresse. So oder so wollte er mich – selbstverständlich mit Khalid – zum Essen einladen, oder uns El Qahira zeigen, wie er die Stadt so schön nannte. Seine gelassene Art und die Geschichten, die er erzählte, nahmen mich völlig gefangen und gaben mir innere Ruhe. Manchmal geschehen merkwürdige Dinge mit uns im Leben. Zeitweilig schien mir, als seien wir beide, der Fremde und ich, von ein und derselben Wehmut erfüllt.

Ich warf einen Blick aus dem Fenster. Unter uns lag Kairo. Plötzlich war die Entspannung vorbei. Mein Herz fing heftig an zu pochen. Je mehr das Flugzeug sank, umso näher kam Khalid. Ich konnte ihn regelrecht spüren. Als die Maschine auf der Piste aufsetzte, glaubte ich vor Aufregung ohnmächtig zu werden. Hoffentlich war er nicht auch so nervös, und hoffentlich waren seine Hemmungen vor unserer ersten Nacht nicht auch so gross. Alles kam natürlich ganz anders.

Es musste etwa 21.30 Uhr Ortszeit gewesen sein, als ich mit dem Koffer durch die Menschenmenge Richtung Ausgang geschleust wurde. Hinter der Abschrankung drängten sich dunkelhäutige Einheimische mit lauten Rufen und wilden Gesten. Zwei Beamte mussten den Weg für die ankommenden Passagiere freibahnen. Ich schaute mich nach Khalid um. Plötzlich sah ich ihn neben einem der uniformierten Männer stehen. Ich konnte es kaum fassen. Zum ersten Mal waren wir ganz für uns allein. Und dies ausserhalb seines Landes, was bedeutete, dass wir uns endlich frei bewegen konnten.

«Sweetheart.»

Für eine Sekunde umarmten wir uns fest. Dann packte Khalid rasch den Koffer und mit der anderen Hand mich. So wanden wir uns aus der Menschenmenge heraus. Aufgeregt erzählte ich, wieviel Nerven mich dieser unglaubliche Flug gekostet hatte. Khalid zog mich derweil an wartenden Taxis vorbei in Richtung Parkplatz.

«Hast du einen Mietwagen genommen?», wunderte ich mich.

Er hielt inne und nahm mich in die Arme.

«Sweetheart, endlich habe ich dich – nach all den Jahren – ich kann es noch kaum fassen. Doch ich muss dir etwas gestehen; in letzter Minute hat sich uns ein Geschäftsfreund aus Abu Dhabi mit seiner Frau angeschlossen.»

Khalid musste mir die Enttäuschung angesehen haben.

«Ibrahims Frau, Aileen, ist wirklich sehr nett. Du wirst sie mögen», bekräftigte er sogleich. «Sie stammt aus Irland und arbeitet als OP- Schwester im Abu Dhabi Corniche Hospital. Und nun lass uns gehen, die beiden warten schon seit geraumer Zeit im Auto.»

Hatte ich richtig gehört, sie warteten im Auto? Khalid und ich hatten uns ja noch nicht mal richtig begrüsst.

Damals wusste ich noch nicht, dass kein Scheich und kein Sohn eines Arabischen Herrschers ohne Begleitung auf Reisen geht. Man begibt sich ausschliesslich im Kreise der Familie, mit Freunden oder in ganzen Sippschaften an die Öffentlichkeit.

In jener Nacht kannte ich mich selbst nicht mehr. Ich schluckte die Enttäuschung hinunter, fügte mich dem Schicksal und ging ruhig und gelassen neben Khalid her.

Ibrahim, der hinter dem Steuer sass, sprang sogleich aus dem Wagen und begrüsste mich. Er war gross und schlank – etwa Mitte vierzig, gut gekleidet und trug sein schwarzes Haar streng nach hinten gekämmt. Auf Anhieb wirkte er sehr sympathisch, was mich einigermassen beruhigte. Dann lud er den Koffer ein und hielt mir wohlerzogen die hintere Wagentür auf, wo seine Frau Aileen sass. Ich blickte in ihr Gesicht. «Sie wird mich weder mögen noch akzeptieren», dachte ich. Tatsächlich fiel ihre Begrüssung kurzangebunden aus. Die Irin hätte die Tochter von Margaret Thatcher sein können; Augen- und Mundwinkel schräg nach unten hängend, die braune Fönfrisur allerdings eher von Lady Di kopiert. Wenn sie lächelte, was zwar nicht sehr oft vorkam, wirkte sie durchaus liebenswürdig.

Nachdem sich Ibrahim vergewissert hatte, dass alle angeschnallt waren, drehte er das Radio an und lenkte den Wagen singend in Richtung Kairo-City. Seine Heiterkeit wirkte derart ansteckend, dass der ansonsten eher verhaltene Khalid unwillkürlich in den Gesang einstimmte. Ich kam aus dem Staunen nicht heraus.

Schon bald parkte Ibrahim den Wagen vor dem Heliopolis Mövenpick Hotel.

«Ist das unser Hotel, Khalid?»

«Nein, wir werden hier kurz jemanden treffen, bevor wir weiterfahren.»

Aileen trottete gelangweilt hinter den Männern her, während ich mit ihr Schritt hielt. Ich hatte ja keine Ahnung, was sie den ganzen Tag durchgemacht hatte mit den Männern. Warten bis zum Gehtnichtmehr, wie sie mir später einmal erzählte. Höchstwahrscheinlich musste sie meinetwegen auch noch Stunden am Flughafen verharren. Doch dieses Thema wollte ich lieber nicht anschneiden.

Ibrahim hiess uns auf den Sofas Platz zu nehmen und verschwand in der Lobby. Er kam nicht mehr zurück. Aileen riss allmählich der Geduldfaden. Khalid meinte, wir Frauen sollten uns doch die Boutiquen ansehen, er würde solange nach Ibrahim Ausschau halten.

Wir hatten längst alle Geschäfte durchkämmt, als keiner der beiden Männer mehr auftauchte. Aileens Laune näherte sich dem Gefrierpunkt. «Gott, was hatte Khalid mir da eingebrockt», dachte ich. Es verstrich nochmal eine Dreiviertelstunde, bis er plötzlich, wie aus dem Nichts, auftauchte und uns seelenruhig zuwinkte.

«Kommt mit, es dauert noch etwas.»

Damit bekam ich einen kleinen Vorgeschmack auf das, was mich in Kairo erwartete. Zugleich wurde mir bewusst, dass ich Khalid mit einer Menge Leute würde teilen müssen. Allerdings hätte ich nicht erwartet, dass wir uns an einen Tisch mit sechs fremden Männern setzen sollten. Aileen erbleichte, als sie die «gemütliche» Runde sah. Nachdem uns Khalid platziert hatte, setzte er sich – weit weg von mir, zuoberst an den Tisch. Sag bloss, ich könnte nicht neben ihm sitzen, schluckte ich leer. Natürlich waren die Ägypter begeistert über die dazugekommene weibliche Gesellschaft. Man überhäufte uns mit Tellerchen mit würzigen Fleischklöschen, scharfem Gemüse und Käse. Rundum beobachteten europäische Hotelgäste vorwitzig das Szenario. Ach, wäre doch bloss der Archäologe hier, der mich aus dieser Männergesellschaft retten würde, ging es mir durch den Kopf. Da Aileen nicht redegewillt war oder, was diese Runde anbetraf, auch nichts zu sagen wusste, war es schwierig, Dinge in Erfahrung zu bringen. Alles was ich herausbekam war, dass Aileen OP-Schwester im Abu Dhabi Corniche Hospital war und Ibrahim ihr nicht mal Zeit gelassen hatte, die Koffer auszupacken.

Die Stunden verstrichen und niemand machte Anstalten, aufzubrechen. Immer wieder warf ich Khalid flehende Blicke zu, doch es half alles nichts. Schliesslich wurde es Mitternacht. Aileen begann sich von Neuem aufzuregen. «Wenn Ibrahim sich nicht bald verabschiedet, werde ich ein Taxi nehmen», brummte sie. Allmählich fand ich auch, dass es genug sei. Arabische Sitten und Bräuche hin oder her – alles hatte seine Grenzen.

Als sich unsere Blicke erneut trafen, schaute ich Khalid wütend an. Erstaunlicherweise setzte er sich in Bewegung. Vermutlich aus Sorge, ich könnte die Geduld noch ganz verlieren und ihn vor aller Augen blamieren.

«Hör zu», sagte ich, als er sich neben mich auf die Bank setzte, «ich bin müde, lass mich mit dem Taxi zum Hotel fahren. Wie heisst es eigentlich?»

«Tut mir leid, Schatz, dass alles so lange dauert. Ich bin selbst müde, glaube mir. Wir werden gleich zusammen fahren, okay?»

«Ich will auch nach Hause», warf Aileen ein, «und zwar sofort.»

Der arme Khalid stand augenscheinlich zwischen zwei Fronten. Er rang sich ein gequältes Lächeln ab und rief gespielt gelassen über den Tisch: «Ibrahim, ich denke, unsere Frauen sind müde, wir sollten uns langsam verabschieden.»

Die Ägypter protestierten auf der Stelle. Doch damit war zu rechnen. Khalid begab sich auf seinen Platz zurück und wartete ab, bis die Gesellschaft bereit war, aufzubrechen.

Dass er sich bloss den Gepflogenheiten des Landes entsprechend verhielt, wusste ich damals nicht. Immerhin gab es eine genaue Anstandsregel, nach der die Gäste eine Zusammenkunft verliessen. Aber Khalid erklärte mir ja vom ersten Tag an nichts.

Seit ich in Kairo gelandet war, lief nichts wie es sollte. Selbst die Hoffnung auf eine romantische Nacht löste sich nach und nach in Luft auf.

Endlich, nach Stunden des Ausharrens, fuhr unser Wagen über eine mehrspurige Schnellstrasse der hellerleuchteten, pulsierenden Millionenstadt entgegen. Ibrahim sang, inzwischen voller Heiterkeit, ein Lied nach dem anderen. Er war das typische Beispiel eines Charakters, dem man einfach nicht böse sein konnte. Mit Ausnahme von Aileen, seiner Ehefrau. Sie konnte oft Stunden oder Tage schmollen. Als wir die Nil-Insel Gezirah erreicht hatten, hielt der Wagen vor dem Marriott Hotel, unserm einstweiligen Zuhause, wie Khalid sagte. Um das eindrückliche Anwesen im französisch-neoklassizistischen Stil erstreckten sich imposante Gärten und Wasserspiele. Ibrahim erklärte, dass dieses Gebäude der legendäre Gezirah-Palast sei, der 1869 zur Eröffnung des Suezkanals erbaut wurde. Er schien sich gut auszukennen in Kairo. Noch hatte ich keine Ahnung, weshalb dem so war, wo unser Freund logierte und welche Rolle diese Ägypter spielten.

Als wir die Hotelhalle betraten war es still. Nur mein Herz klopfte mittlerweile laut vor Erregung. Khalid wandte sich nach rechts Richtung Fahrstuhl.

«He, sollte ich nicht noch einchecken und den Reisepass abgeben?», stupfte ich ihn.

«Sweetie, ich habe für uns beide eingecheckt; bei einem Scheich braucht die Familie nicht beim Empfang anzutraben.»

Ungläubig warf ich einen Blick zur Rezeption, die sich in der Mitte zweier Eingänge befand. Der Mann dahinter schien sich nicht für uns zu interessieren. Also gehorchte ich und schritt in den Aufzug zum Zamalek Tower. Das Marriott bestand aus zwei verschiedenen Trakten mit den klingenden Namen: Gezirah und Zamalek.

«Wo werde ich überhaupt schlafen, Khalid, habe ich ein eigenes Zimmer», wagte ich zu fragen.

«Du wirst schon sehen», schmunzelte er.

Ach, wenn ich es doch nur schon hinter mich gebracht hätte …

Ein paar Schritte vom Aufzug entfernt öffnete sich eine Zimmertüre.

«Das ist unser Zimmer.»

Eilig überflog ich die Räumlichkeit und stellte fest, dass wir uns in einer Suite befanden. Khalid stellte den Koffer inmitten des Salons ab und führte mich durch die Zimmer. Schüchtern blickte ich mich um. Da war ein wunderschönes Schlafzimmer mit gegenüberliegendem, prächtigem Bad, ein weiteres Zimmer auf der andern Seite des Flures, ebenso mit eigenem Bad, sowie ein Büro, und natürlich der Salon.

«Liebling, gib acht, die grossen Gemächer gehören dir. Bestimmt möchtest du deine Sachen auspacken, ich werde solange fernsehen im Wohnzimmer, okay?»

Ich war überrascht, wie selbstsicher er die Lage meisterte.

Obwohl acht Jahre dazwischen lagen, hatte ich noch gut im Kopf, wie gehemmt Khalid sich in meinem Appartement gefühlt hatte.

Als ich aus der Jacke schlüpfte, lauschte ich angespannt auf die Geräusche vom Wohnzimmer. Nichts als mein eigenes Herzpochen war zu vernehmen, bis endlich das lauter werdende TV-Gerät ertönte. Ich schnellte hoch und liess die Kofferschlösser aufspringen. Gott, diese vielen Klamotten, dachte ich, und alle viel zu sommerlich. Ich war überrascht von der nächtlichen Frische in Kairo. Hektisch zog ich die Sachen heraus und verstaute sie im Schrank. Dabei stiess ich mir jämmerlich das Schienbein an einer offenen Schublade an.

«Verenaaa, ist alles okay, oder brauchst du den Notfallarzt?», klang es vom Salon her.

Verflixt nochmal, er lauschte also.

«Nein, nein, nichts ist passiert.»

Seine Stimme klang beinahe amüsiert. Peinlich berührt fuhr ich mit dem Auspacken fort und hoffte, dass Khalid dort bleiben möge, wo er war.

«Darling», klang es plötzlich erneut, «wirst du mir noch einen Gutenachtkuss schenken, bevor du zu Bett gehst?»

«Ach – gib mir noch etwas Zeit zum nachdenken, ich weiss nicht, ob du einen verdient hast heute.»

Lacht. «Verena, wenn du mich zum Narren hältst, komme ich nach hinten. Pass auf, wie du entscheidest.»

Hoppla, er reagierte ja wie ein Mann. Wo waren all die Hemmungen geblieben? Aber, Verena, rief ich mir ins Gedächtnis, er ist doch längst ein reifer Mann. Nun ja, Erinnerungen an früher und die Wirklichkeit sind nun mal zwei verschiedene Dinge.

Khalid lag auf dem Sofa und hielt einen Drink in der Hand.

«Na, endlich, komm, setz dich zu mir.»

Er nahm meine Hand und blickte mir tief in die Augen. Auf einmal lächelte er: «Sag bloss, du bist verlegen.» Dabei kniff er zärtlich in meine Wange.

«Vielleicht», sagte ich.

183

«Nun, ich finde dich hinreissend, wenn du schüchtern wirst, wirklich.»

Ich senkte den Blick und schwieg.

«Übrigens, wie fandest du Ibrahims Frau? Sie ist doch nett, oder?»

«Das weiss ich noch nicht. Jedenfalls war sie den ganzen Abend über missgelaunt. Ich glaube, sie fand die Warterei nicht besonders amüsant.»

Khalid lachte aus vollem Hals: «Dir ergings wohl nicht viel anders, das konnte ich an deinen Augen ablesen, stimmts?»

«Ja ja, lach du nur», sagte ich.

Schliesslich klärte mich Khalid über die Hintergründe auf, die ihn, seinen Freund und die Ägypter miteinander verbanden.

Ibrahim Aswari stammte aus einer ehemals einflussreichen sudanesischen Familie, die sich aus politischen Gründen nach Ägypten abgesetzt hatte. Da nun mit dem Militärputsch von 1989 und einem neuen Regime die damalige Verfassung ausser Kraft gesetzt wurde, versuchte Ibrahim, das Familienvermögen sukzessive aus dem Sudan zu retten. Ein Beauftragter in Kharthoum transferierte das Aswari Vermögen in Form von Rennkamelen, die via Ägypten in die Arabischen Emirate verkauft werden sollten, ausser Landes. Dabei spielten drei der Ägypter, die wir im «Heliopolis Mövenpick» getroffen hatten, eine wichtige Rolle. Es waren die Gebrüder Al Nasser. Sie waren Besitzer einer ägyptischen Airline. Mit den Al Nasser Frachtflugzeugen würden die Rennkamele nach Ägypten in ein Zwischenlager ausgeflogen und von dort weiter zum Zielort Al Waha, wo er, Scheich Khalid, die Landerechte erteilte. Natürlich würde es für alle Beteiligten ein lukratives Geschäft werden, so hoffte er. Seine Frau, die irische OP-Schwester, hatte Ibrahim vor zwei Jahren in Abu Dhabi kennengelernt. Von der ersten Minute an erlag sie seinem Charme. Schliesslich konnte sie Ibrahims Antrag nicht länger widerstehen und willigte in die Heirat ein. Die kommenden Feiertage wollten die beiden erstmals gemeinsam in Kairo verbringen, wo Ibrahim seit jeher ein Appartement besass.

«Das klingt ja interessant, Khalid. Bestimmt gibt es noch etliche spannende Geschichten aus deinem Leben, die du mir sicher bald erzählen wirst, nicht wahr?»

«Wir werden sehen. Doch nun ist es spät geworden und wir sollten zu Bett gehen.»

Mir brannte noch eine Frage im Kopf, die ich fast nicht zu stellen wagte.

«Sag mal, Khalid», tastete ich mich vor, «dieses Geschäft mit den Rennkamelen; ist es legal?»

Khalid musste sich um Ernst bemühen.

«Glaub mir, Sweetie, ich würde mich niemals in unrechtmässige Geschäfte einlassen, so was könnte ich mir gar nicht leisten.»

«Aha, das beruhigt mich. Na dann, gute Nacht, Darling.»

Ich drückte ihm einen Kuss auf die Wange und wollte aufstehen. Doch Khalid hatte mein Handgelenk bereits fest im Griff. Plötzlich hatte ich wieder diese Hemmungen. Na, halleluja. Das konnte noch heiter werden. So sehr ich den Augenblick herbeigesehnt hatte, so sehr zitterte ich jetzt davor. Als ich wieder aufsah, spielte ein rührendes Schmunzeln um seinen Mund.

«Liebling, ich werde dich zwar furchtbar vermissen, wenn du nicht in meinen Armen liegst. Doch ich habe zehn Jahre gewartet auf dich – nun werde ich es auch noch einen Tag länger aushalten, okay?»

Dabei strich er mir eine Haarsträhne aus dem Gesicht.

Ich nickte und war beruhigt. So sehr, dass meine Bedenken beinahe schon wieder am verfliegen waren.

«Gute Nacht, Liebling», sagte er, und küsste mich auf die Stirn.

Am liebsten hätte ich mich gleich an ihn geklammert und nicht mehr losgelassen. So sehr ging mir dieses Einfühlungsvermögen unter die Haut. Doch ich stand auf und ging davon.

Hinterher hörte ich, wie er den Fernseher ausmachte und an meinem Zimmer vorbei tappte. Schliesslich ging auch im Flur das Licht aus. Erst jetzt entledigte ich mich im Halbdunkel meiner Kleider. Dann schlüpfte ich so geräuschlos wie möglich unter die Decke und horchte nach draussen. Ich vernahm mehrmals das Rascheln einer Bettdecke. Schliesslich wurde es mäuschenstill. «Ach, bin ich dumm», dachte ich. «Wie schön wäre es jetzt in seinen Armen.»

Ich blinzelte eine ganze Weile, bis ich merkte, dass ich in Kairo war. Ich musste lange geschlafen haben. Im Zimmer war es taghell. Ich griff nach der Uhr, zehn nach zehn. Wo blieb Khalid? Aufmerksam lauschte ich nach draussen. Vom Flur her drang Fernsehgeräusch in mein Zimmer. Ich schlug die Decke zurück und setzte die Füsse auf den Boden. Schliesslich versuchte ich, unbemerkt ins Bad zu schleichen. Doch Khalid hatte die Geräusche registriert, er spähte um die Ecke.

«Ah, guten Morgen», lächelte er frischweg.

Ich blieb stehen, rieb mir die Augen und gähnte, «du hast mir gefehlt, Liebling.»

Er schloss mich umgehend in die Arme.

«Was denkst du, wie es mir ergangen ist.» Er strich zärtlich über mein Haar. «Von nun an werden wir uns jede Nacht ganz fest im Arm halten, versprochen?»

Ich nickte.

«Weisst du, ich lag seit Stunden wach und musste mich beherrschen, dass ich nicht zu dir unter die Decke geschlüpft bin», lachte er.

«Du sahst ja so hinreissend aus mit dem zerzausten, langen Haar – das Einzige, was von dir unter der Decke hervorblickte.»

«Du hast mich beobachtet?»

«Nein, natürlich nicht», lachte er.

«Ach, weshalb nehme ich auch immer alles ernst, was du sagst.»

Ärgerlich wand ich mich aus seiner Umarmung.

«Weisst du was, Verena?», rief er hinterher, «heute nehmen wir den Tag wie er kommt – keine Programme und keine Verabredungen, okay?»

«Da bin ich aber froh», lachte ich zurück und verschwand im Bad.

Zuletzt hüllte ich mich in eine zarte Duftwolke von Amouage und den flauschigen Marriott-Bademantel ein. Ich betrachtete mein Spiegelbild und dachte: «Du siehst beinahe sündig aus.» Dann trat ich hinaus in den Salon. Das Frühstück stand längst auf einem fahrbaren Tisch bereit. Ich bemerkte, wie Khalid eine halbe Pfefferdose über Pommes-Frites schüttete.

«Das habe ich in Tucson gelernt.»

«Ach, wirklich? du scheinst ja einiges gelernt zu haben in Amerika.»

«Natürlich», schmunzelte er vielsagend.

Ob er wohl ahnte, worauf ich anspielte?

Schon meldete sich Khalids Handy.

«Yes, allu?»

Ein einziger Wortschwall in Arabisch sprudelte durch den Salon.

Fast gleichzeitig läutete das Zimmertelefon. Was war denn hier auf einmal los?

«Salamaleikum», klang die Stimme in der Leitung.

Ich wandte mich nach Khalid um: «Ibrahim ist am Apparat.»

Er nickte bloss und redete unbeeindruckt weiter.

«Hör zu, Verena, ich wollte Khalid bloss mitteilen, dass es uns sehr freuen würde, wenn ihr auf einen Kaffee zu uns reinschaut.»

Es ging also bereits los mit den gesellschaftlichen Verpflichtungen.

Eine Stunde später sassen wir im Taxi. Der Weg führte uns über die Brücke des 6. Oktober in Richtung Westufer. Khalid hatte versprochen, dass wir bald wieder zurückkehren würden. Natürlich wusste ich nicht, dass es unter Arabern undenkbar war, sich allein zurückzuziehen und abzusondern, auch nur für einen einzigen Tag.

Die Sonne strahlte am tiefblauen Himmel. Bis zu Weihnachten waren es noch zwei Tage. Obwohl heute Sonntag war,

187

herrschte reges Treiben in den Strassen. Fast hätte ich vergessen, dass hier ja der Freitag als Ruhetag galt. Inmitten des Wirrwarrs von kunterbunten Menschen, verbeulten, hupenden Autos, fluchenden Taxichauffeuren, rollten Kutschen vorbei und klapperten Pferdehufe auf dem Asphalt. Es herrschte ein einziger Lärm und Tumult. Alles war in Bewegung. Autos versperrten Kreuzungen, Menschen rannten bei Rotlicht über Fahrbahnen und Bauarbeiter rissen Löcher auf. Wer die Strassen von Kairo nicht gesehen hat, der kennt das ganze Chaos dieser Welt nicht. Überwältigt von dem orientalischen Gewoge heftete sich mein Blick auf die Strasse. Dass sich Khalids Begeisterung in Grenzen hielt, war klar. Ihn beeindruckten schnelle Autos, futuristische Glaspaläste und mondäne Ladenstrassen.

Ibrahims Appartement befand sich in einem Hochhaus unweit des Ostufers an einer ruhigen Nebenstrasse. Gespannt fuhren wir mit dem Aufzug in die oberste Etage.

«Ah, Schech Khalid – Ahlan wa sahlan», klang es überschwänglich aus der Tür.

Ein Blick ins Wohnzimmer, und ich hätte mich am liebsten unsichtbar gemacht. Fremde Männer, in Djalabijas gekleidet, hockten auf Diwanen und warfen neugierige Blicke auf uns. Keine Aileen in Sicht. Ibrahim fasste Khalid sogleich beim Arm und führte ihn zu den Männern. Wie bestellt und nicht abgeholt blieb ich mitten im Raum stehen. Ein endloses Begrüssungsritual hatte sich in Gang gesetzt. Keiner schenkte der Frau, die völlig verloren im Wohnzimmer stand, Beachtung. Irgendwann blickte Khalid über die Schulter und sagte: «Du kannst dich setzen, Verena.»

Wohin bloss, fragte mein Blick? Gleichzeitig nickten mir ein paar Gesichter zu. Es war zum Verzweifeln. Irgendwie schloss ich daraus, dass ein direkter Blick oder gar ein Händeschütteln als zu nahe, zu intime Berührung galt. So unhöflich konnten diese Männer ja wohl nicht sein.

Einstweilen rief Ibrahim nach Tee für die Neuankömmlinge. Statt dass nun Aileen zum Vorschein kam, betrat ein junges Fellachenmädchen den Salon. Es goss den duftenden Minzetee in einem langen, dünnen Strahl in kleine Gläser. Der Raum erinnerte mich an Mattars Farm. Auch hier reihten sich unzählige Sofas den Wänden entlang aneinander. Dazwischen standen einzelne Fauteuils, Stühle und kleine runde Tischchen. Der Salon war durch zwei Säulen vom Essbereich abgetrennt. Dahinter erstreckte sich ein Flur, der zu den Schlafbereichen führte, von wo Aileen nun endlich auftauchte.

«Hi, Verena, wie geht es dir?»

«Na, ein bisschen ungewohnt für mich, diese Männergesellschaft.»

«Das kann ich verstehen. Doch du wirst dich daran gewöhnen müssen.»

Hatte ich richtig gehört? Ich schluckte leer und suchte meinen Unmut zu verbergen. Aileen nahm sich ein Teeglas vom Tablett, um gleich darauf wieder zu verschwinden. Wie es aussah, hatte sie dem Fellachenmädchen eine ganze Reihe Anweisungen zu geben. Khalid, der sich im Kreis der Männer mit müssigem Geplauder unterhielt, zollte mir keine Beachtung mehr. Ab und zu ein besänftigender Blick, das war alles. Es wurde kaum ein Wort an mich gerichtet. Wenn das so weiterging, würde ich bald unhöflich werden und davonlaufen.

Es klingelte am Eingang. Die Haustür öffnete sich und eine verhüllte, kleine Gestalt huschte vorbei. «Vielleicht ist sie die Mutter des Fellachenmädchens», dachte ich. Gleich darauf kam Aileen um die Ecke, womit die beiden Frauen in die Küche verschwanden. Zuvor hatte ich geglaubt, dass man nur in grossen Häusern Personal hielt, doch nun wurde ich eines Besseren belehrt.

Während ich angespannt am zweiten Teeglas nippte, vernahm ich plötzlich Khalids Stimme: «Verena, geh doch ein wenig in die Küche zu den Frauen.»

Vor den Kopf gestossen blickte ich auf. Konnte er mir denn nicht taktvoller beibringen, wie die Bräuche hierzulande funktionierten? Keine Frage, dass ich mich ohnehin wohler fühlen würde in der Küche. Ärgerlich stand ich auf und verschwand aus dem Salon. Wenn wir wieder zu Hause waren, würde er was zu hören bekommen.

«Na, Aileen, wie geht es dir?»

Ohne aufzuschauen erwiderte sie: «Jetzt hab ich es dann bald geschafft, dass wir hier eingerichtet sind. Das ist Khadija, meine Küchenhilfe.»

Die Fellachenfrau lächelte mir kurz zu, dann rüstete sie bedächtig weiter.

«Und das Mädchen, Khadijas Tochter, ist soeben dabei, unsere Kleider aufzubügeln und in die Schränke zu versorgen.»

«Na, toll», sagte ich. «Hast du etwas dagegen, wenn ich mich zu euch geselle?»

«Natürlich nicht. Es ist zwar etwas eng hier, doch schau, unter dem Küchentisch steht ein Hocker.»

Damit verschwand sie aus der Küche.

«Es riecht fein hier», sagte ich zu Khadija.

Die Fellachin lächelte stumm. War ja klar, dass sie kein Englisch verstand.

Als die Türklingel erneut läutete und ich Ibrahims lautes Hallo zwischen Männerstimmen vernahm, war ich heilfroh, dass ich mich im Schutze der Küche befand. Im Stillen wünschte ich den Zorn Gottes auf Khalid herab. Es waren bereits zwei Stunden vergangen, seit wir hier festsassen. Zumal er doch versichert hatte, es würde sich bloss um einen kurzen Besuch handeln. Dass der Begriff «kurz» im Islam von völlig anderer Bedeutung war, das musste ich noch lernen.

Ibrahim erschien in der Küche und entkorkte eine Flasche Wein. Ich wunderte mich, mit welcher Leichtigkeit er alles unter Kontrolle hielt. Vielleicht stammte der Sudanese gar nicht aus der Oberschicht, sondern war bloss ein kleiner Gauner. Jedenfalls ein reizender. Unterdessen füllte er drei Gläser mit Rotwein. Dann prostete er uns zu, küsste Aileen flüchtig auf die Wange und verschwand wieder in den Salon. Das Weinglas blieb in der Küche zurück. Stattdessen folgte ihm Khadija mit frischem, duftendem Tee.

Eine ganze Ewigkeit schien vergangen zu sein, als Khalid den Kopf in die Küche reckte.

«Verena, wir brechen bald auf. Ibrahim wird uns gleich ein Taxi rufen.»

«Wollt ihr denn nicht zum Essen bleiben?», fragte die Hausherrin.

«Danke, Aileen», nahm ich Khalids Antwort vorweg, «weisst du, ich habe mich noch nicht akklimatisiert und brauche etwas Ruhe.»

Als die Sonne langsam hinter den Dächern verschwand, fuhr uns Ibrahim ins Hotel zurück. Dass das bestellte Taxi nie eintreffen würde, war vorauszusehen. So schnell würde mich jedenfalls keiner mehr zu einem Kaffee überreden, das war klar.

«Habt ihr morgen schon etwas vor?», fragte Ibrahim, bevor er sich von uns verabschiedete.

«Ich weiss nicht», meinte Khalid zögernd, «vielleicht möchte Verena die Pyramiden von Gizeh sehen.»

«Na, dann lasst uns doch zusammen hinfahren, Aileen würde sich bestimmt sehr freuen.»

Ich glaube, ich hatte noch immer nicht recht begriffen, wie hier die Dinge liefen. So glückselig jener Morgen begonnen hatte, so zerknirscht war meine Stimmung gegen Abend. Während wir im Aufzug nach oben schwebten, meinte Khalid: «Verena, macht es dir was aus, wenn wir das Nachtessen auf dem Zimmer einnehmen? Ehrlich gesagt bin ich etwas müde, da ich letzte Nacht kaum ein Auge zugetan habe.»

«Na, das trifft sich ausgezeichnet. Ich bin nämlich auch erschöpft – allerdings aus anderen Gründen.»

Mit verständnisloser Miene blickte er mir nach, während ich an ihm vorbei ging, um Jacke und Schuhe auszuziehen. Dann hörte ich, wie er sich wortlos in die Sofapolster fallen liess. «Oh je», dachte ich, «kaum sind wir mit dem Zusammenleben konfrontiert, entstehen ungewollt Missverständnisse. Und dies am zweiten Tag.» Es war zum Verrücktwerden.

Als ich in den Salon zuruckkehrte, bereute ich meine scharfzüngige Bemerkung. Khalid sass mit ausdruckslosem Blick da und starrte ins Leere. Nicht einmal den Fernseher hatte er betätigt. Es war, als hätte er sich von mir und dem Rest der Welt entfernt.

Ich fasste mir ein Herz und kauerte mich vor ihn hin.

«Ich glaube, ich muss noch viel lernen. Weisst du, das Leben in Ägypten ist so ganz anders als bei uns. Ich fange erst jetzt an zu begreifen, dass ich dich nicht für mich alleine haben kann.»

«Na, ich hab dir ja gleich gesagt, dass wir nicht die ganze Zeit mit Aileen und Ibrahim verbringen müssen.»

Seine Stimme klang aufgelöst.

«Ja, das stimmt. Ich finde es ja auch wunderbar, dass wir Freunde haben in Kairo. Doch weisst du, diese mir völlig fremde, orientalische Männergesellschaft, da fühle ich mich einfach nicht wohl darin. Was glaubst du, wie … wie ich mich am liebsten in Luft aufgelöst hätte heute Mittag. Wie mein Herz geklopft hat und ich vor Aufregung beinahe von den Absätzen gekippt wäre. Schliesslich habe ich keine Ahnung von sowas.»

Ich bemerkte, wie Khalid sich etwas verkneifen musste. Sein Brustkorb hob und senkte sich kaum erkennbar.

«Brauchst gar nicht zu lachen», stupste ich ihn und stand auf.

Khalid fasste mein Handgelenk, zog mich zu sich hinunter, bis wir schliesslich in ein wildes Gerangel verstrickt waren. Damit war zunächst alles vergessen. Doch ich wurde das Gefühl nicht los, dass ihn noch was anderes beschäftigte. Immer wieder machten sich Zeichen innerer Spannung um seine Augen bemerkbar.

«Lass uns mal die Speisekarte durchsehen, du bist bestimmt auch hungrig», meinte er plötzlich.

«Ja, und ob.»

Bis zum Eintreffen des Essens machten wir es uns auf dem Sofa bequem.

«Schatz, ich habe das Gefühl, irgendetwas geht dir im Kopf herum.»

Überrascht zog er mich an sich und lächelte bloss stumm.

«Khalid, bitte versprich mir, dass wir von nun an ganz aufrichtig miteinander sind und dass wir uns jederzeit sagen, wenn etwas nicht stimmt, okay?»

Er schien zu überlegen und abzuwägen.

«Ach, Verena, du bist das Beste, was es gibt auf der Welt», sagte er mit schwerem Seufzer.

«Ja, ich höre Schatz …»

«Na, weisst du, der Anruf heute Morgen, – er kam aus Al Waha.»

«Und?» fragte ich.

«Es war mein jüngerer Bruder Haza. Er erzählte mir beiläufig, es hätte sich in der Familie herumgesprochen, dass das gesamte Harem meiner zukünftigen Frau nach Sharjah zu einem Stoffhändler gefahren sei.»

«Ich versteh den Zusammenhang nicht ganz.»

«Nein, das verstehst du wohl nicht», sagte er und blickte ins Leere.

«Es bedeutet, dass sie die Heirat vorantreiben wollen. Dass sie bereits Ausschau nach Stoffen für das Brautkleid halten.»

Für eine Sekunde setzte mein Herz aus. Ich wusste nicht, was ich darauf erwidern sollte. Ich fühlte mich wie betäubt und Khalid war verstummt. Vor dem Fenster funkelten die Lichter im Nil. Nichts deutete darauf hin, welches Drama sich im alten Gezirah Palast in einer der Suiten abspielte.

«Hör zu», sagte ich nach einer Weile des Überlegens, «meine Gefühle sind stärker als alle Bedenken. Was auch immer kommen mag, wann immer unsere Zeit abgelaufen ist, meine Liebe gehört dir auf immer und ewig.»

In Wahrheit hoffte ich, der Tag käme nie.

Khalid blickte mich eindringlich an.

«Und jede Minute, in der wir uns das Leben schwerer machen als es ohnehin ist, verlieren wir Kraft. Doch Kraft bedeutet Leben, bedeutet Energie. Keine Energie mehr haben, heisst nicht mehr leben. Nicht mehr leben heisst sterben. Nun kannst du wählen.»

Meine Worte überraschten mich selbst.

«Das bist nicht du, die so etwas sagt», meinte er ruhig.

Seine Augen suchten meinen Blick. Sie durchbohrten ihn, als wollten sie etwas Tiefgründiges erforschen.

Nach einigem Schweigen und Abwägen meinte er schliesslich: «Deine Worte sagen, dass du dich für das Leben entschie-

193

den hast. Aber in deinem Herzen sieht alles ganz anders aus. Du brauchst mir nichts vorzumachen.»

Wie gut er mich kannte.

«Ich hingegen», fuhr er fort, «ich habe mich längst für das Leben entschieden. Genauer gesagt hat mein Vater, beziehungsweise die Familienoberhäupter, darüber entschieden. Ich werde, wenn Gott es will, die mir vorausbestimmte Frau heiraten. Ob ich will oder nicht. Womit ich künftig in meinem Land hohes Ansehen und viele Privilegien geniessen werde. Sollte ich dich, Verena, gegen den Willen von Gott und meiner Familie zur Frau nehmen, so würde ich damit Schande über die gesamte Familie bringen. Einschliesslich derer meiner vorausbestimmten Braut. Ich wäre ein geächteter Mann und der Name Al Rashid entehrt. Die Verschmähung würde weit über die Grenzen Al Wahas hinaus Kreise ziehen. Ich wäre gezwungen wegzuziehen, vielleicht gar in ein fremdes Land. Womit mir ein ungebührendes Dasein vorbestimmt wäre. Ich bin fast sicher, dass unsere Liebe das nicht überstehen würde.»

Ich liess meine Hände sinken, lehnte das Gesicht an seine Brust und versuchte, die Tränen zu unterdrücken. Khalid packte mich bei der Schulter, sah mich an und fragte: «Warum hast du Tränen in den Augen? Es ist noch lange nicht soweit. Noch lange nicht. So manches kann sich ändern. Hab Vertrauen und Geduld, du bist ohnehin meine Liebe – bis in alle Ewigkeit.»

Draussen klopfte es. Ein Kellner rollte unser Candlelight Diner herein.

«Verena, sag mir, wohin du den Tisch platziert haben möchtest.»

«Lass ihn ans Fenster rollen, ich möchte den Nil sehen.»

Bis auf eine Stehlampe mit gedämpftem Licht machte ich die restliche Salon-Beleuchtung aus. Khalid suchte nach dem amerikanischen Radiosender, und mit einem Mal erklang «Jingle bell» von Bing Crosby aus den Boxen.

«Herrje, das erinnert mich an Arizona. Und wie die Amerikaner Weihnachten feierten – Jingle bell, jingle bell, jingle all the way …», trällerte er durchs Wohnzimmer und bekam ganz glänzende Augen.

Ich wunderte mich, wie nahe doch Verzweiflung und Hochgefühl beieinander standen. Zwischen silbernen Gedeckglocken flackerte eine weisse Kerze und vor uns lag, mit tausenden von pulsierenden Lichtern, das gigantische Ostufer des Nils.

«Du musst eine sehr schöne Zeit verlebt haben in Amerika», sagte ich.

«Gewiss, ja. Aber meine Heimat hat mir dennoch über alles gefehlt. Na, ja, ein lehrreicher Abschnitt war es allemal.»

«Hattest du denn Familienanschluss, dass du so genau weisst, wie die Amerikaner Weihnachten feiern?»

«Verena, wir sollten mit dem Essen beginnen. Ich fürchte, dass es sonst kalt wird.»

«Ja, du hast recht, natürlich. Also hattest du nun Familienanschluss oder nicht?»

«Freilich hatte ich Kumpels – meine Fussballfreunde, bei denen ich ein- und ausgehen konnte.»

«Und wie stand es um deine Beziehung zu der Sexualpsychologie-Studentin?»

Khalid fiel fast die Gabel aus der Hand.

«Das hast du nicht vergessen, was?»

«Nein, wie könnte ich.»

Er lachte.

«Nun ja, sie hatte eine nette Familie. Ich bin dort tatsächlich sehr offen aufgenommen worden.»

«Und? hast du noch Kontakt nach Tucson?»

«Nein. Die Affäre war lange, bevor ich die USA verliess, im Sand verlaufen.»

«War das die lehrreiche Zeit, die du dort verlebt hattest?»

«Verena – bitte. Dein scharfsinniger Humor wirft mich glattweg um.»

Dabei stocherte er peinlich berührt im Teller und schmunzelte in sich hinein. Die lange, charakteristische Nase und die pechschwarzen Locken glänzten wunderschön im Kerzenlicht. Etwas Geheimnisvolles, Undurchsichtiges umspielte seine Aura.

Ich vermochte nicht zu sagen was, aber allmählich kam mir die Idee, es müsste auf die eine oder andere Weise mit Arizona zusammenhängen.

«Erzähl mir doch etwas mehr über Arizona», sagte ich, ohne mir allzuviel zu erhoffen.

«Ich hab dir doch gesagt, dass es bloss eine kurze Liebelei war. Du bist die einzige Liebe in meinem Leben.»

«Ich meine nicht das», sagte ich ruhig.

«Mich würde beispielsweise interessieren, wie dein Studium war, ob du Spass daran hattest, ob dir das Lernen leichtgefallen ist, ob die Materie spannend war und wie du überhaupt auf die Idee gekommen bist, Atomphysiker zu werden.»

«Ich dachte, das hätte ich dir in unseren Briefen alles geschrieben.»

«Ich fürchte, das hast du nicht, Khalid.»

«Na, wenn dir das so wichtig ist, Schatz; es war wohl mein Vater, seine Brüder, der ganze Al Rashid Clan – alle waren sie der Ansicht, ich müsste etwas Zukunftgerichtetes studieren, etwas Hochtechnisches und Hochangesehenes.»

«Wie schön», sagte ich. «Wer weiss, wie sich die Dinge entwickeln, vielleicht wirst du dein Wissen ja eines Tages einsetzen können. Was ich zumindest hoffe für dich.»

Er blickte mich überrascht an, legte das Besteck beiseite und kam um den Tisch herum. Dabei kauerte er sich nieder und zwang mich, ihm ins Gesicht zu sehen. Seine Augen hatten jetzt etwas Ernstes, Feierliches. Bestimmt würde sich sogleich das Geheimnis lüften. Diese sogenannte Überraschung, die mich in Ägypten erwarten sollte. Khalid nahm meine Hand und führte sie an seine Wange. Dabei liess er den Blick nicht von mir. Der kurzgeschnittene Bart prickelte angenehm auf meiner Haut. Mir wurde ganz warm. Schliesslich küsste er meine Handfläche und ich spürte, wie mir Röte ins Gesicht stieg. Verschämt schlug ich die Augen nieder, damit er die Sehnsucht und das Verlangen, das aus meinen Augen sprach, nicht sehen konnte.

«Komm», nahm er mich bei der Hand, «lass uns tanzen, wie damals in England. Erinnerst du dich noch an unsere Songs?

I don't like mondays, We don't talk anymore und wie sie alle hiessen?»

«Ja, natürlich», sagte ich und folgte ihm wie gebannt. «Mir ist, als wäre alles erst gestern gewesen.»

Er blieb stehen, nahm mein Gesicht in seine Hände und flüsterte: «Es war die allerschönste Zeit in meinem ganzen Leben. Und sie wird es immer bleiben, das weiss ich heute schon.»

Dann zog er mich fest an sich. Alles in mir bebte. Ich schloss die Augen und liess mich im Kreise zur Musik führen. Dabei nahm ich den Duft seines Körpers tief in mir auf. Ich spürte den warmen Atem in meinem Haar, an der Stirn, am Hals – überall. Nun wusste ich, was mich so gefangen nahm an ihm. Es war seine abgründige Tiefe, diese Intensität und Leidenschaft bis hin zur Passion.

Bis spät in die Nacht waren wir damit beschäftigt, in Erinnerungen zu schwelgen, über den stillen Nil zu blicken und alles auf uns zukommen zu lassen. Auf einmal drehte Khalid die Musik leiser, machte die Kerzen aus und nahm mich bei der Hand. Ich umklammerte ihn und spürte, wie mein Herz anfing wild zu klopfen. Auf halbem Weg zum Zimmer blieb er plötzlich stehen, nahm mein Gesicht in die Hände und sagte schmunzelnd: «Pass auf, Sweetheart, heute Nacht erlaube ich dir ausnahmsweise, einen Pyjama zu tragen – falls dich das beruhigt. Aber wirklich nur ausnahmsweise, und nur heute Nacht.»

Ich stand da mit offenem Mund und wusste nicht, ob ich herauslachen oder ernst bleiben wollte.

«Na, geh schon voraus», lächelte er, «und ruf mich wenn du im Bett bist.»

Mir fiel ein Stein vom Herz. Diese Einfühlsamkeit, die er zeigte, machte ihn als Mann nur noch anziehender und begehrenswerter. Wo nahm er das bloss alles her?

Als Khalid endlich unter die Decke schlüpfte, traute ich mich kaum noch zu atmen. Eine ganze Weile verharrte er reglos neben mir. Mein Puls hämmerte von den Schläfen bis in den Schoss. Ich schloss meine Augen, doch ich hörte wie er atmete, roch seinen Körper und spürte, wie das Verlangen nach ihm stärker wurde. Mit einem Mal suchte er unter der Decke nach meiner Hand. Ich drückte ihn fest. Und als hätte er auf ein Zeichen gewartet, rückte er behutsam näher zu mir.

«Möchtest du in meine Arme kommen?», unterbrach er die Stille.

Ein Schauer durchfuhr mich. Nichts wünschte ich so sehr wie das. «Ja,» flüsterte ich schüchtern, «ich möchte dich spüren.»

Er zog mich zu sich, und als sich unsere Körper berührten, war es, als explodierten sie innerlich. Voller Sehnsucht klammerten wir uns fest aneinander. Ich fühlte, wie er mir sein Gesicht zuneigte, dann fühlte ich seinen Mund auf meinen Lippen. Und ehe ich mich versah, hatte ich den Mund geöffnet und war mit meiner Zunge zwischen seinen Lippen. Er stiess einen kehligen Laut aus, einen gedämpften Seufzer des Entzückens. Mir wurde schwindlig. Ich bestand nur noch aus dem einen Bedürfnis, ihn festzuhalten, seine Haut und sein Haar zu berühren, seine Muskeln und Knochen zu spüren. Schliesslich wand er sich auf den Rücken. Ich lag nun auf ihm, spürte sein wildes Herzklopfen, und wie alles in ihm zu mir drängte.

«Ich muss dich nackt spüren», stöhnte er. «Bitte, sag, dass du es auch willst – ich muss es hören, ja?» Seine Stimme klang erregt.

«Ja, ich will dich auch nackt spüren …»

Er seufzte tief. Seine Finger glitten über mein Gesicht und verloren sich in meinen Haaren. Schliesslich liess er die Träger meines Nachthemds über die Schulter gleiten. Ein erneuter Schauer überkam mich. Ich sass nun aufrecht auf ihm. Wie sanft sich seine Hände und Lippen auf meinem Busen anfühlten. Ich schloss die Augen und stöhnte aus tiefster Seele.

«Ich muss dich sehen, Liebste», flüsterte die erhitzte Stimme.

«Wenn du Angst hast, sag es mir, ja?»

Ich schüttelte bloss verlegen meine Mähne.

Er knipste die Nachttischlampe an und ich spürte, wie mir das Blut ins Gesicht schoss.

«Gott, bist du schön», stöhnte er auf.

Wieder fühlte ich den Mund auf meinen Lippen. Wir atmeten nun beide keuchend. Ich streichelte seine Arme, seinen Rücken und spürte seine angespannten Muskeln. Als sich sein Mund erneut auf meinem bewegte, war es selbstverständlich, dass der Rest der Hüllen fiel.

Als ich ihn in mir spürte, hatte ich das Gefühl, vor Leidenschaft und vor Glück zu zerspringen. Kaum lagen wir einander ruhig atmend in den Armen, entfachte sich die Sehnsucht nach zärtlicher Berührung von Neuem. Wir konnten nicht genug voneinander kriegen. Es war, als müssten wir all die angestaute Liebe seit unserer Schulzeit nachholen. Zuletzt schliefen wir eng umschlungen – Khalid in mir – erschöpft ein.

Der Al Nasser Clan

Es war der 23. Dezember, «Tag der Freiheit» in Ägypten. Wie verabredet fuhren wir zu den Pyramiden nach Gizeh. Aileen und Ibrahim holten uns bereits um zehn im Marriott ab.

Ibs, wie ihn Aileen nannte, war wiederum guter Laune. Er scherzte und quasselte mit Khalid auf dem Vordersitz in arabischer Sprache. Einstweilen fühlte ich mich wie benommen von der letzten Nacht. Ich hoffte, Aileen bemerke nichts davon. Sie sass neben mir und blätterte in einem Reiseführer.

«Ohne deine Anwesenheit hätte ich die Pyramiden wohl nicht so schnell zu sehen bekommen», bemerkte sie aus heiterem Himmel.

Ich blickte Aileen fragend an.

«Besuche von archäologischen Stätten und Museen sind Ibs ein absoluter Greuel», erklärte sie und steckte ihre Nase wieder in den Reiseführer.

Auf einen Schlag wurde mir bewusst, wo ich mich eigentlich befand. Ich hatte in der Hitze der Verliebtheit Kairo einzig als Zufluchtsort gesehen. Als eine Stadt, in der wir uns endlich frei bewegen und Zukunftspläne schmieden konnten. Vielleicht war es gar nicht so übel, dass es diese Frau aus Abu Dhabi gab.

Der Weg zu den Pyramiden führte am linken Nilufer entlang, vorbei am Botanischen Garten und dem Zoo. Anhand des Stadtplans erklärte Aileen jeden wichtigen Punkt, den wir passierten. Schliesslich erreichten wir den mehrspurigen Pyramiden-Highway, die Scharia el-Ahram, die direkt zu unserem Ziel führte. Mit einem Mal sah es aus, als befänden wir uns mitten in der Wüste. Auf einem Plateau am nordöstlichen Tafelrand der Libyschen Sahara ragten die grossartigen Monumente vergangener Zeit stolz aus dem Sand.

Während es Aileen und mich zu den Pyramiden zog, spazierten die Männer gelassen hinter uns her. Euphorisch knipsten wir schon von Weitem ein Foto nach dem anderen. Schliesslich mussten auch die Männer mit aufs Bild. Bis ich auf einmal bemerkte, wie sich hinter uns eine ganze Heerschar von Touristen näherte.

«Schnell, lasst uns laufen, bevor sie uns überrennen und die Pyramiden belagern.»

In dem Moment, als wir das Bild am Fusse der Cheops-Pyramide im Kasten hatten, überholte uns die Menge und kletterte ekstatisch die Felsblöcke hoch.

Es wehte ein frischer Wind von Westen. Von Zeit zu Zeit wärmten mich Khalids Arme ein wenig auf. Doch die geringste Umarmung ging mir bereits wieder unter die Haut. Seine Lippen berührten verstohlen mein Haar, als er meinte: «Wir sollten ein paar warme Kleider kaufen für dich.»

Gleich darauf beschloss er, den Weg zur Sphinx mit dem Wagen statt zu Fuss zurückzulegen.

Als wir das imposante Monument mit dem Löwenleib bestaunten, besorgte Khalid Kaffee in Pappbechern. Allmählich setzte sich die Sonne durch. Wir erkämpften uns einen Sitzplatz und beobachteten das Treiben rund um die Sphinx. Aus allen erdenklichen Blickwinkeln wurde das mythische Monument abgelichtet. Aileen erklärte dazu wichtige geschichtliche Hintergründe über die Entstehungszeit und neuster seismologischer Untersuchungsergebnisse. Worauf wir lange Zeit nichts anderes taten, als unsere Hände zu wärmen und das Gesicht in die Sonne zu strecken. Schliesslich sagte Ibrahim: «Lasst uns aufbrechen, ich lade euch zum Mittagessen in ein nahegelegenes, einheimisches Restaurant ein.»

Eingeklemmt zwischen zahnlosen, schmuddeligen Menschen und klebrigen, verschmutzten Tischen fühlte ich mich geradezu unwohl. Ich hätte dringend die Toilette aufsuchen müssen. Doch die war so ekelerregend, dass selbst Aileen, die ja nicht zimperlich war, es vorzog, umzukehren. Ibrahim meinte, dass auf Grund des heutigen Feiertages alle Restaurants randvoll seien und das Personal überfordert. Mein Mulukiyah, ein spinatartiges Gemüse mit Reis und Huhn, genoss ich mit Vorsicht.

Ich war heilfroh, als uns unsere Freunde wenig später vor dem Marriott absetzten.

«Ihr solltet euch ausruhen, damit ihr für den Abend, zum Fest der Freiheit, in Form seid», rief uns Ibrahim hinterher.

Ich war bereits vorausgeeilt.

«Arme Verena», sagte Khalid später, «doch du wolltest ja unbedingt in ein einheimisches Restaurant.»

«Ich denke, ich werde solche Orte in Zukunft meiden. Sag mal, was steht denn heute Abend auf dem Programm?»

«Keine Ahnung. Vielleicht fahren wir mit Nabils Familie weg, oder Ibrahim veranstaltet ein Fest bei sich zu Hause.»

«Demnach wäre es ebensogut möglich, dass wir einen Bauchtanz sehen oder auf Kamelen in die Wüste reiten?»

«Ja, so ungefähr», lachte Khalid amüsiert.

Ich kapitulierte und warf mich aufs Sofa.

Ein paar Stunden später wurden wir unter riesigem Gezeter von Nabils engstem Familienkreis empfangen. Alle stürzten sie zur Türe. Drei fein herausgeputzte Mädchen in Lackschuhen und Schleife im Haar, Nabils Ehefrau, eine blonde, lebhafte Dame und auch der knurrende, rauhaarige Hund, das Spielzeug der Kinder.

Kaum hatten wir uns um den Tisch versammelt, spähte das Nesthäkchen verstohlen hinter der Ecke hervor. Es war zugleich Stammhalter und der Stolz der Familie. Gleich darauf klingelte es an der Tür und eine ganze Schar von Nachbarn strömte herein. Dem Stammhalter wurde es zuviel – er verschwand wieder. Die Küchenhilfe, ein ebenso blondes Mädchen, servierte eifrig Getränke. Alle begutachteten uns neugierig. Dabei fiel mir auf, dass Khalid jedem der Anwesenden als «Scheich» vorgestellt wurde. Womit man ihm auch den entsprechenden Respekt zollte. Ich schloss daraus, dass es in Ägypten eine besondere Ehre sein musste, einen arabischen Scheich zu Besuch zu haben.

Schon wieder ging die Haustür auf. Es war einer von Na-

bils Brüdern mit seiner Ehefrau. Ich hatte ihn bereits am ersten
Abend im «Heliopolis Mövenpick» kennengelernt. Wenig später
traf auch der zweite Bruder ein. Einstweilen wurden eilig neue
Stühle herbeigetragen und zusammengerückt. Das Wohnzimmer platzte bald aus allen Nähten. Mir schien, dass die Ägypter
ein überaus geselliges und zum Feiern gestimmtes Volk waren.

«Ich wusste gar nicht, dass es blonde, blauäugige Ägypterin-
nen gibt», sagte ich zu Nabils Gattin.

Sie lachte: «Ich bin gebürtige Dänin.»

«Tatsächlich? Das ist mir gar nicht aufgefallen. Mir scheint,
dass Sie perfekt arabisch sprechen. Demnach ist das Au Pair
auch aus Dänemark?»

«Ja, sie stammt aus Kopenhagen.»

«Ein verrücktes Haus», dachte ich. Inzwischen hatte sich der
Kleine wieder angepirscht und beäugte mich von Vaters Schoss
aus. Nie zuvor fand ich mich inmitten eines solch bunten Ge-
mischs von Nationalitäten. Da feierten doch sage und schreibe
Dänen, Ägypter, Iren, Araber, Sudanesen und Schweizer den
Tag der Freiheit miteinander.

Als schliesslich immer mehr Freunde und Verwandte eintra-
fen, verabschiedeten sich die Nachbarn und machten den Neu-
ankömmlingen Platz. Ich war froh, dass Nabils Familie weltoffen und modern war. Nicht so wie bei Ibrahim, wo sich Frauen
– getrennt von Männern – in die Küche zu gesellen hatten.

Auf einmal hiess es aufbrechen. Das Au Pair übernahm die
Kinder und den Hund, und wir zwängten uns in die vorhande-
nen Autos. Danach ging es zum Festtagsschmaus in ein einheimisches Restaurant im Villenvorort Heliopolis.

Ein langer, üppig gedeckter Tisch stand für uns bereit. Während die Blicke sämtlicher Gäste auf uns gerichtet waren, begrüsste der Gastgeber den Al Nasser Clan überschwänglich.

Ich stupfte Khalid sogleich: «Ich will neben dir sitzen, hast
du verstanden!»

Schliesslich wurden Khalid und ich neben Nabil platziert,
der den obersten Rang am Tisch einnahm. Gegenüber sassen
die Brüder, ein Schwager und anschliessend die Al Nasser Frau-

en. Neben mir hatte sich Ibrahim mit Aileen platziert. Danach folgte der Rest des Al Nasser Clans. Den Wunsch, neben Khalid zu sitzen, musste ich nun schwer büssen. Jetzt sass ich also eingekeilt zwischen Männern. Auf Khalids Hilfe konnte ich wohl kaum zählen. Überdies hatten ihn die Gebrüder sofort in Beschlag genommen. Unzählige Plättchen mit Saucen, Linsensalat, Schafskäse, Humus und Fleischbällchen wurden aufgetischt. Zum Glück kümmerte sich Ibrahim um mich. Er bot mir immer wieder Häppchen an, erklärte die Speisen und unterhielt sich angeregt mit mir. Obwohl ich ständig versuchte, Aileen miteinzubeziehen, sah ich, wie sie sich Ibrahim gegenüber zusehends verstockt verhielt.

Als im Verlaufe des Abends auch noch Nabil seine Aufmerksamkeit auf mich richtete, wurde es selbst Khalid zuviel. Doch das sollte ich erst später zu spüren bekommen.

Nabils Frau Karen war ununterbrochen um alle besorgt. Immer wieder umkreiste sie den Tisch, unterhielt sich mal da, mal dort. Irgendwann kam der Hauptgang, doch alle schienen bereits satt zu sein. Man stocherte nur noch in Tellern herum und machte Witze über den Tisch, bis sich alle kugelten vor Lachen.

Schliesslich ging die Nacht der Freiheit zu Ende – alle schienen toll und voll, und so verliessen wir das Haus. Als unser Wagen stadteinwärts rollte, sass Aileen schweigend neben mir und starrte verbissen aus dem Fenster.

«Sag, Aileen, wird in Ägypten auch Weihnachten gefeiert?»

Ohne den Blick von der Strasse abzuwenden, antwortete sie: «Das will ich doch hoffen. In diesem Land gibt es genug Christen.»

Ihre kühle Antwort tat weh. Sie hegte ihren Argwohn also auch gegen mich. Ich spürte, dass ich für heute besser daran tat, nichts mehr zu sagen. Die Männer redeten sorglos weiter, als spürten sie nichts von der dicken Luft hinter ihrem Rücken.

Es war eine klare Nacht. Der Halbmond lag wie eine Schale am schwarzen Himmel über dem Marriott Hotel. Khalid hielt mir wohlerzogen die Eingangstür auf. Als ich an ihm vorbeiging, bemerkte ich, wie er meinem Blick auswich. Im Fahrstuhl richtete sich sein Augenmerk sogleich auf die Uhr. Schliesslich tat er, als müsste er in jeder seiner Taschen nach dem Zimmerschlüssel suchen und hantierte dabei mit Visitenkarten. Kaum waren wir über die Türschwelle getreten, sagte er: «Ich bin zum Umfallen müde, ich gehe zu Bett.»

«Aber, Schatz, stimmt etwas nicht?»

«Was soll denn sein – ich bin müde.»

Verstört sah ich ihm nach, wie er im Flur verschwand. Verflixt nochmal, was hatte ich denn schon wieder falsch gemacht? Soll er doch auf die *Männer* sauer sein, die mir zuviel Beachtung geschenkt haben. Genervt ging ich zum Schlafzimmer, zog mich aus und wartete ab. Fehlte nur noch, dass er sich ins andere Schlafzimmer zurückzog. Was tat er denn solange im Bad? Endlich hörte ich die Tür und Khalids Schritte Richtung Wohnzimmer. Ich lauschte angespannt, konnte aber nichts von Bedeutung vernehmen. Schliesslich ging ich hinaus, um nachzusehen, was er tat. Khalid hielt eine Flasche Wodka in der Hand und wollte ein Glas füllen.

«Liebling, du hast schon genug getrunken.»

Ich nahm ihm die Flasche vorsichtig aus der Hand, stellte sie ab und sagte: «Du würdest besser reden mit mir.»

Er schwieg beharrlich.

Beim Zähneputzen blickte ich in den Spiegel und dachte: «Trüge ich einen Schleier, es würde wohl keinen Unterschied machen.» Selbst die tiefst verschleierte Schönheit erreichte mit ihrem Blick, den schlanken Fingern und schüchternem Gebärden, als auch dem schweren, betörenden Duft ihres Parfums, dass sich jeder Mann nach ihr umdrehte.

Khalid lag bereits unter der Decke und schlummerte, als ich zurückkam. Ich knipste das Licht aus, drehte mich zu ihm und küsste ihn sanft: «Ich liebe dich, schlaf gut, mein Herz.»

Als ich auf mein Kissen sank, packte er mich und schloss mich fest in die Arme. Er bedeckte mich mit Küssen, streichelte mich voller Sehnsucht, umklammerte mich und stöhnte – bis er mir schliesslich das Nachthemd vom Leib riss.

Weihnachten, 24. Dezember 1989

Ein wogend lärmig-orientalisches Treiben herrschte an diesem Vormittag im «Khan el Khalili» Bazar. Ein Irrgarten, in dem man sich leicht verlieren konnte. Als Khalid und ich uns durch das dichte Menschengewühl kämpften, musste ich ständig auf der Hut sein, nicht abgedrängt zu werden. Inmitten des bunten Treibens feilschten Händler mit alten Silber- und Kupferwaren. Sie streckten uns Ledertaschen, Skarabäen und Pantoffeln entgegen oder versuchten uns mit Teppichen und bunten Wandbehängen in die Shops zu locken.

«Verena, was meinst du zu einem Gebetsteppich für Aileens Salon?»

Wir waren gerade auf der Suche nach Weihnachtsgeschenken.

«Ich weiss nicht so recht. Wir können den Teppich doch nicht durch den ganzen Bazar schleppen. Lass uns zuerst bei den Silber- und Goldschmieden vorbeischauen.»

Nach langem Suchen und Umherirren gelangten wir schliesslich zur Gasse der Goldschmiede. Fasziniert bestaunte ich, wie sich fein gearbeitete Filigran-Schmuckstücke, goldene Ringe, Ketten und Armreifen in den Auslagen häuften.

«Sieh doch, Khalid, dieser Pharao ist wunderschön.»

Der Händler winkte uns herein. Während ich mich kaum satt sehen konnte an all den Goldschätzen, bot der Verkäufer Khalid einen Platz an. Auf dem Kopf trug er einen roten Fez und an der Hand einen protzigen Ring. Die Männer plauderten seelenruhig über Gott und die Welt, bis Khalid schliesslich meinte: «Verena, bitte sei so nett und setz dich, der Mann möchte uns Tee anbieten.»

Aber nein, nicht doch – ich wollte endlich Schmuckstücke anfassen, sie anprobieren und nicht Tee trinken. Widerwillig gehorchte ich. Dass der Kunde nach alter, orientalischer Sitte gleichzeitig auch Gast ist, hatte ich dabei völlig vergessen.

Der Händler brachte ein Tablett mit drei Gläschen, die er mit grünen Minzeblättern vollgestopft hatte. Dann verschwand er wieder hinter den Vorhang und redete weiter.

«Khalid, ich glaube, ich habe das Weihnachtsgeschenk für Aileen schon gesehen.»

Er reagierte nicht. Nun erinnerte ich mich wieder; bei den Muslimen sollte man nicht nur Geld, sondern auch viel Zeit zum Feilschen mitbringen. Und da ich mit Khalid, einem Araber, auf Einkaufstour war, würde es doppelt so lange dauern.

Ich weiss nicht, was sich der Händler dachte, aber plötzlich holte er die wertvollsten Schätze aus dem Tresor. Genüsslich liess er Edelsteine und lose Perlen – die aus einem Samttuch rollten, wie Sand zwischen den Fingern durchrinnen. Ich stöhnte innerlich. Dabei geriet ich zunehmend in Sorge, dass die Zeit nicht reichen würde, um die berühmte El Ashar Moschee zu besichtigen. Abgemacht war nämlich, dass ich Aileen bei dem bevorstehenden Weihnachtsdiner helfen sollte. Genauer gesagt bestand mein Beitrag darin, dass ich den grossen Salon festlich schmückte.

Als Khalid und der Händler endlich Anstalten machten, zum Geschäft zu kommen, war mehr als eine ganze Stunde zerronnen.

«Verena, zeig dem Händler mal, was du für Aileen gesehen hast.»

Es war zum Verzweifeln. Als es schliesslich darum ging, den Preis auszuhandeln, dauerte die Konferenz nochmals eine ganze Ewigkeit.

Als wir nach etlichen Irrwegen ausser Atem beim Taxistand ankamen, standen schon unzählige Touristen da. Ich hatte es kommen sehen. Die El Ashar Moschee musste ich mir an den Hut stecken. Einzig die Minarette, die den Haupthof überragten, sah ich von weitem über den Taxiplatz. Da Khalid sich in arabischer Sprache durchboxte, hatten wir das Glück, innert Kürze einen Wagen zu kriegen.

Hupend kämpfte sich der Fahrer zwischen Eselskarren und

einem rauchenden Linienbus vorwärts. Während ich das heillose Durcheinander durchs Fenster beobachtete, drückte mir Khalid etwas in die Hand. Überrascht blickte ich hin und sah auf ein Päckchen des Goldschmieds.

«Merry Christmas!», strahlte er über das ganze Gesicht.

Inzwischen schien die Sonne flach über die Dächer der Stadt. Wir hatten rasch geduscht und uns zur Feier des Tages in festliche Kleidung gestürzt.

Als sich Ibrahims Haustür öffnete, glaubte ich einen Moment lang, in Panik zu geraten. In diesem Haus ging es ein ums andere Mal wilder zu und her. Grossgewachsene, schwarze Männer in weissen und blauen Djalabijas mit kunstvoll aufgetürmten Turbanen tummelten sich in den Sofas.

Unauffällig wie eine Fellachenfrau versuchte ich, mich in Richtung Küche vorbeizuschleichen, als soeben Ibrahims Stimme erklang: «Verena, ich möchte dich meinem Vater vorstellen.»

Seine Hoheit, Scheich Khalid wurde vorgeschoben – und ich hinterher. Als der greise, graubärtige Sudanese sich vom Sofa aufzurichten versuchte, bedeutete ihm Khalid, sitzen zu bleiben. Die beiden Männer begrüssten sich voller Respekt. Eine Höflichkeitsformel nach der anderen schwebte durch den Raum. Ich hielt mich hinter Khalids Rücken und wagte nicht, mich umzusehen. Dabei spürte ich, wie sämtliche Blicke auf die Schweizerin gerichtet waren.

Unvermittelt schob mich Ibrahim vor, worauf mir sein Vater ein freundliches Lächeln und ein Kopfnicken zuschickte. Er trug einen kurzgeschnittenen Kinnbart und Brille. Bei genauerem Hinsehen entdeckte ich tatsächlich Ähnlichkeit mit seinem Sohn. Doch musste er noch grösser sein als der – vielleicht gar zwei Meter. Die anderen Männer machten den Anschein, als wären sie seine Gesellschafter oder Pfleger.

Jedenfalls tat ich gut daran, ständig mit wachem Auge zu

beobachten. Khalid war ja keine Hilfe in dieser Beziehung.

Als das Begrüssungsritual vorüber war, durfte ich mich in die Küche zu den anderen Frauen gesellen.

Aileen flatterte wie ein wildgewordenes Huhn an mir vorbei: «Sorry, ich bin im Stress.»

«Ja, das sehe ich. Sag mir, wo ich anpacken kann.»

Ich fragte mich zwar, wie wir in der engen Küche zurecht kommen sollten. Wir standen bereits zu dritt darin.

Aileen kam mit Nadel und Faden zurück.

«Halte den Truthahn zusammen», befahl sie dem Fellachenmädchen.

Dann nähte sie hektisch, Stich um Stich, die Brust zu. Eine Gänsehaut lief mir über den Rücken, als ich mir vorstellte, wie sie am OP-Tisch mit Messer und Skalpell hantierte.

«Aileen, willst du mir die Weihnachtsdekoration geben, damit ich schon anfangen kann?»

«Mein Gott, es ist bald sechs. Bald kommen die Al Nassers. Häng schnell die Sachen auf, Verena!»

Die Al Nassers? Schon wieder etwas, wovon ich nichts gewusst hatte.

Beim Auspacken der Weihnachtsdekorationen stellte ich fest, dass Aileen quer durchs ganze Sortiment eingekauft hatte. Von jedem kleinen Ding eines, nichts passte zusammen. Doch das passte zu ihr. Während ich ernsthaft versuchte, etwas Akzeptables hinzukriegen, auf den Stühlen herumkletterte, um die Girlanden und das kitschige Bäumchen aufzuhängen, tingelte Ibrahim zu jedermanns Belustigung mit einem blauen Folienstern durch die Stube. Mal hielt er ihn da-, mal dorthin und die Turban-Männer gaben grinsend ihren Unsinn dazu. Wo war ich bloss hingeraten. Einstweilen tippelte Ibrahim auf leisen Sohlen hinter Aileen her und besänftigte sie mit süssen Floskeln. Dies brachte die Männer noch mehr zum Lachen.

Mitten im Trubel klingelte es. Aileen stürmte wie ein Tornado aus der Küche in die hinteren Gemächer. Die Al Nassers standen unter der Tür, schwer beladen mit Weihnachtsgeschenken.

Nun verfluchte ich Khalid wirklich. Weshalb konnte er mich nicht vorher informieren? Zumindest für die Kinder hätte ich doch ein paar Kleinigkeiten einkaufen wollen.

Während die neuen Gäste eintraten, verzogen sich die anderen fast lautlos. So, dass am Schluss nur noch Ibrahims Vater und die Al Nassers im Haus verblieben.

Das Fellachenmädchen servierte frischen Tee. Ich suchte in meiner Handtasche nach Zigaretten.

«Verena, heute wird nur in der Küche geraucht», gab mir Khalid diskret zu verstehen.

Ich sah ihn fragend an, doch sein Blick deutete den Ernst der Lage an. Das Nesthäckchen hopste auf den Sofas herum und musterte mich mit grossen Augen, als wäre ich das Christkind persönlich. Die drei Mädchen sassen artig da, und Karen stapelte die vielen Geschenke in eine Ecke.

Als Aileen endlich umgekleidet und geschminkt auf der Bildfläche erschien, machte ich mich davon. Die beiden Fellachenfrauen waren gerade dabei, Plättchen mit Vorspeisen herzurichten. Mit einem leisen Seufzer liess ich mich auf den Küchenstuhl sinken und zündete eine Zigarette an. Kaum sass ich da, kam Ibrahim angetanzt. Er entkorkte eine Weinflasche und summte dazu: «Merry christmas, Verena, – merry christmas..»

Plötzlich stand Khalid unter dem Türrahmen.

«Oh, Khalid, möchtest du auch ein Glas?»

«Nein danke, Ibrahim, im Moment nicht.»

Damit verschwand Ibs aus der Küche.

«Weisst du Verena», sagte Khalid, «heute werden wir aus Rücksicht auf Ibrahims Vater in der Küche rauchen und Wein trinken.»

«Aha. Und du glaubst ernstlich, er weiss nicht, dass sein Sohn Zigaretten raucht und Alkohol trinkt?»

Khalid blies den Rauch seiner Zigarette entnervt aus.

«Keine Ahnung, doch das ist völlig unwichtig. Entscheidend ist bloss, dass wir ihm gegenüber Respekt zeigen.»

Ich hatte verstanden. Ausserdem war jetzt nicht der richtige Moment, hiesige Sitten und Bräuche zu hinterfragen.

«Nun geh wieder zu den Gästen und unterhalte dich mit Karen.»

Ich blickte ihn perplex an. Nie würde ich mich an diesen Befehlston gewöhnen können.

«Kannst du es nicht etwas netter sagen? So etwa: Schatz, bitte sei so lieb und kümmere dich ein bisschen um Karen, damit Aileen wieder nach dem Rechten sehen kann.»

Ich drehte mich um und verliess die Küche.

Khalid sah mir nach, als käme ich geradewegs von einem fremden Stern. Eigentlich verständlich, bei seinem Rang als Scheich. Genau genommen stand es ihm sogar zu, anderen Befehle zu erteilen. Es war ja sein angeborenes Recht. Kein Wunder also, dass er die Welt nicht mehr verstand, wenn für ihn vermeintlich Selbstverständliches aus anderer Sicht beleuchtet wurde. Und dies nicht etwa von einem Mann – nein, von mir, einer Frau und dem erklärtermassen Liebsten, was er hatte auf der Welt.

Schon bald klatschte Ibrahim zum Zeichen der Eröffnung des Weihnachtsdiners in die Hände. Er nahm seinen Vater beim Arm und führte ihn feierlich zuoberst an den Tisch. Anschliessend folgten die Männer, mit eingeschlossen Nabils vierjähriger Sohn, und zuletzt die Frauen. Allmählich verstand ich, wie sich die Rangfolge zusammensetzte.

Im Grunde waren die Bräuche der Araber gar nicht so dumm. Zumal sich selbst in Europa Seinesgleichen – mehr oder weniger unbewusst – lieber untereinander gesellten. War es nicht mühselig, sich immer wieder anzuhören, wie Parker die Weine punktete? Ob die Fruchtnase süss, das Bouquet erdig-trüffelig anmutend oder die Farbe kirschrot bis rubin reflektierte? Geschweige denn wie geisttötend es war, über Konsistenz und Geschmack einer Havanna zu philosophieren. Natürlich durften im Repertoire einige abfällige Blondinenwitze nicht fehlen. Was umso mehr erstaunt, als dass dieselben Herren mit einer solchen liiert waren.

Egal, ob Ost oder West. Mann und Frau werden immer zwei verschiedene Wesen mit unterschiedlichen Urinstinkten und

Grundgedanken bleiben. So eben, wie die Natur uns schuf. Dies wurde mir so richtig bewusst, als ich wieder in die Schweiz zurückkehrte.

Im Laufe des Abends schlich ich mich abermals wie ein Dieb in die Küche. Khalid folgte meist hinterher. Die Verwegenheit, ihre eigenen Gesetze auszutricksen, löste bei Ibrahim und Khalid – typisch Mann – eine Lawine von kindlicher Albernheit aus.

Ich fand das Ganze eher peinlich und fragte mich, ob Ibrahims Vater nicht doch ahnte, was in der Küche vorging. Zumindest den Rauch musste er doch riechen.

Aileen hatte ihre Nervosität allmählich abgelegt und gab sich nun sehr gelöst. An diesem Abend beschlossen wir, wenn es sein musste, auch ohne Männer, den Grabschatz des Tutanchamun zu besichtigen. Völlig gebannt hingen wir an Karens Lippen, als sie uns vom Niltal erzählte. Schneeweisse Felukken würden lautlos über das tiefblaue Wasser gleiten, während sich der Himmel leuchtend blau abhob und die Wüstenberge in goldenem Gelb erstrahlten. Am Abend spiegle sich das glühende Rot der untergehenden Sonne im Nilwasser, und der Nachthimmel sei mit Millionen von Sternen – zum Greifen nahe – übersät.

Aileen und ich begannen augenblicklich von einer Nilschifffahrt zu träumen. Doch wie sollten wir bloss unsere Männer dazu bringen?

«Das dürfte wohl ein Kinderspiel für euch sein, etwa nicht?», lachte Karen.

Aileen und ich wechselten einen kurzen Blick, worauf wir in Gelächter ausbrachen.

Die Kinder hatten ihre Geschenke längst ausgepackt und die ganze Zeit artig gespielt. Doch nun wollten sie endlich die Tischbomben anzünden. Ich weiss nicht, ob bei den Al Nassers Weihnachten und Silvester zusammen gefeiert wurde, jedenfalls zischten und knallten Bomben, flogen Hütchen, Pfeifen, Pappnasen durch die Luft und die Stimmung wurde immer ausgelassener. Khalid stülpte mir ein Matrosenhütchen über und freute sich, dass ich mich so gut verstand mit den Frauen. Wenn er wüsste, welche Pläne wir ausbrüteten. Aileen machte sich daran, ihr Geschenke auszupacken. Unser goldener Pharao aus dem Khan el Khalili Bazar freute sie ganz besonders. Karen überreichte als Mitbringsel eine Filigranbrosche und ein kostbares ägyptisches Parfum.

«Mmh, das duftet ja herrlich, verführerisch. So eines muss ich mir auch besorgen», lachte ich.

Hinter vorgehaltener Hand verrieten wir einander, wie uns die Männer zu Weihnachten beschenkt hatten. Dabei deutete Karen auf den hochkarätigen Diamanten, der an ihrem Finger funkelte.

«Oh, Gott», entfuhr es mir, «und ich habe nicht mal ein kleines Präsent für Khalid.»

«Aber Verena», sagte Karen in mütterlichem Ton. «In Arabien ist es nicht üblich, Männer auf diese Weise zu beschenken. Man schenkt ihnen Söhne, Liebe, Güte und immer blühende Schönheit – in dieser Reihenfolge ungefähr.»

Ich sah sie mit offenem Mund an. Dann blickte ich zu Aileen: «Na, wann wirst du Ibrahim beschenken?»

Nach einer Sekunde der Stille brachen wir erneut in schallendes Gelächter aus.

«Wer weiss», sagte sie schliesslich, «wir sind schon eine ganze Weile am Proben.»

Karen stupfte Aileen zum Zeichen, dass ihren Töchtern nichts Frivoles zu Ohren kommen solle. Die Kleinen sassen wieder neben uns und spitzten die Ohren.

Als die Familie zu vorgerückter Stunde aufbrach, bestellte Khalid ein Taxi für uns.

«Aileen, ich denke, du kannst schon das Gästezimmer herrichten», sagte ich.

Ein tadelnder Blick von Khalid flog mir zu.

Womit Aileen und ich uns in die Küche verzogen. Inmitten des Chaos von Abfall und verschmutztem Geschirr rauchten wir eine letzte Zigarette.

«Mach dir keine Gedanken Verena, morgen kommen die Fellachenfrauen und machen alles sauber. Im Übrigen brauchst du dir keine Sorgen wegen des Taxis zu machen. Wenn es nicht klappt, dann fährt euch Ibrahim nach Hause. Das Gästezimmer ist nämlich bereits von seinem Vater belegt.»

«Ach, Aileen, war ja auch nur ein Scherz.»

«Na, wart's ab, ich trau der Sache ebenso wenig.»

Nach längerem Warten hörten wir, wie Ibrahim energisch debattierte am Telefon. Hinterher kam Khalid in die Küche und sagte aufgelöst: «Los, zieh dich an – schnell, wir müssen unten an der Strasse warten, das Taxi findet das Haus nicht.»

Am nächsten Tag spürte ich beim Erwachen ein leichtes Stechen im Hals. Ich sprang aus dem Bett und trank eine ganze Dose Orangensaft. Hinterher war es immer noch da.

Den Weihnachtstag verbrachten wir in unserer Suite und sahen uns den Film Casablanca an. Aileen liess ausrichten, dass sie nötigenfalls mit Panadol und Antibiotika aushelfen könnte.

Am drauffolgenden Morgen setzte sich Khalid in ein Taxi und holte die Arznei bei Aileen. Ich rechnete nicht damit, dass er vor Mittag zurückkehren würde. Bestimmt sassen bei den Aswaris wieder Besucher zum Tee. Doch zu meiner Überraschung kam Khalid umgehend wieder zurück. Die Wärme, mit der er mich Tag und Nacht umsorgt hatte, tat meiner Seele unglaublich gut.

«Sweetheart, morgen ist alles vorbei. Aileen sagt, du sollst alle sechs Stunden eine Kapsel nehmen und viel Tee trinken.»

Es machte den Anschein, als wäre Khalid auf dem Sprung.

«Nun ja, Ibrahim wartet unten in der Lobby. Wir werden ein paar geschäftliche Dinge erledigen und so hast du deine Ruhe. Aileens Nummer kennst du ja. Ich werde dich zwischendurch anrufen, okay, Sweetheart?»

«Aber ja doch.»

Ich war sogar froh, dass er mich allein liess.

Gott, hilf mir schnell gesund zu werden, dachte ich. Jede Minute mit ihm ist kostbar.

Der nächste Morgen begann wie gewohnt mit Ibrahims obligatem Anruf. Diesmal wollte er die Lage checken. Aileen wartete nur darauf, dass ich auf die Beine kam. Zweifellos machte es wenig Spass, im Alleingang das Ägyptische Museum zu besuchen.

«Okay», sagte ich, «heute schaff ich es.»

Doch im Stillen wusste ich, dass das nicht gescheit war. Überdies wollte ich nicht, dass bei Khalid der Eindruck entstünde, ich sei eine kränkliche Frau.

Als das Taxi wenig später vor Ibrahims Haus anhielt, blieb ich sitzen. Khalid ging wie abgemacht zum Eingang und klingelte. Kurz darauf kehrte er zurück und rief durchs Fenster: «Aussteigen, sie sind nicht parat.»

Ich stöhnte. Nun würde es nochmals eine Teerunde dauern, bis wir losfahren konnten.

An jenem Tag fiel es mir schwer, im Kreise der Männer zu warten, bis es dem Hausherr genehm sein würde, aufzubrechen. Khalid spürte das und warf mir mitleidvolle Blicke zu. Doch ändern konnte er nichts. Wie auch? Da ich mich hier schon bald wie zu Hause fühlte, stand ich auf und suchte nach Aileen. Ich fand sie im Bad über den Schminktisch gebückt.

«Oh Verena, sorry, ich bin gleich soweit.»

«Und was ist mit Ibrahim und den Besuchern?», fragte ich.

«Nun ich nehme an, die werden gleich verschwinden. Sonst kann Ibs sehen wo er bleibt. Dann fahren wir nämlich ohne seine Begleitung zum Museum, das versprech ich dir.»

«Gut, ich seh mal nach, wie die Lage da draussen aussieht.»

Da ich es leid war, immer in Passivität zu verharren, ging ich auf Khalid zu und sagte: «Lass uns aufbrechen, Aileen hat gesagt wir könnten auch ohne Ibrahim zum Museum fahren.»

Khalids Gesicht erstarrte und ich wusste, dass ich besser daran tat, nichts mehr zu sagen. Dass es sich als Frau nicht schickte, vor aller Augen tonangebend zu sein, auch das musste ich noch lernen.

Selbst wenn es sich in den eigenen vier Wänden oft anders verhielt, in der Öffentlichkeit war das tabu.

In welchem Masse ich Khalid oft kränkte mit meinem Verhalten, war mir damals nicht bewusst. So verstand ich auch nicht, weshalb er den Rest des Tages völlig in sich gekehrt war.

Am Abend war mir nicht mehr wohl in meiner Haut. Ich schrieb die gespannte Atmosphäre dieser orientalischen Männergesellschaft zu, in der sich weder Khalid noch ich wohlfühlten, wenn wir beisammen waren. So konnte es nicht weitergehen. Ich würde mit ihm reden müssen. Und zwar bald – bevor wir uns in unlösbare Konflikte verstrickten. In Khalids Gesichtsausdruck spiegelte sich bereits eine Art Verzweiflung. Entweder fasste ich mir jetzt ein Herz, oder ich fing erst gar nicht damit an.

«Schatz, wir haben uns doch versprochen, dass wir jederzeit, wenn es Probleme gibt, miteinander reden.»

Er wandte sein Gesicht ab, als wäre ihm alles höchst unangenehm.

«Schau, ich ertrage es nicht, wenn du plötzlich in dich gekehrt bist und schweigst. Sag mir bitte, was ich gegebenenfalls falsch gemacht habe, ja?»

Während Khalid zögerte, fuhr ich fort: «Vielleicht war ich heute etwas ungeduldig. Doch das lag wohl an meinem Erschöpfungszustand. Ich hatte einfach keine Reserven – was hätte ich denn tun sollen?»

«Na, vielleicht hättest du zunächst mal abwarten können, bei Ibrahim zu Hause.»

«Dann wärst du ja gleich wieder in die Männerrunde abgetaucht.»

Khalid stöhnte.

«Schau, auf Männergesellschaft war ich wirklich nicht vorbereitet. Und schon gar nicht darauf, wie ich mich dabei zu verhalten habe. Gerade du, der jahrelang in den USA gelebt hat, solltest wissen, wie schwer das für mich sein würde. Und, dass es dazu ein paar wichtige Verhaltensregeln gibt, die man wissen sollte.»

«Weshalb sprichst du nicht einfach mit Aileen darüber», meinte er erregt, «sowas ist Frauensache.»

«Mit Aileen? Ach so. Darauf wäre ich nun wirklich nicht gekommen.»

Damit war das Thema für ihn erledigt.

Obwohl mir noch etliche Dinge auf der Seele brannten, hielt

ich es für klüger, die Fragerei abzubrechen. Ich dachte, er verlöre sonst nächstens die Geduld. Oder schlimmer noch, Khalid könnte unseren Aufenthalt in Ägypten kurzerhand abbrechen. Ein Gedanke, der mich in Panik versetzte.

Am folgenden Morgen musste irgendetwas im Gange sein. Khalid telefonierte ununterbrochen. Einmal war es Ibrahim, dann Nabil, mitunter Haza, nachher wieder Ibs und so fort. Da mit mir nichts besprochen wurde, konnte ich immer nur aufmerksam hinhören und gut beobachten, wie alles seinen Lauf nahm. Gott sei Dank hatte ich soviel arabisch gehört, dass ich bereits einige Redewendungen verstand. Meine Aufregung wuchs, als mir auffiel, dass Khalids Stimmung sich aufhellte und immer wieder das Wort Assuan fiel. Assuan, der bezauberndste Ort im ganzen Niltal.

 Was ging bloss vor? Khalid liess zunächst nichts verlauten. Erst, als der Nachmittag anbrach und der Telefonsturm vorbei war, sagte er plötzlich: «Verena, morgen reisen wir zwei ganz allein nach Assuan.»

 Vor Freude fiel ich ihm um den Hals, und ehe sein Entschluss wieder ins Wanken geriet, fing ich eilends an, die Koffer zu packen.

Der Jet raste über die holperige Landepiste des Assuaner Flugplatzes. Für einen Moment erfasste mich blanke Angst – «Schlaglöcher», schoss es mir durch den Kopf. Doch die Maschine kam ohne Schaden zum Stillstand. Die Bordtür wurde geöffnet, angenehm warme, trockene Luft strömte uns entgegen. Ich war froh, dem kühlen Wetter von Kairo entkommen zu sein. Und erst recht all den gesellschaftlichen Zwängen. Ich wusste sogleich, dass dies hier meine Welt war. Saftiggrüne Oasen, goldene Sanddünen, der stille Nil und zauberhafte Sonnenuntergänge.

 Ich klapperte fröhlich die Metallstufen der Gangway hinunter und erspähte ein kleines, verlottertes Flughafengebäude. Ein-

217

heimische drängten, schubsten und gestikulierten, begleitet von wilden Rufen. Während barfüssige Kinder an meinem Rockzipfel zupften und Bakschisch verlangten, stritten sich zahllose Männer darum, unser Gepäck zu schleppen. Es herrschte ein heilloses Durcheinander. Ängstlich schmiegte ich mich an Khalids Seite. Endlich holperte der Gepäckwagen über den Sandboden vor das Flughafengebäude. Sogleich hechteten Männer hinauf, schlugen sich und rissen die Koffer herunter – ein einziges Chaos. Irgendwie funktionierte dieses Wirrwarr, selbst wenn am Ende die Koffer- und Taschengriffe abgerissen waren.

Nach kurzer Tour durch die Wüste erreichten wir das westliche Nilufer. Die Fahrt über den gigantischen Staudamm versetzte mich in Staunen. Unzählige grüne Inseln, Granitklippen und Felukken schwammen inmitten des tiefblauen Wassers, als wäre die Zeit hier stehengeblieben. Unter dem stahlblauen Himmel senkten sich mächtige Sanddünen zum Nil hinunter. Eine Kulisse, die mich sofort gefangen nahm. Irgendwann verlor ich die Orientierung, denn der Nil teilte sich vor Assuan in mehrere Arme.

Unvermittelt rollte unser Taxi in prächtiger Lage oberhalb des Ufers an einem Hotel im Kolonialstil vorbei. Das Haus war umgeben von einem grünen Park, der bis zum Flussufer hinabreichte. Davor kreuzten schneeweisse Felukken über das Wasser. Ich dachte, dass ich hier für immer bleiben könnte. Doch keiner der beiden Männer, weder Khalid noch der Chauffeur, machten Anstalten zum Aussteigen. Stattdessen fuhr der Wagen unbeirrt weiter in Richtung Uferpromenade.

An diesem heissen Mittag ruhte die ganze Stadt. Ausser uns war kaum eine Menschenseele unterwegs. Ich fragte mich allmählich, wonach die Männer wohl suchten. Immerhin hatten wir bereits zwei, drei Hotels passiert. Plötzlich schwenkte der Wagen von der Strasse ab und kam vor der Nilschiff-Anlegestelle zum Stehen. Der Chauffeur stieg aus und entfernte sich vom Fahrzeug. Ich warf Khalid einen fragenden Blick zu.

«Ist das die Überraschung, die mich in Ägypten erwartet?»

Im Stillen hüpfte ich bereits vor Freude. Khalid schmunzelte bloss vielsagend vor sich hin.

«Na, sag schon, ist das dein Geheimnis?», hakte ich nach.

Er wandte den Blick in Richtung der Schiffe: «Ich kann dir nur soviel sagen: Wenn es soweit ist, wirst du es wissen, ohne dass du zu fragen brauchst.»

«Ohne dass ich zu fragen brauche?», wiederholte ich stutzig und bereute den voreiligen Schluss sofort.

Bald kam der Taxifahrer mit einem Kopfschütteln zurück, startete den Motor und fuhr ein Stück weiter flussaufwärts. Ich hielt Ausschau nach einer Apotheke. Es war, als hätte der Flug erneut etwas ausgelöst in meinem Kopf. Ich benötigte dringend Taschentücher und ein Medikament.

«Schatz, sind wir auf der Suche nach einem bestimmten Schiff?», mischte ich mich ein.

Ich brachte es einfach nicht fertig, untätig dazusitzen.

«Ja, so ist es. Wir suchen die ‹Ismailija›.»

Noch einmal versuchte der Chauffeur sein Glück. Er redete mit mehreren Schiffsbesatzungen, ging auf und ab und kehrte schliesslich ratlos zurück. Nun wollte sich Khalid selbst vergewissern. Ich beobachtete, wie er auf ein paar Männer zuging, gestikulierte und debattierte.

«Das Schiff ist nirgendwo zu finden», seufzte er, als er wieder in den Wagen stieg.

So etwas hatte ich befürchtet. Schliesslich reihten sich ganze Kolonnen von Schiffen in Zweier- und Dreierreihen an den Anlegestellen. Es war nicht einfach, wenn man den Anlegeplatz nicht kannte. Auf der Weiterfahrt verriet Khalid, dass der Besitzer der «Ismailija» ein Freund von Nabil und dem gesamten Al Nasser Clan sei. Zu Silvester würden die Männer mitsamt Gefolge in Assuan eintreffen, um mit uns und Ibrahim eine private Nilkreuzfahrt zu unternehmen. Das klang ja alles wie im Märchen. Aber wo blieb das Schiff?

Nach längerem Absuchen des Quais rief Khalid in Kairo an, um mitzuteilen, dass die «Ismailija» unauffindbar war. Doch Nabil, der alles eingefädelt hatte, war zur Stunde ebenso wenig aufzufinden.

Einstweilen wollte der Fahrer erst ein paar Piaster sehen, be-

219

vor er die Irrfahrt fortsetzte. Wir kurvten bereits zwei Stunden im Niltal herum.

«Lass uns ein Hotel aufsuchen, dein Schnupfen wird von Minute zu Minute schlimmer», sagte Khalid.

Die Sonne stand längst senkrecht über der Stadt und im Wagen wurde es immer ungemütlicher. Während ich rund um Assuan haufenweise Nilschiffe gesehen hatte, fiel mir nun auf, dass die Hotels an einer Hand abzuzählen waren. Diese Feststellung weckte nicht gerade Hochgefühle in mir. Nachdem Khalids Frage nach einem freien Zimmer zum zweiten Mal verneint worden war, wuchs die Beklemmung. Niemand hier hatte wohl daran gedacht, dass in Assuan Hochsaison war über die Festtage. Allmählich graute mir davor, wie unser Abenteuer ausgehen würde. In den Strassen zu nächtigen war absolut nicht mein Ding – schon gar nicht mit einer Erkältung.

Gott sei Dank lud der Ägypter wenig später unsere Koffer aus, schnappte das Fahrgeld und brauste ab. Als wir das kleine, einfache Hotel betraten, war mir egal, wie winzig oder schmutzig die Zimmer waren. Wichtig war nur, dass ich ein Bett hatte. Khalid bat mich, während des Check-in auf einem der Sessel Platz zu nehmen. Die Anmeldung schien eine Ewigkeit zu dauern. «Weshalb spaziert er bloss immer wieder gemütlich auf und ab?», dachte ich. «Kann denn ein Check-in derart lange dauern?»

«Khalid, ist unser Zimmer nicht bezugsbereit?», wagte ich zu fragen.

«Geduld, Verena. Ich handle gerade den Preis aus.»

Das konnte wohl nicht sein Ernst sein. Khalid besass tatsächlich noch den Nerv, zu feilschen? Wenn man mich gefragt hätte, ich hätte jeden Preis bezahlt. Erst recht in solch einer ausweglosen Situation. Doch ich hütete mich davor, Khalid in seine Angelegenheiten reinzureden. Er unterhielt sich mit der Rezeptionistin, als würden die beiden gleich ein Teekränzchen veranstalten. Nicht zu fassen. Doch ich wusste, dass ich besser daran tat, meine Ungeduld zu verbergen. Solch aufgeblasenes Gehabe stösst in muslimischen Ländern bloss auf Unverständnis. Wonach erst recht nichts mehr läuft.

«Verena, ich versuche nochmals, Nabil zu erreichen», sagte Khalid im Vorbeigehen.

Ich schwieg und zwang mich zu einem Lächeln.

Als er wieder aus der Telefonzelle trat, verriet nichts in seinem Blick etwas über die Antwort aus Kairo.

«Hast du Nabil erreicht?», fragte ich.

«Ja.»

«Und, was meint er dazu, dass unser Schiff nirgendwo zu finden ist?»

«Nabil ist ebenso erstaunt.»

Nein, wirklich! Das hätte ich nicht gedacht. Ich versuchte, an was Schönes zu denken, um nicht in Raserei zu geraten. Doch die Anspannung stand mir bestimmt im Gesicht. Plötzlich klingelte das Telefon. Die Rezeptionistin bedeutete, dass der Anruf für uns sei.

So ging das hin und her. Dass Khalid in Wahrheit nahe der Verzweiflung war und sein Lächeln reine Hysterie, kam mir nicht in den Sinn.

«Komm, Schatz», hiess es auf einmal, «lass uns einen Drink nehmen, bis das Zimmer bereit ist.»

An jenem Nachmittag waren wir die einzigen Gäste in der kleinen Hotel-Cafeteria. Ein Ägypter mit kahlgeschorenem Kopf und schlurfendem Gang musterte uns verschlagen von der Theke her. Vom Fluss wehte sanfter Wind durch die offene Tür. Ausser dem Geräusch des Deckenventilators, der sich kaum hörbar drehte, und dem Generatorengeräusch eines Kühlschranks, herrschte tödliche Stille.

Ich atmete den dampfenden Minzetee ein. Khalid starrte mit ausdrucksloser Miene ins Leere. Dabei liess er die Eiswürfel seiner Cola unentwegt kreisen und aneinander klirren. Auf seiner Nase trieben Schweissperlen heraus.

«Khalid, hat man dir eine Zeitangabe gemacht, wie lange wir uns gedulden müssen?»

«Nein, nicht wirklich – ach, deine Stimme klingt immer nasaler. Es geht dir nicht gut, was.»

«Nein», erwiderte ich niedergeschlagen.

Ohne Übergang stand er auf und sagte: «Ich frage mal nach, wie weit die schon sind.»

«Gewiss wird uns gleich ein Portier die Zimmertür öffnen, damit ich endlich Ruhe habe und die Warterei ein Ende hat», sagte ich mir. Nichts dergleichen. Die Minuten schleppten sich unendlich dahin. Und Khalid kehrte nicht mehr zurück.

Plötzlich vernahm ich Männerstimmen hinter meinem Rücken. Es klang eindeutig arabisch. Bald darauf hüpften klackernd Würfel über hölzerne Backgammonbretter. Meine Kräfte und die Geduld liessen zusehends nach. Ich stand auf und drehte mich um. Vom Backgammonbrett flogen mir direkte Blicke zu. Was musste ich noch alles erdulden.

Khalid sah mich von der Telefonzelle aus auf ihn zukommen.

«Geh bitte wieder zurück, ich komme gleich.»

Was ging hier eigentlich vor?

«Nein, ich gehe nicht zurück. Es hat Männer, die mich anstarren.»

Als Khalid den Hörer auflegte, glaubte ich etwas wie Verzweiflung in seinem Gesicht zu sehen.

«Verena, ich muss dir etwas gestehen. Sie geben uns kein gemeinsames Zimmer.»

Es verschlug mir die Sprache.

«Aha, verstehe», kam es über meine Lippen. «Und das kommt der Dame an der Rezeption so beiläufig in den Sinn – nach geschlagenen zwei Stunden.»

Ich spürte, wie ich die Geduld verlor.

«Und was bitte, spricht gegen ein gemeinsames Zimmer?»

Khalid seufzte schwer und hob die Achseln.

«Na, dann nehmen wir eben zwei Zimmer», sagte ich. «Doch sieh bitte zu, dass sie wenigstens nebeneinander liegen.»

Sein Gesichtsausdruck liess Schlimmes erahnen.

«Verena, es gibt nur dieses eine, letzte Zimmer.»

Mich überfiel rasende Wut.

«Und weshalb kriegen wir kein gemeinsames Zimmer, ich kann es nicht glauben.»

«Ich sagte doch schon, ich weiss es nicht. Möglicherweise aufgrund unserer verschiedenen Religionen.

«Unsere Religionen?», wiederholte ich.

«Gott bewahre mich, bin ich etwa eine Sünderin? Verstosse ich gegen die hiesigen Gesetze? Sag bitte, dass das nicht wahr ist!»

Er legte mir die Hand auf den Mund: «Verena, ich flehe dich an, sei still.»

Ich schluckte und schwieg.

«Du brauchst dir bestimmt keine Vorwürfe zu machen, ich habe so etwas auch noch nie gehört. Wir fahren jetzt gleich zu einem internationalen Hotel, ins Old Cataract oder zum Oberoi. Die Rezeptionistin ist gerade dabei, eine Reservation zu machen.»

Die Sonne stand bereits tief über den Dächern, als wir noch immer bei Tee und Cola sassen. Natürlich waren alle paar Hotels ausgebucht, auch das Oberoi und das Old Cataract. Beim letzten Anruf von Nabil stellte sich heraus, dass die «Ismailija» nicht in Assuan, sondern in Luxor (!) vor Anker lag.

Ich glaubte gleich durchzudrehen. Einflussreiche Männer, Millionenunternehmer, die es nicht auf die Reihe kriegten, herauszufinden, an welchem Ort ihr Schiff ankerte? Bei allem Respekt, das erstaunte mich wirklich.

Wie angeflogen kam Khalid plötzlich herbeigeeilt: «Du glaubst es nicht Verena, sie haben ein Zimmer gefunden für uns.»

In dem Moment dachte ich, ich müsste umkippen. Noch bevor die Zeche bezahlt war, rief jemand: «Mister, Ihr Taxi ist da!»

Sprachlos sah ich zu, wie mein Gepäck – nach vier Stunden – abtransportiert und in ein neues Taxi verfrachtet wurde.

«In fünf Minuten bekommst du dein Zimmer Verena, das versprech ich dir.»

Mein Kopf war nicht mehr fähig zu denken. Ich wischte bloss stumm eine Träne weg.

Draussen auf den Gehwegen tummelten sich Scharen von

Menschen und die Kutscher hatten Hochbetrieb. Das Taxi schob sich langsam an klappernden Hufen und farbenfrohen Droschken vorbei. Lauter fröhliche Gesichter und lustige, einheimische Kinder, die die Promenade entlang hüpften.

«Bakschisch, Bakschisch», klang es durchs Fenster.

Es roch nach gebratenem Fisch und kochenden Bohnen. Waren wir heute nicht schon einmal hier gewesen? Zu meinem Erstaunen parkte der Chauffeur den Wagen direkt vor einer Nilschiffanlegestelle. Sag bloss, die «Ismailija» ist unverhofft aufgetaucht? Ach, nein. Die war ja in Luxor.

Teilnahmlos blickte ich unserem Gepäck nach, das auf einem der Schiffe verschwand.

«Willkommen an Bord der M/S Jasmin. Es ist uns eine Ehre, Scheich Khalid bin Sultan Al Rashid.»

Was soll das Getue, dachte ich. Der Mann neigte sein Haupt ehrerbietig, worauf er in ein wortreiches Höflichkeitsritual verfiel. Allmählich wurde mir klar, welche Bedeutung einem Scheich hierzulande zugemessen wurde. Die Gestik sprach für sich. Als man uns endlich zur Kabine führte, liess ich mich erschöpft auf eines der Betten sinken.

Khalid setzte sich auf die Kante, nahm meine Hand und wirkte ziemlich hilflos.

«Sweetheart, geht es?»

«Diesen Tag werde ich wohl nie vergessen. Sag, Schatz, gibt es eine Minibar in der Kabine, ich bin durstig.»

«Du wirst gleich einen Tee auf dem Sonnendeck trinken können. Der Officer möchte nämlich eine Schiffsführung machen für uns.»

«Eine Schiffsführung, weshalb denn das?»

«Warum nicht?»

«Sei mir bitte nicht böse, aber ich muss mich ein wenig ausruhen. Ich bin einfach zu fertig.»

«Wir können die Einladung nicht ausschlagen, es wäre äusserst unhöflich.»

«Khalid, bitte, ich verstehe gar nichts mehr. Ich habe das Gefühl, dass ich allmählich den Boden unter den Füssen verliere.

Ich weiss nicht mal, weshalb wir auf einer M/S «Jasmin» sind statt auf der «Ismailija», ob wir den Fluss hinauf- oder hinunter-treiben, ob ich Fieber habe oder nicht, und weshalb ich unhöf-lich sein soll, wenn ich doch erschöpft bin.»

Mit einem Ruck schoss er hoch, seufzte, griff sich an den Kopf und drehte hektisch eine Runde in der engen Kabine.

«Schau, Verena, ich kann dir nicht stets alles erklären. Es wäre nutzlos, denn die Dinge ändern sich nun einmal fortlaufend.»

Ich war sprachlos. Als hätte ich dies nicht schon selbst be-merkt.

«Wir sind auf diesem Schiff, weil sämtliche Hotels ausge-bucht sind. Wir treiben nicht auf dem Fluss, sondern wir blei-ben im Hafen von Assuan. Morgen oder übermorgen werden wir mit dem Taxi nach Luxor fahren, wo die «Ismailija» vor An-ker liegt. Und an Silvester steigen unsere Freunde zu.»

«Bist du nun zufrieden?»

«Ja, sehr.» Ich zwang mir ein Lächeln ab.

«Also komm schon, der Officer wartet auf uns.»

Das hatte ich befürchtet.

«Liebling, wenn es in Arabien nicht ausreicht, erschöpft zu sein, dann lass dir bitte was anderes einfallen. Erzähl dem Offi-cer, deine Frau sei schwanger, sie fühle sich unpässlich, weiss ich was, aber hab Verständnis für mich.»

Seine Hand berührte meine Stirn.

«Du hast kein Fieber. Aber wir müssen schnell Contact-Kap-seln kaufen, damit dein Schnupfen aufhört.»

«Ja, das denke ich auch.»

«Gut, Schatz, ich besorge dir jetzt einen Tee, und nach der Schiffsführung fahre ich zur Apotheke.»

Khalids Geheimnis

Ein frischer Duft von Pfefferminze holte mich sanft aus dem Schlaf. Ich blinzelte, wo war ich? Langsam kehrte die Erinnerung zurück, ich war im Niltal – auf einem Schiff. Auf dem Nachttisch stand frischer Tee, Gebäck und eine Kapsel mit rot-weiss-gelben Kügelchen darin. Das Bett nebenan stand leer. Er hatte mir also liebevoll Frühstück hingestellt, dachte ich und war gerührt. Ich schob den Vorhang etwas beiseite und blickte schlaftrunken durch die Luke. Der Nil funkelte und leuchtete im Sonnenlicht, sodass ich das Stück Stoff gleich wieder zufallen liess. Ich vernahm Stimmen auf dem Gang und hörte, wie auf Deck alles in Bewegung war. Plötzlich drängte es mich, hinauf-zugehen. Ich musste sehen, was da oben passierte.

Bald darauf schloss mich Khalid in die Arme und es war, als hätte es den ganzen Stress nie gegeben. Felukken kreuzten ge-räuschlos um unser Schiff, während der Nil still dahinfloss.

«Hier würde ich am liebsten für immer bleiben, Khalid. Es ist der bezauberndste Ort, den ich je gesehen habe. Diese magische Stille, die Ruhe, die dieser Flecken ausstrahlt, nimmt mich völlig gefangen.»

«Ach, wirklich?», lächelte er vielsagend.

Mit einem Mal stand der treu ergebene Officer an unserem Tisch. Er erkundigte sich höflich nach meinem Wohlergehen – über Khalid, versteht sich. Wonach die beiden einige Wor-te in Arabisch wechselten. Ich stand auf und ging zur Reling. Inzwischen hatte ich gelernt, dass es in solchen Momenten so-gar angebracht war, sich diskret zu entfernen. Ich beobachtete, wie Fellachen in blauen Djalabijas und weissen Turbanen am Schiffsrumpf vorbeisegelten. Einer rief laut hinauf und klopfte mit der Hand auf seine Sitzbank. Wie es aussah, versuchte er Kunden anzuwerben. Mit einem Mal stand Khalid da. Er trat hinter mich, so dicht, dass ich seinen Atem spürte.

«Hattest du nicht gesagt, dass dieser Ort der bezauberndste Flecken ist, an dem du je warst?»

«Ja, so ist es – weshalb fragst du?»

Khalids Blick war fest auf den Nil gerichtet. Er drückte meine Schulter und schmiegte die Wange fest an mich.

«Komm, lass uns von Bord gehen. Wir sollten uns die Stadt etwas näher ansehen», sagte er schliesslich.

Was ich nicht mitgekriegt hatte war, dass Khalid, bevor wir von Bord gingen, unsere Reisepässe an der Rezeption verlangt hatte.

An jenem Nachmittag waren die Strassen von Assuan menschenleer. Schwerer Blütenduft und der Geruch des langsam dahinfliessenden Nilwassers drangen angenehm durch das Taxifenster. Auf einmal warf der Chauffeur einen kritischen Blick in den Rückspiegel. Seine Stimme wurde lauter, schneller, die Gestik ungehalten. Was war bloss los mit ihm? Weshalb stritt er sich mit Khalid? Plötzlich wurden wir unsanft auf dem Rücksitz hin und her geworfen, dann stand der Wagen still. Khalid öffnete die Tür, bewahrte Haltung, ja sogar ein Lächeln umspielte sein Gesicht, als er einen Fuss auf die Strasse setzte und mich hinterher zog.

«Was ist bloss passiert, Khalid?»

Keine Antwort.

Peinlich berührt blickte er dem davonrasenden Wagen nach. Keine fünf Minuten hatten wir in dem Taxi gesessen, nicht einmal Fahrgeld wollte der Ägypter.

«So sag doch, was hat den Mann derart verärgert?»

Khalids Blick verlor sich irgendwo im Nichts.

«Wir werden einen anderen Chauffeur finden. Der Ägypter hat mich für nicht ganz richtig im Kopf erklärt, als ich ihm offenlegte, weshalb ich den «Imam» aufzusuchen gedenke.

«Den was?»

Seine dunklen Augen blickten mich vieldeutig an.

«Einen Imam», sagte er ruhig.

«Wofür brauchst du einen Imam?»

«Nicht ich – wir.»

Ich sperrte den Mund auf und schlug die Hände vors Gesicht. Ich wagte nicht daran zu denken, was mir gerade durch den Kopf ging. Geschweige denn, es auszusprechen. Und wie durch einen Schleier drangen Khalids Worte zu mir: «Ich will, dass du meine Frau wirst, hier und jetzt – wer weiss, was noch alles geschieht. Wie die Dinge sich entwickeln. Vielleicht ist dies die letzte Chance, unsere Liebe vor Gott zu besiegeln.»

Mir war, als stürze das ganze Universum über uns zusammen. Mein Herzschlag setzte aus und die Stimme versagte mir. Unfähig, mich zu rühren, blickte ich sekundenlang bloss stumm und tief in seine Augen. Khalid legte die Hand an meine Wange und wischte mir eine Träne weg: «Bitte nicht, Habibti, bei uns weint man nur, wenn jemand stirbt.»

Dann sah er sich bereits wieder nach einem Taxi um. In dem Moment kam wieder Leben in mich. Ohne zu denken fiel ich Khalid um den Hals – am liebsten hätte ich ihn erdrückt. Doch mir war klar, dass ich meine Emotionen bis zum Abend zurückhalten musste.

Plötzlich fiel mir ein, dass wir ja gar keine Papiere auf uns trugen. Keinen Personalausweis, keinen Reisepass, geschweige denn eine Geburtsurkunde.

«Ach Verena. Wir sind hier in einem islamischen Land. Da gelten die Gesetze des Korans. Und im Koran steht nichts von solchen Urkunden. Im Übrigen trage ich unsere Pässe auf mir.»

Dabei zeigte er grinsend auf seine Brusttasche. Ich staunte nur noch.

«Khalid? Du hast mich ja noch gar nicht gefragt, ob ich deine Frau werden will.»

Er winkte einem daherfahrenden Taxi.

«Und überhaupt», murmelte ich, «du hast eine erstaunliche Art, Heiratsanträge zu machen. Sofern es einer sein soll.»

«Es soll einer sein.»

Damit hielt er mir die Wagentür auf.

Ich liess mich auf dem Rücksitz nieder und war gefasst auf

alles. Khalid setzte sich neben den Fahrer. Bestimmt wollte er damit eine gewisse Vertrautheit schaffen. Dieser Chauffeur war weitaus jünger als der Erste, was schon mal vielversprechend aussah. Mein Herz klopfte vor Aufregung, als der Wagen immer weiter durch die Innenstadt rollte. Vorbei am Bazar mit bunten, kleinen Läden und Kaffeehäusern. Dem Tonfall und der Gestik war zu entnehmen, dass keinerlei Unstimmigkeit herrschte zwischen den beiden Männern. «Wie schade», dachte ich, «dass ich kein Arabisch verstehen kann.» Hin und wieder warf der Fahrer einen Blick in den Rückspiegel, als wollte er sich vergewissern, dass von meiner Seite aus alles mit rechten Dingen zuging.

Die Strasse, auf der wir uns nun befanden, stieg konstant an und wurde zusehends enger. Die Gegend verriet, dass wir die touristischen Pfade längst verlassen hatten. Hier tummelten sich Ziegen, Hühner, verfilzte Hunde wie Kinder gleichermassen in den Gassen. Khalid und der Chauffeur machten einen gelassenen, beinahe amüsierten Eindruck. Ganz allmählich setzte sich dieses Ritual, oder was immer in der Moschee passieren würde, Stück für Stück in meinem Kopf fest.

Inzwischen hielt der Fahrer an, um zu fragen, wo es weiter lang ging. Innert Sekunden hing eine Traube von Kindern an seinem Fenster. Schmutzige Fingerchen zupften, zerrten und stiessen einander. Ein Mädchen, das etwas abseits stand, beobachtete mich mit scheuem Blick durchs Fenster. Nach einer Weile des wilden Gezeters und Gezänks rannten mehrere Kinder zum Haus und holten Verstärkung. Es schien, dass sich der Imam nicht so einfach finden liess. Gleich darauf bewegte sich ein Jutesack, der als Tür diente. Eine ältere Frau spähte, halb verdeckt hinter dem Stofffetzen, zu unserem Wagen und verschwand gleich wieder dahinter. Es hatte keinen Sinn. Khalid steckte dem Chauffeur Bakschisch für die Kinder zu, worauf die Fahrt weiter ging. Dann wechselte der Asphalt zu Steinplatten. Während das Taxi den Hang hinauf holperte, musste der Fahrer immer wieder anhalten. Dauernd standen Kinder und Hühner im Weg. «Wenn das die Kupplung bloss durchhält», dachte ich besorgt. Dicht aneinander gereihte Häuser säumten den schmaler gewordenen Pfad. In einiger Entfernung sahen wir einen Mann in blauer Djalabija, der am Boden hockte. Khalid reckte den Kopf zum Fenster hinaus.

«Wo bitte, geht es zum Imam und zur Moschee?»

Die Neugierde des Einheimischen war geweckt. Er löste seine Arme aus der Verschränkung, erhob sich und schlurfte, auf einem Stiel kauend, heran. Peinlich berührt wandte ich den Blick ab. Was musste der Ägypter bloss denken. Ein arabischer Fahrgast, der eine Europäerin als «Frachtgut» auf dem Rücksitz mitführte, um am Ende der Welt, zwischen Ziegen und Hühnern, einen Imam aufzusuchen. Nach kurzem Wortwechsel zeigte der Mann bergwärts. War ja klar, eine andere Strasse gab es nicht. Einige Meter weiter vorne machte der Pfad eine scharfe Kurve. Um Haaresbreite wäre unser Wagen zwischen zwei Hausmauern festgeklemmt gewesen. Fluchend warf der Chauffeur den Rückwärtsgang ein und versuchte, den Wagen freizubekommen. Dabei liess er die Kupplung bedrohlich schleifen. Khalid sprang heraus, krempelte die Ärmel hoch und stiess die Karosse mit aller Kraft von der Mauer ab. Allmählich lagen meine Nerven blank. Gleich gäbe es einen Auflauf. Gleich müssten wir dem Fahrer einen neuen Wagen bezahlen und zu Fuss weitergehen. Doch zum Glück kam alles anders.

Plötzlich endete der Pfad und wir fanden uns, hoch über der Stadt, mitten auf einem Platz. Oberhalb ragte eine altertümliche Festung in den Himmel. Zwei Köpfe blickten sich eine Sekunde lang fragend an. Bis Khalid dem Fahrer einen Stups versetzte, worauf beide in befreites Gelächter einfielen. Sie hatten die Moschee gesichtet. Eingekeilt, Mauer an Mauer, zwischen einheimischen Häusern. Gleichzeitig wurden wir von Kindern umzingelt, die durcheinander redeten und aufgeregt umhersprangen.

Nachdem die Männer allen Mut zusammen genommen hatten, sah ich, wie sie, gefolgt von einigen Knaben, an das schwere Holztor der Moschee klopften. Scheinbar waren sie guter Hoffnung, dass uns ein Glaubensgelehrter empfangen würde. Ich fühlte mich diesbezüglich nicht so sicher. Schon gar nicht, nachdem sich uns bereits ein einfacher Taxichauffeur verweigert hatte.

Ein dutzend Kinderaugen waren auf mich gerichtet. Nervös kramte ich in der Tasche, putzte mir die Nase und hoffte, dass alles gut ginge. Zur allgemeinen Verblüffung öffnete sich das Tor plötzlich einen Spaltbreit. Es wurden einige Worte gewechselt, worauf sich der Taxichauffeur abwandte. Offenbar lag es nun an Khalid, sein Anliegen vorzutragen. Mein Herz schlug bis zum Hals, als ich sah, wie er da stand und sein Begehren äusserte. Höchstwahrscheinlich würde er gleich eine Abfuhr erhalten. Schliesslich sah ich, wie er sich abwandte und das Holztor hinter ihm zufiel. Nun steckten die beiden Männer ihre Köpfe zusammen und redeten. Es schien, als berieten sie etwas. Khalid trat nervös von einem Fuss auf den anderen, während der Fahrer die vorwitzigen Kinder zu verscheuchen versuchte. Meine Anspannung wuchs, als ich bemerkte, wie sich das Tor noch einmal öffnete. Ein knapper Wortwechsel – dann machte Khalid kehrt und kam geradewegs auf mich zu. Ich spürte einen Stich der Überraschung in der Brust. «Gott steh mir bei», dachte ich, als mir der Ernst der Lage plötzlich bewusst wurde. Mit keinem Wort hatte Khalid mich unterrichtet, wie ich einem muslimischen Geistlichen entgegenzutreten hatte. Ich wusste nichts über den Koran, nichts über Imame, Rituale und den Propheten Mohammed.

Aber eines wusste ich ganz sicher: Das war sie nun, die angekündigte Überraschung von Khalid.

Mit unbewegter Miene öffnete er die Wagentür und bat mich, auszusteigen.

Ich sah ihn mit grossen angstvollen Augen an: «Khalid, weisst du, was du da tust?»

«Natürlich. Gehen wir.»

Erstaunlicherweise traute sich niemand mehr, nicht mal die Kleinsten, sich uns zu nähern. Ein Besuch beim Imam schien Respekt zu wecken.

Mit Herzklopfen trat ich durch das Eingangsportal. Ein Mann in Djalabija und gehäkeltem Käppi schloss das Tor hinter uns. Zu meiner Überraschung fanden wir uns in einem schönen Innenhof. Schattenspendende Bäume und ein fröhlich plätschernder Brunnen vermittelten eine beruhigende Atmosphäre. Der Mann bedeutete uns, ihm zu folgen. Unter Arkaden durch führte ein Weg zum Vorraum der Moschee, der direkt rechts neben dem Eingangsportal lag.

Nun also sassen wir auf kühlem, hellem Gemäuer und warteten aufgeregt auf den grossen Imam. In seiner Eigenart mit der kuppelförmigen, bemalten Decke und dem Torbogeneingang wirkte das Seitenschiff selbst wie eine kleine Moschee. Die Wände waren teilweise mit wunderschönen, orientalischen Mustern verziert. Als Sitzfläche dienten schlichte Mauern, die den Raum, ähnlich einer maurischen Teestube anmuten liess.

Jeden Augenblick konnte der Glaubensgelehrte erscheinen. Für eine Unterweisung in die Suren des Korans war es längst zu spät.

«Khalid», flüsterte ich, «werden wir jetzt getraut?»

«Wir versuchen es.»

Versuchen? Bedeutete das vielleicht, dass sich der Geistliche, je nach Gesinnung, auch gegen uns stellen konnte?

In dem Augenblick fiel ein Schatten unter den Torbogen. Das musste er sein. Grossgewachsen, in weisser Djalabija, Turban und grauem, langen Bart. Im Bruchteil einer Sekunde versuchte ich auszumachen, ob Ablehnung in seinem Gesicht zu erkennen war. Schwer zu sagen – doch Ernsthaftigkeit und eine gewisse Strenge erfüllten den Raum augenblicklich.

Khalid erhob sich respektvoll. Ich tat dasselbe. Einen Moment lang war ich verunsichert, wie ich dem moslemischen Geistlichen entgegenzutreten hatte. Doch der Imam bot mir, erhaben über jegliche Glaubenssätze, gleichermassen die Hand wie Khalid. Ich war beeindruckt über diese Souveränität. Hinterher setzte er sich, ohne Begrüssungsritual, auf die Gottesmauer gegenüber und wies uns an, ebenfalls Platz zu nehmen. Es schien, als stünde Khalids Prüfung bevor. Der muslimische Geistliche forderte ihn mit ernster Miene auf, sein Anliegen vorzubringen.

Während Khalid sichtlich aufgeregt seine Worte formulierte, fühlte ich mich aufs Peinlichste berührt. Bestimmt musste der Imam denken, dass ich diesen stolzen, unschuldigen Araber um den Verstand gebracht hatte. Dass ich die Verführerin war, und Khalid das arme, bedauernswerte Opfer. Dass dem nicht so war – konnte sich so was ein Glaubensgelehrter überhaupt vorstellen? In jedem Fall hoffte ich, Khalid hielte meine Ehre aufrecht.

Mittlerweile hatte der Geistliche seine baumelnden Füsse heraufgezogen und hockte im Schneidersitz auf der thronähnlichen Gottesmauer. Dabei lauschte er angestrengt Khalids Worten. Hin und wieder gab er einen Kommentar von sich oder fuhr sich nachdenklich mit der Hand über den Bart. Die Tiefe des Gesprächs liess vermuten, dass wir hier so schnell nicht rauskommen würden. Was ja auch schön war – hätte ich arabisch verstanden.

Plötzlich schien mir, der Imam blicke ziemlich stechend hinter den Brillengläsern hervor. Seine Zwischenfragen klangen schärfer und eindringlicher. Khalids Stimme zitterte kaum merklich. Die ganze Zeit traute er sich nicht, nicht einmal aus dem Augenwinkel, einen Blick nach mir zu werfen. Meine Beklemmung wuchs, als ich sah, wie Khalid die Augen niederschlug und angstvoll schwieg. Sogleich breitete sich eine dunkle, hoffnungslose Stille aus in dem Raum. «Das wars jetzt wohl», dachte ich.

Bis der Imam auf einmal zu einer Art Predigt überging. Sein Redefluss war ruhig, aber eindringlich. Nach und nach vermutete ich, dass er den Koran zitierte. Ich wünschte, ich hätte Khalids Hand halten können, ihm Kraft geben und zeigen können, wie stolz ich auf ihn war. Nach einem nicht enden wollenden Redeschwall verstummte der Imam. Nochmals herrschte Stille. Betretene Stille.

Aus dem Augenwinkel sah ich Khalid mit demütig gesenktem Kopf. Die Gestik konnte sowohl Ausdruck zum Ende des Gebets sein als auch Betroffenheit, Enttäuschung oder Unterwürfigkeit. Es liess sich nur sehr schwer durchschauen.

Plötzlich löste der Geistliche die Beine voneinander. Ich verspürte einen Stich. Es sah aus, als könnte er jeden Augenblick aufstehen und davonlaufen. Ich warf einen sorgenvollen Blick nach Khalid, dann zu dem Imam. Meine Augen flehten den Geistlichen mit an, baten um Nachsicht, Vergebung, weiss ich was – doch soll er uns endlich den Segen geben.

Noch immer herrschte beklemmende Stille, als der Glaubensgelehrte erneut zu sprechen begann. Bis seine Worte heftig, die Gestik mahnend und der Blick messerscharf wurde. Doch Khalids Zwischentöne klangen immer fester und entschlossener. Schliesslich erschallte die mächtige Stimme lauter und lauter, so als wolle sie dem jungen Araber ins Gewissen reden, ja ihn wachrütteln. Wo war denn der Verstand geblieben? Wahrscheinlich hatten wir ihn beide verloren.

Mir lief es eiskalt den Rücken hinunter.

Bei Allah – das musste die Prüfung gewesen sein.

Der Imam erhob sich, ging davon, und Khalid warf mir ein siegesbewusstes Lächeln zu. Kurz darauf kehrte der Imam mit einem Schreibblock und Tinte zurück. Er drückte Khalid Feder und Papier in die Hand und setzte sich erneut auf die Gottesmauer. Staunend sah ich zu, wie der Geistliche anfing, Khalid etwas zu diktieren. Es mussten wohl Suren aus dem Koran sein, die hier niedergeschrieben wurden. Das Blatt füllte sich, je länger je dichter, mit schöngeschwungenen, arabischen Schriftzeichen. Für einmal schmunzelten die beiden Männer sogar – es ging dabei um meinen Namen. Zwei Worte, deren Aussprache dem Imam alle Mühe bereiteten.

Als das Papier zu zwei Dritteln vollgeschrieben war, schienen die Verse vollendet. Nun stand *Es* geschrieben. Vor Glück und Dankbarkeit hätte ich den Imam am liebsten umarmt. Doch stattdessen schwebte ich wie auf Wolken durch den Innenhof. Etwas Nachdenklichkeit stand schon in des Imams Augen geschrieben, als das schwere Holztor hinter uns zufiel.

«Bin ich jetzt wirklich deine Ehefrau?», fragte ich Khalid mit verstohlenem Blick.

Ich konnte die Freude und mein Glück kaum verbergen.

«Lass uns schnell in den Wagen einsteigen», lächelte er verlegen.

Worauf er mit dem Chauffeur, der geduldig vor der Moschee gewartet hatte, unverzüglich in einen Wortschwall fiel. Vor Staunen geriet der Ägypter völlig ausser sich. Sowas Verrücktes passierte ihm wohl nicht jeden Tag.

«Mein Gott, Khalid, erzähl doch!», zerrte ich ihn beim Hemd.

Doch er liess sich nicht ablenken. Der Wagen rollte an und er redete seelenruhig mit dem Taxichauffeur weiter. Nun gut, schliesslich war der Fahrer ein Mann.

Ich reckte den Kopf zwischen den beiden durch, als könnte ich etwas verstehen. Plötzlich deutete unser Freund auf sich selbst, so etwa wie: «Waas, ich?»

Dann platzte er vor Lachen heraus. Irgendwas musste wohl sehr komisch sein.

«Khalid, nun sag schon, sind wir verheiratet?»

«Zur Hälfte ja.»

«Ich versteh wohl nicht ganz – was heisst hier zur Hälfte?»

«Zunächst brauchen wir noch Zeugen. Entweder zwei Männer, vier Frauen, oder einen Mann plus zwei Frauen.»

«Ach, lass die Scherze.»

«Das ist kein Scherz. So funktioniert das eben bei uns.»

«Bei uns ja eigentlich auch», dachte ich. Ausser, dass es sich mit der Stimme der Frauen anders verhält. Nach Khalids Aussage zählte eine Frau im Islam bloss als halbe Person. Was mich zwar nicht erstaunte, aber im Grunde fürchterlich ärgerte.

«Einen Zeugen haben wir bereits, nicht wahr, Hassan?»

Dabei klopfte er dem Fahrer lachend auf die Schulter.

«Und wer bitte, soll der zweite Zeuge sein?», fragte ich erstaunt.

«Du wirst es bald sehen.»

Ich schnappte nach Luft. Seit wir Kairo verlassen hatten, wurde ich Schlag auf Schlag überrumpelt, in Angst und Schrecken versetzt – und nun dies?

«Unsere Eheschliessung hat erst ihre Gültigkeit, wenn das

Papier von uns beiden sowie von zwei Zeugen unterschrieben ist», fuhr Khalid fort.

Als ich das hörte, blieb mir die Sprache weg. Die Zeremonie in der Moschee war demnach kein blosses Ritual? In Khalids Herzen schien ihm also daran gelegen, dass unsere Ehe vor Gott ihre Gültigkeit hatte?

Wie berauscht lehnte ich mich in den Sitz zurück und blickte versonnen auf vorbeiziehende Häuser und Eselskarren.

Als wir das Nilufer schon fast erreicht hatten, drehte Khalid den Kopf nach hinten und meinte: «Unsere Hochzeitsreise führt nach Luxor – und zwar gleich jetzt.»

«Bitte was? Es ist doch schon fünf Uhr abends. Ich dachte, von Assuan nach Luxor wären es etwa zweihundert Kilometer?»

«Ach, weisst du, ich mag heute nicht in diese enge Schiffskabine zurückkehren. Ich möchte unser kleines Glück ganz allein mit dir, in der President-Suite auf der «Ismailija» feiern. Überdies hat Ibrahim heute morgen bestätigt, dass uns die Schiffsbesatzung seit zwei Tagen erwartet.»

Mir entfuhr ein tiefer Seufzer. Schliesslich liess ich die Proteste fallen und ergab mich dem Schicksal. Auf einmal pressierte alles. Im Eiltempo checkten wir aus der M/S Jasmin aus. Unser «Freund Hassan» schnappte die Koffer und los ging die Fahrt durchs Niltal.

«Stopp», rief ich.

«Khalid, fändest du es nicht klüger, nochmals in Kairo anzurufen? Ich meine, du könntest nachfragen, ob die Ismailija noch immer in Luxor ankert.» Dabei schmunzelte ich auf den Stockzähnen.

Khalid warf mir einen ärgerlichen Blick zu, überlegte kurz und meinte: «Na gut, wenn es dich beruhigt.»

Als er wieder zurückkehrte, deutete nichts in seinen Augen darauf hin, wie die Antwort ausgefallen war. Er setzte sich neben mich und sagte nur: «Wir können fahren, Hassan.»

Das Niltal neigte sich bereits dem kühlen Abend zu. Wenn alles gut ging, würden wir die Tempelstadt Luxor in etwa zwei Stunden erreichen. Schade, dachte ich, dass wir diesen Ort bereits wieder verlassen mussten. Alles ging viel zu schnell. Erst war das Schiff nicht aufzufinden, dann die Hotels besetzt – eine Felukkenfahrt lag auch nicht drin – und nun reisten wir bei Einbruch der Dämmerung durch das Niltal. «Wenn das die heruntergekommene Karosse bloss durchhält», dachte ich besorgt. Irgendwie schien alles verkehrt zu laufen.

«Hast du Nabil erreicht?», fragte ich nach einer Weile.

«Ich habe mit Ibrahim gesprochen. Sie werden morgen früh alle in Luxor eintreffen. Freust du dich auf die Kreuzfahrt?»

Er drückte meine Hand.

«Ich kann dir kaum sagen, wie glücklich du mich machst, Schatz.»

Khalids Augen leuchteten zufrieden. In dem Moment war es schwer, dass wir uns nicht berühren, geschweige denn mehr voneinander spüren durften. Ich dachte nur noch: «Wenn mir jetzt etwas zustösst, dann sterbe ich als glückliche Frau.»

Einstweilen zogen endlose Granitsteinbrüche, Wüstensand und altägyptische Friedhöfe an uns vorbei. Das Ganze war seltsam unwirklich und schattenhaft wie ein schöner, unvergesslicher Traum.

Als der Nil von der Dunkelheit in tiefes Schwarz getaucht war, legte Khalid den Arm um meine Schulter. Ich sah zu ihm auf und fühlte, wie mir der Blick unter die Haut ging. Wie gerne hätte ich seine Lippen berührt, aber stattdessen lehnte ich bloss den Kopf an seine Schulter. Die im Dunkel verschwindenden Lichter der Häuser wurden immer kleiner. Irgendwann schlief ich vom gleichmässigen Brummen des Motors ein.

«Darling, aufwachen …», klang es plötzlich.

«Sind wir schon da?», schrak ich zusammen.

«Nein, noch nicht ganz. Aber wir benötigen dringend eine Pause.»

Ich blickte um mich und sah die Umrisse eines armseligen Kaffeehäuschens. Unter dem blechernen Vordach leuchteten Lämpchen. Vom Eingang her blickte ein Mann mit verschränkten Armen zur Strasse hinaus.

«Khalid, ich bin müde, geht bitte allein etwas trinken.»

«Wir können dich nicht im Auto lassen. Komm, steig aus.»

Ich begriff das Problem nicht, wo doch der Wagen in Sichtweite, direkt vor dem Eingang, parkiert war. Aber Khalid bestand darauf. Punkt. Ärgerlich stieg ich aus dem Wagen und folgte den Männern.

«Wo sind wir hier überhaupt?»

«In Edfu», war die Antwort.

Ich warf einen Blick auf die Uhr und stellte fest, dass Edfu auf etwa halber Strecke liegen musste.

Beim Betreten der Kaffeestube prüften mich ein paar kritische Männerblicke. Es sah aus, als fühlten sich die Einheimischen gestört in ihrer Runde. Geniert senkte ich den Blick und versteckte mich hinter Khalids Rücken.

Das kleine Lokal war schlauchförmig und durch eine Trennwand unterteilt. Wir setzten uns in den vorderen Teil, wo sich kleine Holztische der Wand entlang reihten. Der hintere Bereich mutete heimisch und familiär an. Dort sassen Männer und sahen fern oder hörten Radio. Jedenfalls vernahm ich solche Geräusche. Ich fragte mich allen Ernstes, ob wir hier überhaupt bedient würden. Zwei Muslime, eine Europäerin – und pechdunkle Nacht. Die Skepsis war den Gesichtern abzulesen. Dabei lag mir nichts ferner, als gegen ländliche Sitten zu verstossen. «Wie auch immer», dachte ich, «Khalid wird schon wissen, was er tut.»

«Verena, was möchtest du trinken?»

Tatsächlich näherte sich der Gastwirt, ein Ägypter in brauner Hose und umgebundenem Küchentuch, unserem Tisch.

Als sich der Mann wieder entfernt hatte, meinte Khalid: «Schatz, gleich werden wir unsere Heirat vollziehen.»

Es dauerte einen Moment, bis ich begriff, was er damit meinte.

«Doch nicht etwa hier?», flüsterte ich empört.

«Weshalb nehmen wir nicht einfach Ibrahim und Nabil als Zeugen?»

«Wir werden es jetzt tun», lächelte er angespannt.

Bevor ich weiter dagegenreden konnte, hatte sich Khalid bereits wieder unserem Freund Hassan zugewandt.

Die beiden Männer steckten verschwörerisch ihre Köpfe zusammen und es schien, als schmiedeten sie geheime Pläne. Bald darauf verlangte Khalid das «heilige Papier» aus meiner Handtasche. Vorsichtig, wie eine Kostbarkeit, breitete er es auf dem Tisch aus. Während sich Hassan über die tintenblauen Schriftzeichen beugte, huschte ein ehrfürchtiges Lächeln über sein Gesicht. Die Männer wechselten einen kurzen Blick. Damit schien der Pakt beschlossen zu sein. Hassan schritt zur Tat.

Couragiert lehnte er sich vom Tisch weg und wandte sich dem Gast am Nebentisch zu. Fast gleichzeitig bedeutete Khalid dem Fremden, sich zu uns zu gesellen. Der Mann schmunzelte in sich hinein, als hätte er längst ein paar Bruchstücke mitgekriegt, worum es ging. Verlegen hob er den Hintern, zog seinen Stuhl nach und setzte sich an die Vorderseite unseres Tisches. Khalid rief die Bedienung herbei, um dem Fremden einen Kaffee zu offerieren. Zu unserer Verblüffung bestellte der Einheimische jedoch ungeniert einen doppelten Dattelschnaps, den er sich sonst bestimmt nicht hätte leisten können. Ich war mir sicher, dass hinter der Trennwand alles mitverfolgt wurde. Der Kaffeehausbesitzer streifte immer wieder wie zufällig an uns vorbei. Mal wischte er Tische ab oder spazierte nach draussen, wo er für eine Weile zur Strasse blickte und gleich wieder umkehrte. Allmählich wurde das Ganze filmreif.

Zwischendurch warf ich einen verstohlenen Blick hinter Khalids Schulter hervor, um abzuwägen, wie der Fremde auf das Bittgesuch reagierte. Er räusperte sich, schien zuwartend. Na ja, war ja auch ein starkes Stück, jemanden so zu überfallen.

Nachdem der Fremde den zweiten Dattelschnaps bestellt hatte, trat Khalid in Aktion. Er zog das Papier hervor und schob es dem Ägypter zu. Ich beobachtete, wie der Mann die Verse aufmerksam studierte, hüstelte und alsbald verschämt in sich hineinlächelte. Konnte er vielleicht gar nicht lesen? Oder glaubte er vielmehr, da ginge etwas nicht mit rechten Dingen zu?

«Verena …» Khalid wandte sich unvermittelt mir zu. Dabei

239

lehnte er sich zurück, so dass ich für alle sichtbar wurde. Die beiden Ägypter blickten mich erwartungsvoll an.

«Hör zu, der Fremde möchte von dir wissen, ob du einverstanden bist mit der Heirat.»

Ich hätte herauslachen können, so merkwürdig erschien mir die Situation. Doch ich zwang mich zu Ernsthaftigkeit. Dabei hätte ich diesem Ägypter nie zugetraut, dass er mich nach meiner Meinung fragte. Ich war verblüfft. Aber die Entschiedenheit, mit der sie die Sache angingen verriet, wie bedeutungsvoll und offiziell alles war.

«Yes, I do» (ja, ich will), nickte ich, und suchte sogleich Khalids Blick, der mich wie gebannt fixierte.

Gleich anschliessend unterzeichnete einer nach dem andern feierlich das Heiratspapier. Als wäre ich meiner Sinne beraubt, setzte ich als letzte meinen Namen unter das Schriftstück. Alle Augenpaare waren dabei auf mich gerichtet. «Das glaubt mir zu Hause kein Mensch», dachte ich. «Und erst Aileen – mein Gott, wenn sie wüsste, was zur Stunde in dieser gottverlassenen Gegend geschieht.» Khalid bezahlte die Zeche, und wir machten uns zur Weiterreise auf.

In dem Moment, als wir den Tisch verliessen, brach hinter uns polterndes Gerassel und Geklapper los. Erschrocken fuhr ich herum und sah, wie Männer mit Pfannendeckeln und Küchenutensilien schepperten. Vor Staunen konnte ich kaum noch den Mund schliessen. Khalid zerrte mich am Ärmel weiter. Er grinste furchtbar verlegen in sich hinein. Das Geklapper wurde immer ohrenbetäubender, bis schliesslich alles von schrillen, wilden Trillerlauten übertönt wurde. So geleiteten sie uns zum Wagen. Der Auflauf wurde immer grösser. Khalid schubste mich diskret auf den Hintersitz. Ich sah nur noch, wie er in die Tasche griff und Bakschisch verteilte, dann rettete er sich ins Auto.

«Hassan, fahr – bitte fahr!»

Noch immer trillerte und rasselte es auf dem Gehsteig. Als wir um die erste Ecke bogen und der Lärm verhallte, machte sich das Scheppern einer einzelnen Büchse bemerkbar. Hassan warf einen verstohlenen Blick in den Rückspiegel, dann brachen wir alle in Gelächter aus.

«Khalid, sag, ist das alles wahr? Oder habe ich jetzt endgültig meinen Verstand verloren.»

So sehr mich die Geste der Einheimischen berührte, so herzhaft liefen mir jetzt die Tränen vor Lachen.

Khalid rang die Hände: «Halt bitte an, Hassan. So will ich nicht durchs Niltal fahren.»

Auf der Weiterfahrt blickte ich oft versonnen zum Fenster hinaus. Immer wieder sah ich das Kaffeehaus, die Männer, die alles klammheimlich beschlossen, und staunte still in mich hinein. Dann wieder sah ich den Imam, die Moschee, Khalids Rede – so viele Eindrücke an einem Tag. Alles war viel zuviel für einen Tag. Es dauerte eine ganze Weile, bis ich begriff, dass ich nun tatsächlich verheiratet war. Und dies erst noch nach islamischem Glauben. «Welch ein geschichtsträchtiger Tag!», dachte ich plötzlich. Dann war mir, als versetze dieses Wunder das ganze Niltal in Leuchten und Beben.

Endlich, nach Stunden der Abreise von Assuan, funkelten tausende von Lichtern am Horizont. Gespannt setzte ich mich auf und blickte unserem Ziel, der Tempelstadt Luxor, entgegen.

Am lebhaften Niluferquai reihten sich unzählige, elegante Luxushotels, der Touristenbazar, Banken und Reisebüros aneinander. Gleich wie in Assuan lagen auch hier dutzende Nilschiffe in Zweier- und Dreierreihen an der Anlegestelle. Es würde nicht einfach sein, die «Ismailija» zu finden. Wenn wir Pech hatten, konnte die Suche gar eine Stunde dauern.

Hassan stellte den Wagen zuversichtlich bei der Anlegestelle ab. Er ahnte ja nicht, was ihn mit unserem Schiff noch alles erwarten könnte. Überhaupt schien er Gottvertrauen zu haben. Er war bereits seit sieben Stunden unterwegs mit uns und hatte noch keinen Piaster verlangt.

Gespannt blickte ich Khalid und Hassan nach, wie sie sich den hell beleuchteten Schiffen näherten. Einen Moment lang sah es so aus, als wären sie der Ismailija dicht auf der Spur. Ein Besatzungsmitglied nickte und deutete mit der Hand in eine

241

bestimmte Richtung. Kurz darauf verlor ich die Beiden aus den Augen. Auf der Promenade wie um die Nilschiffe herum tummelten sich Unmengen von Touristen, Händlern und bettelnde Kinder.

Meine Anspannung wuchs, als ich sah, wie die beiden Männer ergebnislos zurückkehrten. Alles fing also wieder von vorne an. Die Suche nach der Ismailija entwickelte sich mehr und mehr zu einem Alptraum. Zum ersten Mal fragte ich mich, weshalb wir nicht wie normale Menschen eine Nilschifffahrt buchen und unseren Frieden haben, durch farbenfrohe Bazare streifen oder von der Savoy-Terrasse aus über den Nil blicken konnten.

Keiner sprach mehr ein Wort, als sich der Wagen erneut im Schritttempo der Promenade entlang bewegte. Noch einmal wurde angehalten und die Männer stiegen aus. Ich sah, wie sie Schiffsbesatzungen zuriefen, gestikulierten und anfingen, mit Einheimischen zu diskutieren. Immer mehr Menschen traten dazwischen und es schien, als wollte bloss jeder seinen Senf dazu geben. Meine Stimmung sank auf den Nullpunkt, als mir klar wurde, dass niemand eine Ahnung hatte, wo das Schiff lag. Nicht einmal die in Kairo.

«So Gott will, gehen wir eben erst morgen mit dem Al Nasser Clan an Bord», sagte Khalid, als er wieder in den Wagen stieg.

Ich hatte es kommen sehen. Mein Zusammenbruch war nahe.

Nun galt es, eine Unterkunft zu finden. Hassan fing erst gar nicht an, bei den begehrten Nil-Hotels zu suchen. Er lenkte den Wagen direkt ins Stadtinnere, wo wir innert kurzer Zeit eine Unterkunft fanden. Zwar fehlte der atemberaubende Ausblick auf den Nil – aber immerhin hatten wir ein Bett.

Beim Verabschieden mussten wir Hassan hoch und heilig versprechen, dass wir ihn aufsuchten, wenn wir nach Assuan zurückkehrten. Seine Frau würde ein Festmahl zubereiten – schliesslich wolle dieser Tag gefeiert sein. Und überhaupt gehörten wir jetzt zu seiner Familie. Zufrieden über das grosszügige Entgelt bestieg er den Wagen und entschwand.

Als Erstes rief Khalid in Kairo an. Bei uns wäre es unhöflich, um diese Zeit noch zu stören, doch hier war alles anders. Ich machte mich über die Datteln her und lauschte angestrengt seinen Worten. Khalids Tonleiter sprang auf und ab, bis seine Stimme schliesslich versiegte. Die Gesichtszüge verspannten sich und er horchte angestrengt am Hörer. Mitunter vernahm ich ein verzagtes Glucksen. Plötzlich brach ein Wortschwall voller Rüge und Tadel aus ihm heraus.

Als Khalid schliesslich auflegte, umspielte etwas Schuldbewusstes seine Züge.

«Verena, Darling, ich muss dir etwas gestehen – unser Schiff befindet sich doch in Assuan.»

Ich schrak zusammen.

«Nein, bitte nicht.»

Die Erde unter meinen Füssen geriet ins Wanken. Der Atem wurde flach, die Wangen bleich und ich wünschte, dass alles in dieser Minute ein Ende hätte. Khalid packte mich auf der Stelle, schüttelte mich, versuchte, mich zum Lachen zu bringen und spielte – wie immer, alles herunter.

«Schau, wir brauchen die Strecke nicht mehr mit dem Taxi zurückzulegen. Morgen früh nehmen wir ein Flugzeug nach Assuan. Das heisst, wir werden der Maschine, mit der der Al Nasser Clan unterwegs ist, zusteigen.»

«Sei still, ich will keine Märchen mehr hören.»

«Komm, meine süsse, kleine Ehefrau, es ist zwecklos, sich zu ärgern. Du weisst, dass wir noch die Hochzeitsnacht vor uns haben? Und nun lass uns was essen gehen, bestimmt bist du auch sehr hungrig.»

Ich schnappte nach Luft, wollte etwas sagen und merkte, dass alles keinen Sinn hatte. Es würde eh alles anders kommen. Resigniert klemmte ich die Handtasche unter den Arm und spielte für ein Weilchen die Beleidigte. So ungestraft sollte er mir nicht davonkommen.

Telestar I

Es war noch dunkel im Zimmer, als uns der Weckdienst aus dem Schlaf riss.

«Habibti, aufwachen, es ist sieben Uhr.»

Ich reagierte nicht darauf. Ich vernahm, wie Khalid zum Bad ging und nickte wieder ein.

«Schatz, wenn du nicht bald aufstehst, wird die Zeit für ein Frühstück nicht mehr reichen», klang es bestimmt.

Ich klammerte mich ans Kissen und versuchte, ihn nochmals zum Verschwinden zu bringen, indem ich die Augen schloss. Es nützte nichts, Khalid stand immer noch an meinem Bett. Allmählich ungeduldig geworden, schlug er die Decke zurück, worauf ich mich schlaftrunken zum Bad schleppte. Hinter mir klingelte das Telefon. Musste dieser Lärm sein? Das Einzige, was ich zu solcher Stunde ertrage, ist das Geräusch des einlaufenden Badewassers und der feine Duft von Badeessenzen.

«Verena, Verena», klopfte es gleich darauf wie wild an die Tür.

«Du kannst dir die Zähne in Assuan putzen, wir müssen sofort zum Flughafen. Nabil steht unten an der Rezeption – alle warten auf uns. Die Maschine geht nicht um neun, sondern schon um acht Uhr. Schnell, beeil dich.»

Ich riss die Tür auf, stob an ihm vorbei und fluchte in Schweizerdeutsch «sakrament nochmal, jetzt reichts aber, ich will nach Hause.» – oder so ähnlich.

Khalid stand da mit offenem Mund, halb hochgezogener Hose und verstand die Welt nicht mehr. Dass so eine Situation für Araber nichts Aussergewöhnliches ist, musste ich noch lernen. Entweder läuft tagelang nichts, oder es muss nullkommaplötzlich, Hals über Kopf, alles fallen- und liegengelassen werden.

«Liebling, ab jetzt wird alles wundervoll, du wirst es sehen, bitte …»

«Sei einfach still, ich bin schon unterwegs.»

Jemand klopfte an die Tür. Es war der Portier. In Windeseile flogen Haarbürsten, Necessaire, Klamotten und Ballerinen durch die Luft. Zehn Minuten später rannten wir atemlos durch die Lobby. Nabil hatte die Hotelrechnung bereits bezahlt und hetzte uns zum Ausgang. Dort stand ein Chauffeur mit laufendem Motor in Startposition. Fünf Minuten nach acht Uhr erreichten wir den Luxor Airport. Nabil zerrte uns mitsamt Gepäck an allen Kontrollen vorbei zur VIP-Lounge. Dort stand unter offener Tür ein Sicherheitsbeamter mit Funkgerät. Keuchend blickte ich neben dem Mann auf das Flugfeld und erspähte eine grosse Maschine der Al Nasser Flotte. Ob das wohl unsere war? Das Funkgerät knisterte und knackte, dann prasselten wieder unverständliche Rufe durch. Unterdessen kam ein Kleinbus angerollt. Die Koffer wurden hineingeschleudert und wir sozusagen hinterher. Ein Flugticket oder eine Bordkarte hatte ich nie zu Gesicht bekommen.

Als wir uns der Maschine näherten, lächelte Nabil still über das ganze Gesicht. Er hatte es geschafft. Es war ihm gelungen, seine Freunde während einer regulären Zwischenlandung in Luxor aus dem Bett zu reissen und sie in die Maschine zu verfrachten. Unfassbar.

Beim Betreten der Kabine richteten sich zweihundert teils vorwurfsvolle, teils neugierige Blicke von Touristen auf uns. Ich hätte wieder mal im Boden versinken können. Im selben Augenblick vernahm ich von irgendwoher Ibrahims unverkennbares Johlen: «Ah, Schech Khalid, Schech Khalid, welcome – Ahlan wa sahlan.»

Gleichzeitig setzte ein Händeklatschen ein, das immer wilder durch die Kabine prasselte. Vor lauter Scham sah ich nur noch Köpfe, aber nicht die Gesichter unserer Freunde.

«Verena, du kannst dich setzen, wir werden sie in Assuan begrüssen», holte mich eine Stimme aus der Erstarrung zurück.

Erleichtert schob ich mich zum Fensterplatz. Khalid setzte sich in die Mitte und Nabil belegte den Gangsitz.

Als die Maschine abhob und die östliche Wüste in der Morgensonne glitzerte, spürte ich einen Hauch der Erheiterung. «Was ich hier innert Kürze erlebe, das erfahren andere in einem ganzen Leben nicht», dachte ich.

Assuan schien gerade erst zu erwachen, als wir mit mehreren Taxis am Niluferquai vorfuhren.

«Schaut her», sagte Nabil, «seht ihr den Turm dort drüben? Es ist das Oberoi-Hotel. Und seht ihr das Schiff davor? Das ist unser Schiff.»

Aileen und ich fielen uns vor Freude in die Arme. Wie gut, dass sie endlich wussten, wo sich unser Schiff befand.

«Auf die Idee, dass die Ismailija jenseits des Flusses liegen könnte, sind wir natürlich nicht gekommen, Nabil.»

«Es ist nicht das andere Flussufer, das du siehst, es ist die Insel ‹Elephantine›.»

«Aha, verstehe.

Zeig mal deine Landkarte her, Aileen. Hast du gewusst, dass es eine solch grosse Insel im Nil gibt?»

Sie warf mir einen prüfenden Blick zu.

«Sag, mal, was habt ihr eigentlich die zwei Tage lang gemacht in Assuan?»

Ich spürte, wie ich errötete.

«Ach, Aileen, wenn du das wüsstest. Ich werde dir später in allen Einzelheiten davon berichten.»

Nach fünfminütiger Fahrt mit dem Oberoi-Shuttleboot näherten wir uns der Südspitze der Insel. Wie eine Filmkulisse, tauchte zu unserer Überraschung ein riesiges, arabisches Märchenzelt zwischen Palmen hervor. Davor prangte hoheitsvoll unser Nilschiff. Zwischen den verschiedenen Decks und über der Wasserlinie zogen sich blaue Streifen entlang. Als ich den Namen des Schiffs erkannte, traute ich meinen Augen nicht: «TELESTAR I».

«Khalid, wurde unser Schiff etwa umgetauft?»

Es war gemein, ich wusste es. Im Grunde konnte er wahrscheinlich nichts dafür. Wie sich jetzt herausstellte, hatte man uns obendrein noch den falschen Schiffsnamen genannt. Kommentar überflüssig. Aber welch seltsamer Name für ein Nilschiff – TELESTAR I.

Scheinbar strebte man hier wieder mal nach westlicher Moderne, die völlig verfehlt war, inmitten des bezaubernden Niltals. Khalifa, der Besitzer, erwartete uns bereits an Bord. Er musste, wie auch die Al Nasser Gebrüder, sehr einflussreich sein. Immerhin belegte sein Schiff den begehrtesten Anlegeplatz am ersten Nilkatarakt. Die Begrüssung fand in der Lounge statt, wo er uns, umringt von Familienmitgliedern und Freunden, erwartete. Ein korpulenter Mann in den Fünfzigern, unordentliches Haar und nachlässig gekleidet. Einzig die Rolex am Handgelenk verriet, dass der Ägypter betucht war.

Während des Welcome Cocktails zählte ich die Gäste. Ich kam auf siebzehn, wovon zwölf der Gruppe Männer waren. Aileen und ich wunderten uns über das Ungleichgewicht der Geschlechter. Aber im Grunde war das nicht von Belang. Wichtig war nur, dass wir endlich zu unserer Nilschifffahrt kamen, von der wir so sehr geträumt hatten.

Während sich die Männer die Zeit mit müssigem Geplauder vertrieben, bezogen wir unsere Kabinen. Ich nutzte die Gelegenheit, endlich meine Morgentoilette nachzuholen. Kaum war ich unter der Dusche, hämmerte es an die Tür.

«Kleiderreinigungsservice!»

Es fing also schon an. Die fünfzigköpfige Besatzung sollte uns nämlich für die Tage auf dem Nil so richtig verwöhnen.

Hinterher kam Khalid und klopfte.

«Na, gar nicht so übel, unsere Kabine. Verglichen mit der M/S Jasmin haben wir hier Platz zum verschwenden.»

Das stimmte tatsächlich. Doch wo blieb die Präsidenten-Suite, von der er gesprochen hatte? Ganz allmählich glaubte ich, der orientalischen Denkweise Schritt um Schritt folgen zu können. Eines schönen Tages würde ich mich vielleicht sogar an die Gepflogenheiten gewöhnen.

«Erwarten wir eigentlich noch mehr Gäste, oder laufen wir bald aus?»

«Soviel ich gehört habe, stechen wir erst nach Mitternacht stromabwärts. Im Oberoi-Zelt soll eine riesige Silvesterparty steigen.»

«Ach wirklich? Du meinst dieses arabische Märchen von Tausendundeiner Nacht, das zwischen den Palmen herausragt?»

«Genau das meine ich.»

«Wahnsinnig.»

Nun war das Rätsel, weshalb unser Schiff beim Oberoi angelegt hatte, gelöst.

Unterdessen war die über den Nil sinkende Nacht und der Silvester angebrochen. Das grosse Zelt füllte sich randvoll. Es schien, als wäre die gesamte Kairoer Prominenz nach Assuan geflogen, um dieses Spektakel mitzuerleben. Namhafte Musiker, Stars und Bühnenkünstler begleiteten die Festgesellschaft durch die Nacht. Mitten im Durcheinander suchte ich immer wieder nach einer Gelegenheit, mit Aileen zu reden, doch es war einfach unmöglich. Alles war viel zu laut und aufgeregt. Kurz vor Mitternacht wurde Champagner aufgetragen. Korken knallten, Gläser schäumten über und begierige Hände griffen nach quirlenden, perlenden Kelchen. Nur noch ein paar Sekunden bis zum Jahreswechsel. Ungeheure Spannung lag in der Luft.

Plötzlich verebbte die Musik. Die Spannung stieg, dann, Knall auf Fall, stand sie auf der Bühne. Ein namhafter ägyptischer Star. Sie nahm das Mikrofon an sich und zählte von zehn an rückwärts. Währenddessen tobten und applaudierten die Ägypter wie wahnsinnig vor Begeisterung. Kein Mensch verstand mehr einen Ton. Als die Sängerin «Happy new year» ins Mikrofon schrie und gleichzeitig ihren ersten Song anstimmte, brachen die Menschen rundum in Tränen der Verzückung aus. Ein zutiefst ergreifender Moment. Nie zuvor hatte ich so was erlebt. Ein Volk – einschliesslich Männern, das sich von der Stimme eines Stars dermassen mitreissen lässt und seine Emotionen so offen darlegt. Es war der Moment, in dem ich all die Strapazen, die ich durchgemacht hatte, verzieh. Mochte unser Schiff doch Telestar oder Ismailija heissen, was soll's. Es gab ja soviel Wichtigeres im Leben. Jedenfalls rissen mich diese ungenierten Gefühlsausbrüche völlig mit, und ich liebte diese Ägypter plötzlich.

Khalid fühlte sich allmählich etwas unbehaglich, man sah es

ihm an. Solcherlei Gefühlsbekundungen war er sich nicht gewohnt. Wenngleich sie alle aus dem Islam stammten, so unterschiedlich konnten ihre Mentalitäten doch sein.

Nach ein, zwei Liedern verschwand der Star im Blitzgewitter der Bühnenlichter. Die Musik verebbte noch einmal. Erwartungsvoll blickten alle zur Bühne. In demselben Moment vernahm man von draussen ein Krachen und Donnern. Das Mitternachtsfeuerwerk. Wie entrückt erhob sich die Festgesellschaft und folgte dem Lärm und magischen Poltern. Überwältigt fand ich mich vor der schattenhaften Kulisse des Westufers. Dazwischen dümpelten festlich beleuchtete Nilschiffe. Im Lichtkegel des Mondes kreuzten Felukken, deren Segel im Feuerwerksgewitter immer wieder gespenstisch aufleuchteten. Fast glaubte ich, mit den silbernen Funken, die am Himmel sprühten und alsbald ins Nilwasser zischten, zu verschmelzen. Khalid hatte den Arm um mich gelegt. Die Luft war frisch und der Himmel hing wie ein Teppich, gespickt von Sternformationen, zum Greifen nahe über uns. Ich war sehr, sehr glücklich.

Durch die Lautsprecher vernahm man plötzlich ein dumpfes Geräusch, das Pfeifen der Verstärkeranlage und schliesslich eine verheissungsvolle Frauenstimme.

«Wollt ihr den Beledi sehen?», schrie sie durchs Mikrophon.

Im Hintergrund klangen leise Trommeln und arabische Musik.

Während alles ins Zelt zurückströmte, feuerte der Star die Menschen immer wieder mit Zurufen an. Zu meinem Erstaunen besass die Diva nicht nur eine göttliche Stimme, sondern konnte auch noch verführerisch die Hüften bewegen. Als sie richtig loslegte, drängten sich die Menschen um die Bühne, nichts hielt sie mehr auf den Stühlen fest. Der Beifall wurde immer tobender, die Rufe immer lauter, bis alles ein einziges Chaos war.

Kurze Zeit später begaben wir uns zurück an Bord des Schiffes. Scheinbar hatte Khalifa noch eine Überraschung parat.

Zwei neue Gäste, genau gesagt drei mit dem Baby, waren unterdessen zu uns an Bord gestossen. Der stolze Vater, ein Freund

249

von Khalifa, war eigens aus Paris eingeflogen. Um seine künstlerischen Fähigkeiten in Tanz und Mimik zu vertiefen, war der Ägypter vor Jahren in die Seine-Stadt gezogen. Nun sollte der Künstler, wie es aussah, eine private Show darbieten. Sein Haar war lang, schwarz und struppig, am Hinterkopf zeichnete sich bereits eine Glatze ab, dafür trug er einen strotzenden Schnurrbart. Mit seinem entwaffnenden Lächeln und seiner Grösse wirkte er äusserst wild – wie ein Künstler eben. Wie es hiess, besass er eine eigene Bauchtanzschule in Paris. Seine Frau hatte er als solche Schülerin kennengelernt. Nun waren die drei eine Familie und tanzten gemeinsam um die Welt.

In der Bar rückte man eilends Sessel zusammen. Drinks wurden gemixt und ägyptische Musik erklang aus den Boxen. Bald würde ich mit Aileen reden können. Ich fieberte schon den ganzen Abend darauf, meine Erlebnisse loszuwerden.

Die Show hatte begonnen. Trommeln, Pfeifen und Ziehharmonikas klangen aus den Lautsprechern. Unser Künstler trug inzwischen eine blaue Djalabija, war barfuss und schwang einen Holzstock. Zum Klang der wehmütigen Melodie begann er sich im Kamelschritt zu wiegen. Dabei huschte ein Lächeln über sein Gesicht. Etwas Urwüchsiges, Schönes, das einen geradezu erschauern liess, strahlte aus ihm heraus. Begeistert raunten und feuerten die Männer den Tänzer an. Allmählich kreischte und brüllte seinetwegen alles vor Lachen. Nach zwei, drei Liedern rauschte die Bauchtänzerin durch den Saal. Sie trug hellblaue Seide mit goldenen Ornamenten und Ketten um die Hüften. Leichtfüssig und elegant wie eine Gazelle flocht sie sich in den Tanz ihres Mannes ein. Plötzlich wurde die Musik schnell und schneller. Die Französin schüttelte ekstatisch die Hüften. Die Blicke stockten gebannt, als wollten sie das Bild der blonden, milchhäutigen Frau tief in sich aufnehmen. Als der kurvenreiche Körper während Minuten wie im Rausch vibrierte, wurde der Beifall immer lauter, bis sich die Tänzerin allmählich wieder, wie der Wind, der über die Dünen streicht, im Rhythmus der Musik wiegte. Virtuos flossen die Bewegungen der beiden Künstler aufs Neue ineinander und führten den Tanz fort.

Mit einem Mal forderten sie die Zuschauer zum Tanz auf, so lange, bis schliesslich fast alle Ledersessel leer waren. Khalid liess sich nicht zum Mitmachen bewegen. Als ich zum Tanz aufgefordert wurde, warf ich ihm einen hilfesuchenden Blick zu. Doch es half nichts. Da die Männer in der Überzahl waren, blieb mir nicht erspart, von mehreren Ägyptern umringt zu werden. Mal war es Ibrahim, dann Nabil oder ein Fremder, der mich im Tanz um sich drehte oder wirbelte. Bald hatte ich die Scheu abgelegt und liess mich von der vergnügten Stimmung mitreissen. Auch Aileen war bester Laune und schwenkte ihre Hüften zu den wilden Klängen. Es wurde immer lustiger und keiner dachte mehr daran, ins Bett zu gehen.

Auf einmal bemerkte ich, wie Khalid, mit einem Whiskyglas in der Hand, alles eifersüchtig mitverfolgte. Beklommen kehrte ich an den Platz zurück und fühlte mich sogleich schuldig. Ohne Worte strich ich ihm über die Hand und lächelte besänftigend. Für einen Augenblick sah es so aus, als wollte er das Glas auf den Boden schmettern. Dann trank er es aus. Seine Mundwinkel zwangen sich zu einem Lächeln, doch ich wusste, wie sehr dies trügen konnte. «Khalid, lass uns bitte zu Bett gehen, deine Frau ist müde», sagte ich, allmählich besorgt.

«Ach, wirklich?», meinte er mit aufgesetztem Lachen, den Blick zur Tanzfläche gerichtet.

In dem Moment kam Aileen zurück.

«Ihr entschuldigt mich bestimmt, wenn ich euch ein paar Minuten allein lasse», sagte Khalid.

Damit stand er auf und setzte sich zu einer Gruppe Männern. Dass ihm der Alkohol nicht bekam, dessen war ich mir sicher. Schliesslich war er so etwas nicht gewohnt. Plötzlich ging mir durch den Kopf, dass sein Trinken möglicherweise einen anderen Grund als blosse Eifersucht hatte. Vielleicht realisierte er die Tragweite seiner Zusammenkunft mit dem Imam erst jetzt richtig. Früher oder später würde er wohl mit seinem Gewissen, mit Gott und der Welt in Konflikt kommen. Er, der rechtschaffene, gläubige Muslim. Aber vielleicht war ja alles ganz anders. Auf jeden Fall hatte er mit seiner Tat unglaublichen Mut und Stärke bewiesen – mehr, als es ein liebender Mann je tun konnte.

Hin und wieder warf ich einen Blick nach Khalid, um mich zu vergewissern, dass alles im Lot war. Bis Aileen mich plötzlich daran erinnerte, dass ich ihr die jüngsten Ereignisse noch gar nicht erzählt hatte.

Sie war inzwischen leicht angeheitert, hörte mir aber mit wachsendem Erstaunen zu. Zwischendurch gab sie ihrem Entsetzen immer wieder geräuschvoll Ausdruck, oder lachte hell auf. Als ich ihr schliesslich die Heirat mit anschliessender Irrfahrt nach Luxor in allen Farben und Einzelheiten schilderte, starrte sich mich mit offenem Mund an. Fast fehlten ihr die Worte.

«Ich glaub es nicht, Verena, das kann nicht wahr sein.»

«Na, Khalid sagt es so.»

«Und wo ist dieses Heiratspapier jetzt?»

«Ich trage es bei mir, in der Handtasche.»

Sie schluckte einmal leer, blickte verstohlen in Khalids Richtung und sagte: «Lass uns schnell nach draussen gehen. Ich muss es sehen.»

Diskret klemmten wir unsere Handtaschen unter und spazierten zur Damentoilette. Als die Tür hinter uns zufiel, platzte Aileen fast vor Spannung.

«Grosser Gott, ich glaube es nicht, Verena!»

Während ich in der Tasche kramte, trommelten ihre Finger auf den Lavaborand. Ich wunderte mich darüber, weshalb dieses Papier für Aileen derart wichtig sein sollte.

Schliesslich händigte ich ihr den Zettel aus und wartete gespannt auf ihre Reaktion. Der Mund öffnete sich immer weiter vor Staunen. Während sie die arabischen Schriftzeichen genau studierte, sah es aus, als flatterten ihre Gedanken ein ums andere Mal wild herum. Plötzlich stiess sie einen Laut der Ereiferung aus, und ihre Worte überschlugen sich fast: «Verena, du – du Ahnungslose, weisst du eigentlich, was dieses Papier bedeutet? Wenn du jetzt schwanger wirst, müsste Khalid das Kind als rechtmässigen Erben anerkennen.»

Ich stand wie benommen vor dem Toilettenspiegel und verstand die Welt nicht mehr. Wer denkt denn ans Schwanger werden. Jetzt ist sie komplett verrückt geworden, diese irische OP-Schwester aus Abu Dhabi.

«Ach, Aileen, nicht doch», sagte ich.

«Bevor Khalid sein Heiratsversprechen in Al Waha nicht aufgelöst hat, ist für mich alles unbedeutend.»

«Meinst du das wirklich?»

Ich nickte ernst.

«Na, Eheversprechen hin oder her. Auf jeden Fall bist du jetzt die rechtmässige Ehefrau von Scheich Khalid bin Sultan Al Rashid. Hier steht es ja geschrieben. Nach dem Willen des Koran und besiegelt durch Zeugen, so wie es das Gesetz verlangt.»

Sie blickte mich eindringlich an: «Hör zu, gib dieses Papier nie aus den Händen!»

Selbst wenn Aileen Recht behielt, was die Gesetze anbelangte, so interessierten mich ihre Ratschläge nicht im entferntesten. Meine Gefühle waren auf ganz anderer Ebene gelagert. Ich machte mir Sorgen um die Zukunft, darum, ob Khalid den Mut aufbrachte, den Familienrat beizuziehen, wenn er nach Al Waha zurückkehrte.

Khalid trank in jener Nacht mehr, als ihm bekam.

Er musste über jede meiner Äusserungen lachen, sobald ich anfing, ihn zum Aufbruch zu bewegen. Schliesslich verabschiedete ich mich und hoffte, er würde mir gleich nachfolgen. Und so kam es auch.

Mitsamt Kleidern und Schuhen liess er sich aufs Bett fallen. Ich versuchte, ihn auszuziehen, doch alles war so schwer. Seine Arme, seine Beine, der Kopf.

Das letzte, was er von sich gab, war: «Hast du Aileen von unserer Heirat erzählt?»

«Ja, natürlich. Weshalb fragst du so seltsam?»

Khalid stiess einen Seufzer des Ärgers aus.

«Konntest du denn nicht warten damit. Morgen weiss es ganz Kairo, und übermorgen weiss es Abu Dhabi», ächzte er.

Mich traf der Schlag. So weit hatte ich nicht gedacht.

«Was glaubst du, wie lange es dauert, bis so was nach Al Waha durchsickert!»

In seiner Stimme klang Verzweiflung.

«Schatz, ich werde dafür sorgen, dass Aileen es nicht weiter erzählt. Okay?»

Er rang nach Luft, dann lachte er hysterisch.

«Aber Ibrahim! Zum Donnerwetter, was denkst du – sie wird es ihm in diesem Moment erzählen. Gott bewahre mich …», murmelte Khalid in sich hinein, «ich werde mit Ibrahim reden müssen.»

Damit sank er ins Kissen und fiel in einen tiefen Schlaf.

Mir wurde bitter bewusst, welches Unheil ich angerichtet hatte. Khalids Bedenken waren mehr als berechtigt. Nicht auszudenken, das Drama, wenn Al Waha von der Heirat erfuhr, bevor Khalid überhaupt selbst die Möglichkeit hatte, mit seiner Familie zu reden.

Statt nun in seinen Armen zu liegen und zu geniessen, wie unser Schiff ruhig durch die Nacht pflügte, brachte ich kein Auge mehr zu.

Welchen Wert dieses Papier besass, und wie recht Aileen damit hatte, wurde mir nun schneller als mir lieb war, vor Augen geführt.

Sanfte Bugwellen kräuselten sich an mir vorbei, als ich durchs Fenster blickte. Weder das Motorengeräusch noch die Sonne, die durch den Vorhang schimmerte, vermochten Khalid aus dem Schlaf zu locken. Die Erinnerung, wie er mich letzte Nacht vom Bett aus angesehen hatte, löste Unbehagen aus. Ich beschloss zu warten, bis er aufwachte.

Vom Gang her vernahm ich Schritte und Geräusche. Dabei erkannte ich deutlich Ibrahims Stimme. Zweifellos musste er die Neuigkeit unterdessen erfahren haben. Aileen hatte es ihm bestimmt spätestens beim Erwachen erzählt.

Als ich erneut durch die Luke blickte, zogen üppige Palmen-haine und fruchtbare Felder vorbei. Die Aussicht vom Deck musste wunderschön sein, dachte ich wehmütig. Ach, würde mein Mann doch bloss endlich aufwachen. Die halbe Nilfahrt verpassten wir seinetwegen.

Eine Stunde später wurde ich hellhörig. Die Schiffsmotoren polterten mit einem Mal heftig, dann gab es einen Ruck, als wür-de der Rückwärtsgang eingelegt. Rasch drückte ich den Vorhang beiseite und sah direkt auf eine steile Quaimauer. Während sich die «TELESTAR I» mit rumpelndem Motor annäherte, begann sich Khalid endlich zu rühren.

«Hello, Sweetheart, das Neujahrsfrühstück haben wir ver-passt, aber vielleicht gibts trotzdem noch einen Kaffee.»

Er blickte verwirrt um sich. «Wo sind wir?»

«Ich habe keine Ahnung, das Schiff hat eben angelegt.»

«Oh, mein Kopf, er schmerzt …»

In dem Augenblick vernahm ich wieder Ibrahims Stimme auf dem Gang. Kurz darauf klopfte es energisch an die Tür: «Khalid!»

Er verdrehte die Augen und riss sich zusammen: «… yes?»

«Soll ich die Tür öffnen?», fragte ich ihn.

Er winkte resigniert ab, womit ich den Schlüssel umdrehte und Ibrahim einen Blick in unsere Kabine werfen liess.

Für einen Moment versuchte der Sudanese ernst zu bleiben. Dann stürzte er sogleich schallend an mir vorbei und setzte sich ungeniert zu Khalid auf die Bettkante. Das war die Gelegenheit. In Windeseile schlüpfte ich in die Schuhe und huschte aus dem Zimmer. Draussen auf den Gängen hörte man Schritte, Türen, die auf- und zuschlugen und Schlüssel, die sich drehten. Aileens Kabi-nentür stand offen. Ich sah, wie sie in der Handtasche kramte.

«Hello, Aileen, störe ich?»

«Nein, komm herein», klang es schrill, «wo bleibt ihr auch den ganzen Morgen?»

Beschämt schlug ich die Augen nieder.

«Khalid hat Kopfschmerzen, er muss wohl zuviel getrunken haben.»

«Schade, ihr verpasst die schöne Nilfahrt. Weisst du überhaupt, wo wir sind?»

«Nein, keine Ahnung.»

«In Edfu!»

«Ich glaub es nicht, so ein Zufall!»

«Ja. Ibs wollte euch gerade abholen, um von Bord zu gehen. Weisst du, Verena, ich muss dieses Kaffeehaus, in dem ihr eure Heirat vollzogen habt, unbedingt sehen. Die Geschichte ist ja so spannend. Und anschliessend könnten wir einen Streifzug durch den Bazar machen.»

Mir stockte der Atem. Das war genau das, was Khalid noch fehlte. Auf irgendeine Weise musste ich Aileen davon abbringen – aber wie?

«Gute Idee» sagte ich, «doch ich glaube, Khalid braucht eher ein Aspirin als eine Besichtigungstour durch Edfu.»

«Ist es wirklich so schlimm?»

«Ja, es sieht so aus.»

«Na, dann müssen wir eben ohne ihn von Bord gehen», sagte sie leichthin.

Irgendwie behagte mir plötzlich nicht mehr, Aileen ins Gericht zu nehmen. Ihr gewissermassen das Wort zu verbieten, oder mehr noch, Totschweigen von ihr zu verlangen. Es war wohl besser, wenn Khalid die Angelegenheit unter Männern regelte – so wie es sich gehörte in Arabien. Damit liess ich mein Vorhaben fallen.

Bald darauf erschien Ibrahim in der Tür.

«Und – kommt Khalid mit in die Stadt?», fragten wir wie aus einem Mund.

«Nein, er bleibt vorläufig an Bord.»

Ich versuchte auszuloten, ob Ibrahim gerade aus dem Kreuzverhör kam. Zumindest kaschierte er es ausgezeichnet. Nichts in seinem Gesicht verriet, worüber die Männer gesprochen hatten.

Einige der Gäste faulenzten auf dem Sonnendeck. Andere wiederum hatten das Schiff bereits verlassen oder schliefen – wie

Khalid – ihren Silvesterrausch aus. Bevor ich mit Aileen und Ibs von Bord ging, versorgte ich Khalid mit Orangensaft und Aspirin. Ich redete ihm gut zu, küsste ihn auf die Wange und hoffte, er würde mir meinen Fehler vergeben. Über das Gespräch mit Ibrahim verlor er kein Wort.

Oben auf dem Gehsteig herrschte reges Treiben. Hölzerne Pferdedroschken holperten über die unebene Strasse. Im Gegensatz zu Luxor oder Assuan führte hier eine naturbelassene Strasse dem Quai entlang. Verwirrt sah ich, wie arme Einheimische in sich versunken mitten in der Strasse hockten. Ich stand wie gebannt da, weil ich fürchtete, sie könnten jeden Augenblick von vorbeistiebenden Lastern oder Kutschen angefahren werden. Doch wie mir schien, waren es die Fahrzeuglenker gewohnt, auszuweichen.

Diesen Ort zu Fuss erkunden zu wollen, war fast ein Ding der Unmöglichkeit. Scharen von Kindern und Bettlern bestürmten uns. Ängstlich drückte ich mich an Aileens Seite. Ich hätte am liebsten kehrt gemacht. Schliesslich gelang es Ibrahim, eine knarrende, alte Droschke anzuhalten.

Unser Kutscher bog geradewegs in eine farbenfrohe Strasse ein, die vom Nilufer ins Dorf hinein führte. Ich spähte immer wieder nach links und rechts, konnte das geheime Kaffeehaus aber nirgendwo ausmachen. Bei Tageslicht sah ohnehin alles ganz anders aus. Ich hatte nicht einmal das Gefühl, dass wir hier überhaupt vorbeigekommen waren. Dieses nebulöse einheimische Haus musste in einem anderen Dorfteil liegen. Wenn nicht sogar auf der anderen Flussseite.

Schliesslich lud uns der Kutscher beim Bazar ab. «Seltsam», dachte ich, «auf einmal ist der Besuch des Kaffeehauses nicht mehr so wichtig.» Die ganze Zeit über wunderte ich mich, dass Aileen mit keinem Wort mehr etwas davon erwähnte. Das konnte nur wegen Ibrahims Gegenwart sein. Irgendetwas musste passiert sein, während ich mich bei Khalid in der Kabine aufhielt. Ibrahim hatte Aileen zum Schweigen gebracht. Dessen war ich mir jetzt ganz sicher. Zuvor konnte sie sich an der Geschichte ja nicht genug ergötzen. Sobald sich eine Gelegenheit ergab, würde sie mir bestimmt alles verraten – hoffte ich.

Im Bazar entdeckten wir eine Fülle von bunten Gewürzen, Parfums, Töpfereien und Pharaonen T-Shirts. Wie magisch zog es mich zu den exotischen Düften, den betörenden orientalischen Parfumessenzen. Ibrahim hatte alle Hände voll zu tun, um aufdringliche Händler von uns fernzuhalten. Während Aileen mit Einkäufen von T-Shirts beschäftigt war, probierte ich sämtliche Parfumessenzen durch. Ibrahim pendelte dauernd zwischen uns hin und her und sah zu, dass wir nicht übers Ohr gehauen wurden.

Zwei Stunden später kehrten wir zum Schiff zurück. Wir waren gerade dabei, uns gegenseitig vor der TELESTAR I abzulichten, als ich Khalid bemerkte. Er stand unauffällig im Schiffseingang, hatte die Sonnenbrille aufgesetzt und beobachtete alles. Wer weiss, wie lange er uns schon auf die Finger sah. Übermütig hatten wir einige Fotos geschossen. Darunter war auch ein reizendes Bild von Ibrahim und mir, auf welchem er den Arm kameradschaftlich um mich gelegt hatte.

Als sich Khalid nicht regte, rief ich über den Steg und deutete auf die Kamera. Doch im gleichen Moment sah ich einen der Gäste neben ihm, der anfing zu reden. Ich packte die Kamera in die Tasche. Es würde noch genügend Augenblicke für ein gemeinsames Nilschiffbild geben.

«Hallo Liebling, geht es dir besser?», fragte ich, als wir uns begrüssten. Khalid zwang sich zu einem Lächeln, wandte seine Aufmerksamkeit jedoch sogleich Ibrahim zu. Spätestens jetzt erkannte ich, dass ich mich dringend mit ihm unter vier Augen besprechen musste.

«Kommst du mit auf die Kabine, ich möchte dir meine Einkäufe zeigen», sagte ich.

«Gleich, Darling», sagte er.

Noch während wir an der Rezeption standen, geschah etwas Furchtbares. Khalid nahm meine Kamera an sich und tat so, als wollte er ein Foto machen.

«Lass mal sehen», sagte er, «wie funktioniert dieses Ding?»

Kaum hatte er die Worte ausgesprochen, sprang der Deckel

auf. Eine Sekunde blickte ich fassungslos auf seine Hände. Dann entriss ich ihm die Kamera reflexartig und knallte den Deckel zu. Mein Puls pochte wie wild. Was ich in dem morgenländischen Antlitz las, war keine Reue, nein, sein Gesicht war heiss und verzerrt, der Blick voller Missbilligung.

Khalid beteuerte zwar sofort, es wäre nicht absichtlich geschehen. Aber im Stillen glaubte ich ihm kein Wort. So dumm konnte keiner sein, einen Kameradeckel aufspringen zu lassen. Aileen und Ibrahim enthielten sich eines Kommentars. Eines war sicher; es war das letzte Mal, dass ich mich mit einem fremden Mann fotografieren liess.

Inzwischen war mir das Reden vergangen. Ich brachte meine Einkäufe auf die Kabine und zog mich um. Khalid hockte derweil im Sessel und liess seine Fingergelenke knacken. Ein Geräusch, das mich immer wieder schauderte. Mit einem Mal kam es grimmig über seine Lippen: «Man tuschelt, Verena, wie gut du dich mit Ibrahim verstehst.»

Ich blickte auf und war sprachlos. Statt dass er mich ansah, knackte er weiter mit den Fingern und sagte: «Du warst ohne mich mit ihm den halben Tag in Edfu unterwegs. Dass du dich dann auch noch in dieser Pose mit ihm fotografieren lässt – was glaubst du, wie man bereits darüber lacht?»

«Das ist einfach ungerecht», brach es mit erstickter Stimme aus mir heraus.

Khalid stand mit einem Ruck auf, umfasste meine Schulter und sah mir tief und ernst in die Augen.

«Schau Verena, ich will dir doch nicht wehtun. Aber es gehört sich einfach nicht.»

Er wischte mir eine Träne weg und berührte mein Gesicht sanft mit den Lippen.

«Ich weiss ja, dass du anständig und tugendhaft bist. Sonst wärst du im Leben nie meine Frau geworden. Aber andere Leute wissen das nicht, verstehst du?»

Ich nickte mit dem Kopf.

Danach war er sehr lieb zu mir.

259

Wir trafen uns alle auf dem Nildeck zum Mittagessen. Khalifa hatte angeordnet, dass das Schiff ablegte und weiter in Richtung Luxor pflügte. Die Landschaft war stromauf-, stromabwärts von bezaubernder Schönheit. Fruchtbare Felder, saftige Palmenhaine und bizarre Steinformationen zogen endlos an uns vorbei. Doch in Luxor hatte die Landschaft eine ganz eigene Ausstrahlung. Ein Hauch von Ewigkeit lag über den kahlen, vegetationslosen Westbergen, die sich als majestätische Kulisse am Rande der üppigen grünen Felder erhoben.

Auf dem Sonnendeck wurde es allmählich ruhiger. Einige schliefen in Liegestühlen, andere hatten sich in die Kabine zurückgezogen und wieder andere verbrachten die Zeit mit Plaudern. Die späte Nachmittagssonne warf ihre Strahlen schräg über das Land. Bald würde sich der Himmel orange färben, die Berge dunkel abstechen und sich das Gefieder der Palmen wie hingemalt im Nilwasser spiegeln.

Aileen und ich blickten versonnen in die Ferne. Mit keiner Silbe erwähnte sie mehr unsere Heirat. Es war so, als hätte es nie eine gegeben.

Ich beobachtete ihr Profil und fragte mich, was wohl in ihr vorging?

«Aileen, was würdest du dazu sagen, wenn Khalid den Film absichtlich zerstören wollte – ich meine, wegen dem Bild von Ibrahim und mir?»

Sie sah mich an und antwortete: «Ich wäre erstaunt und zugleich empört.»

«Siehst du.»

Danach kehrte wieder Schweigen ein. Ich starrte in das dahinströmende Nilwasser.

«Weisst du», begann Aileen in ruhigem Ton: «Nach moslemischen Begriffen hält sich eine gute Frau nun mal im Haus – sprich an der Seite ihres Mannes auf. So ist das leider.»

«Aber Aileen. Khalid hat dem Ausflug zugestimmt und Ibs beauftragt, mich keine Minute aus den Augen zu lassen, damit mir ja nichts zustösst.»

«Nun, damit meinte er wohl hauptsächlich deine Ehre und

deinen guten Ruf, der geschützt bleiben sollte. Ausserdem ist es für eine Frau unschicklich, in Gegenwart von Männern Heiterkeit zur Schau zu stellen – apropos Silvesternacht. In jedem Fall wird es als zweideutig empfunden, wenn in diese Fröhlichkeit Männer miteinbezogen sind. Ob es sich dabei nun um einen vierzehnjährigen Schwager oder um den siebzigjährigen Onkel handelt, ist einerlei.»

«Aber du hast doch auch getanzt und gelacht. Wäre Karen dabei gewesen, ich bin sicher, sie hätte uns an Temperament noch übertroffen.»

«Du vergisst, dass wir in Ägypten sind. Sie sind ganz anders als die Menschen der Vereinigten Arabischen Emirate. Sie tragen ihre Emotionen viel mehr zur Schau. Überdies ist Nabils Familie sehr modern und weltoffen. Das ist dir ja wohl nicht entgangen? Und trotzdem wage ich zu glauben, dass Nabil Karen gerade deshalb nicht mitgenommen hat zu Silvester. Nämlich, um sie keinerlei Verfänglichkeiten auszuliefern.»

«Aha, verstehe.»

Allmählich hörte ich ihr mit grossem Interesse zu. Aileen, die mir zu Anfang unserer Begegnung nicht sehr wohlgesinnt war, entpuppte sich nunmehr als liebenswerte Freundin. Wir diskutierten lange. Mit ihren aufschlussreichen Erklärungen half sie mir, vieles zu verstehen und Khalids Verhalten mit anderen Augen zu sehen.

«Verena, du musst noch einiges lernen», sagte sie zuletzt. «Für mich wäre solch eine Ehe jedenfalls nie in Frage gekommen. Ich bin oft schon mit Ibrahims Mentalität überfordert, die ja sehr ähnlich ist. Zumindest was die Religion betrifft.»

Inzwischen wurde es kühl auf dem Deck.

Es sah aus, dass Aileen aufbrechen wollte. Ich wandte mich rasch zu ihr und fasste sie beim Arm: «Aileen, und nun sag mir, weshalb sprichst du nicht mehr über die jüngsten Geschehnisse? Hat Ibrahim, respektive Khalid, es dir verboten?»

Sie stöhnte.

«Ach, Verena, Verena … Aber du versprichst mir hoch und heilig, dass du es für dich behältst?»

Ich nickte und blickte sie erwartungsvoll an.

«Ibrahim hat mich zum Schweigen gebracht.»

«Wie denn, um Gottes Willen?»

«Er sagte, er schneide mir die Zunge heraus, wenn ich ein Wort darüber verliere.»

Mich überfiel Entsetzen. Mein Mund öffnete sich, als wollte er der Bestürzung laut Ausdruck geben.

Aileen zwang mich mit drohendem Blick, meinen Mund sofort zu schliessen.

«Hör zu», flüsterte sie, «das war selbstverständlich nur eine Warnung, aber eine sehr deutliche – verstehst du?»

Ja, ich hatte verstanden.

Gleich darauf begaben sich die letzten Sonnenanbeter unter Deck, und Aileen und ich liefen hinterher.

Es war der Tag, an dem die ganze Welt in ihre gewohnte Hektik zurückkehrte. Das Geschäft, die Aktienkurse, Familie und Freunde riefen – alles musste nullkommaplötzlich nach Kairo zurück.

An jenem Nachmittag rasten wir mit mehreren Taxis eilig zum Flughafen von Luxor. In der Abfertigungshalle herrschte Chaos. Die Festtage waren vorbei und Tausende von Touristen reisten ab. Nabil sorgte dafür, dass unser Gepäck an einem extra für ihn geöffneten Schalter entgegengenommen wurde. Die verdriesslichen Mienen der schlangestehenden Touristen waren geradezu spürbar. Die Maschinen mussten zum Bersten voll sein.

In der VIP Lounge fragte ich mich, was die Männer wohl plötzlich zu tuscheln hatten. Einer nach dem anderen reckte den Kopf zum Nachbar und grinste verschämt in sich hinein. Ich blickte Khalid immer fragender an.

«Nabil hat soeben neun Passagiere von der Liste streichen lassen», sagte er.

«Sag sowas nicht», zischelte ich halb entrüstet.

Nabils dunkle Augen lächelten mir zustimmend zu. Hätte

ich das zuvor gewusst, ich glaube, ich wäre vor Schuldgefühlen in den Boden versunken. Doch Khalid meinte, Nabil habe es ja für uns getan und schliesslich gehöre die Airline ihm.

Schon bald wurden wir an Bord der Maschine gebracht. Als VIP-Passagiere, versteht sich. Während wir unser Handgepäck verstauten und es uns in den orangefarbenen Sitzen bequem machten, begab sich Nabil ins Cockpit. Nach einem Moment des Schweigens brach einer nach dem anderen in Gelächter aus. Nabils Unverfrorenheit gab einfach Anlass zu kindlicher Albernheit. «Typisch Mann», dachte ich. Aileen hielt derweil alles bildlich fest. Etwa zwanzig Minuten später strömten die zweihundert Passagiere herein.

Wieder einmal hatte ich weder einen Flugschein noch eine Bordkarte gesehen. Erstaunlich, wie in Ägypten die Beziehungen funktionierten. Das einzige Ticket, das mir je zu Augen gekommen ist und welches echten Seltenheitswert besitzt, ist:

Cairo-Aswan-Cairo, Sheikh Khalid Bin Sultan Al Rashid + 1 Pax (plus eine Person).

Ramses Hilton

Vor uns ragte ein gigantischer Tower von beeindruckender Architektur aus dem Smog heraus. Unsere letzte Unterkunft, ein Luxushotel am Nilufer.

Die mondäne Hotelhalle mit dem lautlosen, geschäftigen Treiben wirkte ernüchternd. Wenngleich das Thema Abreise tabu war, so wusste ich, dass die Trennung nahte. Bald wäre mein Urlaub zu Ende und ein herzzerreissendes Auseinandergehen folgte. Für wie lange, das wusste zur Stunde keiner. Für Khalid fingen die harten Verhandlungen um die Transaktionen aus dem Sudan erst an. Mit den Al Nasser Gebrüdern würde er Konditionen um Landebewilligungen und Beteiligungen an dem Rennkamelgeschäft aushandeln. Danach beabsichtigte er, nach Al Waha zurückzufliegen. Wenn alles nach Plan verlief, wollte er Haza, seinen jüngeren Bruder, Schritt um Schritt in die Geschäfte am Golf einführen. Weiter beabsichtigte er, seine Mutter ins Vertrauen zu ziehen.

Khalid kam lächelnd von der Rezeption zurück.

«Schatz, man glaubt es nicht, aber sie wollen unsere Heiratsurkunde sehen.»

Seine Äusserung klang wie eine Schwindelei, und er musste mir die Zweifel angesehen haben, denn er bekräftigte: «Scheinbar sind hier die Vorschriften strenger als anderswo.»

«Ist das denn die Möglichkeit, in solch einem Business Hotel», bemerkte ich so gelassen wie möglich.

Ich wusste, dass er log und händigte ihm das Papier aus.

Wir wurden zum 26. Stock, dem Executive Floor gebracht. Stolz erklärte Khalid, dass diese Etage ausschliesslich Staatsoberhäuptern, Königen und arabischen Scheichen vorbehalten sei. Die separate Rezeption mit eigener Lounge, kostenlosen Drinks und Imbissen, wo man auch Besucher empfing, liess einiges vermuten.

Durchs Fenster sah ich wehmütig auf El-Qahira hinunter. Der Nil, der direkt unter dem Hotel vorbeifloss, hatte im Gegensatz zu Assuan hier die schmutzige Farbe von Schlamm. In der Ferne, am Rande der Wüste, erhoben sich spukhaft die Pyramiden aus dem Sand. Das gedämpfte Licht, der Smog, das alles erweckte eine eigenartige Stimmung in mir.

Die Tage verliefen ruhiger. Wir flanierten des Öfteren der Corniche El Nil entlang und kehrten schliesslich in einem der zahlreichen Cafés ein, wo man bei Sonnenschein draussen sitzen konnte. Khalid scherzte des Öfteren – wohl um nicht verrückt zu werden. Die Last des Unvermeidlichen drückte ihn nieder, das konnte man an seinen Augen förmlich ablesen.

Statt dass wir uns nun mit dem Fortgang unserer Ehebeziehung auseinandersetzten, alberten wir herum und versuchten, die Augen vor dem, was kommen würde, zu verschliessen. Ob Khalid den Mut und die Kraft aufbringen würde, das Versprechen der Familienoberhäupter aufzulösen, daran wollte ich jetzt lieber nicht denken. Und auch nicht, ob er seine Liebesheirat geheimhalten wollte. So lange eben, bis die Dinge ihren eigenen Lauf nahmen und sich alles von selbst regelte. Oder anders gesagt, bis Allah einen Weg fand. Zu gross war wohl unser beider Respekt seiner Familie gegenüber, als auch der nichtsahnenden, versprochenen Cousine in Al Waha.

Ich war mir sicher, dass Khalid zu jener Stunde selbst nicht wusste, wie alles weitergehen sollte.

Die zweitletzte Nacht in Kairo feierten wir allein mit Aileen und Ibrāhim. Sie luden uns in ein nobles Bauchtanz-Lokal ein, das ausschliesslich von betuchten Ägyptern besucht wurde. Man teilte uns den begehrtesten Tisch gleich neben der Bühne zu. Bestimmt steckten wieder mal Nabils Beziehungen dahinter.

Während die Künstler ihre Show darboten, wurden unzählige Platten mit feinsten orientalischen Speisen aufgetischt. Zwischendurch lachten wieder alle, wobei Aileen und ich natürlich kein Wort von dem arabischen Gepländel verstanden. Schliesslich rauschte die Bauchtänzerin, eine schöne Frau in fortgeschrittenem Alter, durch den Saal. Während sie den Beledi tanzte, wurde der Beifall laut und ich spürte, wie sie mich sogleich ins Auge fasste. Ob mein blondes Haar mit der kunstvoll gebundenen Lurexschlaufe oder der schöne Araber an meiner Seite ihre Aufmerksamkeit erweckte, wusste ich nicht. Allmählich tanzte sie hautnah, in die Knie sinkend vor mir, klimperte wie in Trance und ohne Ende mit Glöckchen zwischen den Fingern, begleitet vom Blitzgewitter der Fotografen. Zweifellos waren wir beide die auffallendsten weiblichen Wesen in dem Lokal. Doch damit nicht genug. Als «David Copperfield» das Parkett betrat, wurde die Bescherung unausweichlich. Zunächst erzählte er endlos arabische Possen, bis sich die Ägypter vor Lachen krümmten. Auch ich lachte mit – bis ich plötzlich merkte, dass alle mich ansahen, als hätte der Scherz mir gegolten. Ich spürte, wie mir Röte ins Gesicht stieg. «Nein, bitte nicht ich», dachte ich. Doch bevor ich mich wehren konnte, liess mich der Magier bereits auf die Bühne «schweben» und ich wurde, zum Gaudi sämtlicher Anwesenden, Element seiner Zauberei.

Für ein paar Stunden hatte ich Gott und die Welt vergessen. Doch draussen lauerte wieder der Feind, die unerbittliche Realität. Ich war an einem Punkt angelangt, wo die Abreise fast eine Art der Erlösung bedeutete.

Am letzten Tag tauchten wir nochmals ins Gassengewirr der Altstadt ein. Wir stöberten in Antiquitätenläden herum, bis wir im alten Souk, dem Khan el Khalili, landeten. Khalid suchte nach einem Geschenk für Mama, die er, wie alle Mütter in Arabien, verehrte. Trotzdem lag eine Art bleierne Abschiedsstimmung in der Luft. Wie in Trance wandelte ich durch das bunte Gewirr von Eselskarren, Menschen, abgemagerten, struppigen Katzen und hupenden Dreiradgefährten. Der schwere Geruch von dampfenden Frittier-Ölkesseln, Knoblauch und fettem, süssem Baklawa vermischte sich in der Luft. Zwischen dem lärmigen Durcheinander war aus der Ferne das Gebet des Muezzin zu vernehmen. Wie sollte ich bloss wieder ohne all dies leben, dachte ich wehmütig. Auf einmal war mir egal, ob ich in dem Irrgarten verloren ging oder nicht. Etwas begann sich zu sträuben in mir. Es wehrte sich gegen die Abreise und widersetzte sich einer Trennung. Khalid musste es spüren. Er suchte meine Hand und umklammerte sie fest. Dabei überkam mich ein regelrechtes Déjà-vu. Ich sann darüber nach, wo sich dasselbe schon einmal abgespielt hatte. Plötzlich fiel es mir ein, wie der Blitz aus heiterem Himmel: Victoria-Station, London. «Rush-hour», murmelte ich geistesabwesend vor mich hin.

«Ein Maschwi, möchtest du? Sollen wir hier zu Mittag essen?»

Die nervliche Überbelastung stand ihm im Gesicht. Zum ersten Mal an diesem Tag, musste ich lachen.

«Neiin, rush-hour, sagte ich.»

Khalid verstand den Zusammenhang nicht, war ja auch kompliziert.

«Ich hatte soeben ein Déjà-vu», sagte ich.

«Weshalb gerade hier, im Gassengewirr des Khan el Khalili?»

«Keine Ahnung, Schatz. Aber deine Idee finde ich gut, lass uns was Essen gehen.»

So ging der letzte Tag in Ägypten zu Ende. Die Koffer waren bereits gepackt und ich hatte keine Ahnung, wohin meine Zukunft führte.

Nun also wurde es ernst. Der Tag der Abreise war angebrochen und der Abschied stand unmittelbar bevor. Die EgyptAir ab Kairo ging um zehn Uhr morgens. Während ich dem Make-up noch den letzten Schliff gab, klopfte es an die Zimmertür. Ich hörte eine Männerstimme, und wie mein Gepäck hinausgetragen wurde. Die Tür schloss sich wieder und Khalid rief: «Schatz, langsam wird es Zeit.»

Die ganze Nacht über hatten wir kaum geschlafen. Trotz zuversichtlicher Worte und Versprechungen war die Angst in mir nicht unterzukriegen. Khalid beteuerte zwar, dass wir uns so schnell wie möglich wieder sehen würden – sei es in Zürich,

Kairo oder in Dubai. Doch wie gings danach weiter? Er wusste es nicht. Erst wollte er zu Hause sein, und dann – Inshallah. Meine Lage war schlimm genug, doch in Khalids Haut, da hätte ich wahrhaftig nicht stecken wollen.

«Verena», klang es ungeduldig, «in der Frühe gibt es oft Stau auf den Strassen.»

Die ganze Zeit über war ich schon am Rätseln, wie ich Khalid auf unser Heiratspapier aufmerksam machen konnte. Vorausgesetzt natürlich, dass es ihm nicht selbst in den Sinn kam. Nun kramte ich also vor seinen Augen in der Handtasche und tat so, als fehlte mir etwas.

«Ich suche was …», sagte ich nervös, «weisst du, mein ganz persönliches Andenken von Ägypten. Wo ist es bloss geblieben?»

Ein Schmunzeln huschte über sein Gesicht.

«Ach, jetzt erinnere ich mich wieder, Khalid. Du hast das Papier zuletzt gehabt.»

«Du meinst damit unsere Heiratsurkunde?»

Er lachte verlegen auf. «Die kann ich dir nicht zurückgeben, Sweetheart.»

Ich blickte ihn an und spürte, wie mich Enttäuschung überfiel. «Das ist wohl nicht dein Ernst, Schatz?»

Er nickte stumm.

«Aber, Khalid, erinnerst du dich denn nicht, wie ich in Assuan sagte, dass ich diese wunderschönen Schriftzeichen zu einem Bild rahmen und über meinem Bett aufhängen möchte?»

«Das geht nicht, Liebling. Bitte, versteh doch. Du … du könntest mein Leben zerstören damit. Ich meine einfach, dass es vernünftiger ist, wenn diese Urkunde in meinem Besitz bleibt.»

Mir lief es Stück um Stück eiskalt den Rücken hinunter.

Als könnte ich jemals etwas derart Böses wollen. Ich spürte, wie ich erstarrte und das Blut aus meinen Adern wich. (Aileen hatte recht gehabt mit ihrer Aussage.)

Khalid bewegte sich auf mich zu, als wollte er mich umarmen. Doch alles, bis zur letzten Faser in mir, sträubte sich gegen ihn.

«Lass das, bitte», schob ich ihn weg.

«Ich muss erst meine Gedanken ordnen.»

Keine Berührung, nicht einmal seinen Blick ertrug ich in diesem Moment. Ich war zutiefst verletzt.

Auf der Fahrt zum Flughafen sassen wir schweigend nebeneinander. Immer wieder füllten sich meine Augen mit Tränen. Dieses Misstrauen brannte wie Feuer in meiner Seele. Ich wusste noch nicht, wie ich je damit leben sollte.

In seiner Reue beschwor Khalid zwar, dass er mir eine Kopie davon geben würde. Doch diese Zusicherung vermochte mich auch nicht mehr zu trösten. Die Worte waren gefallen, ich war enttäuscht. Und er hatte unser Vertrauen aufs Tiefste verletzt.

Nachdem mein Gepäck eingecheckt war, gingen wir schweigend nebeneinander in Richtung Passkontrolle.

Khalid sah mich mit gläsern schimmernden Augen an und brachte kein Wort hervor. Versteinert standen wir inmitten der Hektik vorbeieilender Passagiere. Keiner von uns beiden schien zu wissen, was er noch sagen sollte. Plötzlich mussten wir uns umarmen. Khalid seufzte immer wieder mit erstickter Stimme: «Verzeih mir, verzeih mir, Liebling, so habe ich es nie gewollt ...»

Schliesslich ging ich wie betäubt zum Ausgang. Erst als El-Qahira im Smog und den Wolken untergetaucht war, verebbten die Tränen unter der Sonnenbrille.

Ich, die erste Frau von Scheich Khalid

Das Jahr 1990 fing katastrophal an. Als hätte ich nicht schon genug Sorgen gehabt, stellte mein Hausarzt beim Röntgen fest, dass ich eine bakterielle Lungenentzündung von Ägypten mitgebracht hatte. Nun war klar, weshalb ich die immer wiederkehrenden Fieberschübe bereits auf der Reise hatte. Im Verlauf der letzten Tage in Kairo fühlte ich mich zusehends schlechter und schwächer. Ich riss mich zusammen und versuchte, mir nichts anmerken zu lassen. Zuletzt glaubte ich, das Ganze wäre rein psychischer Natur.

Als Khalid nun von der Diagnose erfuhr, zeigte er sich zutiefst beunruhigt und war sogleich im Begriff, nach Zürich zu fliegen. Schliesslich konnte Mama ihm verständlich machen, dass meine gesundheitliche Verfassung keinen Besuch erlaubte. Zwei Wochen lag ich geschwächt im Bett, währenddessen sich im Zimmer Fleurop-Rosen aus Dubai vermehrten.

Nach drei Wochen konnte ich Khalid endlich an mich drücken. Es klingt vielleicht euphorisch, aber kaum trat er über die Türschwelle, begann mein Herz wieder anders zu schlagen.

An jenem Tag gingen wir, entlang dem Bach bis zu der Sitzbank, dem Platz unter den Tannen, wo ich so oft schon gesessen und von Arabien geträumt hatte. Ich war zwar geschwächt, doch ich fühlte mich überglücklich. Und ich versuchte, nicht an die schmerzvolle letzte Stunde in Kairo zu denken. Auch fragte ich nicht, was sich in Al Waha tat. Khalid würde es mir von selbst erzählen, wenn sich etwas Neues ergab. So vergingen die drei Tage, ich war einfach beruhigt, dass er hier war und auch, dass ich die Krankheit überstanden hatte.

Von nun an musste ich meine Ferienguthaben minuziös einteilen. Ich wollte Khalid so oft wie möglich sehen, also lag immer nur ein verlängertes Wochenende drin. Das heisst, bis ich für immer nach Dubai ziehen würde. So setzte ich mich jeden zweiten Donnerstag ins Flugzeug nach Abu Dhabi, wo ich um elf Uhr nachts landete. Dubai wurde damals nur einmal wöchentlich – mitten unter der Woche – angeflogen, während die Strecke Abu Dhabi via Riad fast täglich frequentiert war. Hier wusste mich Khalid auch jederzeit in guter Obhut von Aileen und Ibrahim. Meistens war es auch deren Aufgabe, mich am Flughafen abzuholen. Ausserdem lag Abu Dhabi weit genug entfernt von Al Waha.

Ich erinnere mich noch gut an den ersten Flug dahin. Ich sass eingeklemmt zwischen saudiarabischen Familien und europäischen Geschäftsmännern. Sie hatten auf ihren Aktenkoffern wichtig aussehende Dokumente ausgebreitet, in denen sie interessiert herumstöberten. Nachdem die Maschine in Riad gelandet war, erhob sich die ganze Kabine plötzlich, in schwarze Gespenster verwandelt. Es war ein unheimlich beeindruckender Moment. Die Verwandlung musste völlig lautlos und unauffällig geschehen sein, denn ich hatte rein gar nichts bemerkt. Eine dunkelblonde, grosse Europäerin fiel mir auf. Sie trug eine Abaya, hatte ihr Haar jedoch nicht mit einem Schleier verdeckt. Ich stellte fest, dass sie einer saudischen Familie angehörte und die Erzieherin derer Kinder sein musste. Während sich die Maschine leerte, blickte ich fasziniert in die Dunkelheit der Nacht, wo schneeweisse Terminals, Wüstenzelten gleich, sich aneinander reihten. Nach dreiviertelstündiger Zwischenlandung war der Spuk vorbei und die Swissair flog weiter nach Abu Dhabi.

Meistens war die Maschine bis auf etwa zwanzig Passagiere leer. So kam es schon mal vor, dass man sich für den Anlass meines Fluges nach Abu Dhabi interessierte. Schliesslich war es ja kein alltägliches Bild, allein und unverschleiert nach Arabien zu reisen.

Ach, wie mir solche Fragerei widerstrebte. Ich konnte doch meine Geschichte nicht aller Welt offenlegen. Ausserdem wurde mir jedesmal bewusst, wie unglaublich, utopisch sie klänge, wollte man sie in Worte fassen.

Und doch war alles wahr.

Als wir Riad hinter uns gelassen und die Reiseflughöhe erreicht hatten, war es mit meiner Ruhe vorbei. Je näher Abu Dhabi rückte, desto aufgeregter wurde ich. Nach eineinhalb Stunden Flug war ich endlich erlöst. Nein, noch nicht ganz. Ich musste noch die letzten Schritte bis zu ihm schaffen. Mit zitternden Knien verliess ich die Maschine und bewegte mich durch den Terminal zur Passkontrolle. Der Zollbeamte in weisser Kandora und Suffra verzog keine Miene, als er den Schweizer Reisepass inspizierte. Ohne aufzublicken meinte er fast unbeteiligt: «Ihr Visum, bitte?»

Ich starrte verwundert auf die weisse Suffra, atmete tief durch und entgegnete so ruhig wie möglich: «Mein Visum muss hier sein.»

Khalid hatte doch gesagt, dass ich es bei der Einreise erhalten würde. Weshalb stellte mir dieser Beamte überhaupt solch eine merkwürdige Frage? Zweifel jagten mir durch den Kopf. Ob wohl etwas schief gelaufen war? In dem Moment deutete der Beamte in Richtung der Glastrennwand, wo zahllose Hände an der Scheibe klebten und viele Augen spähend suchten. Einheimische, die den Ankömmlingen kreuz und quer zuwinkten und riefen.

Als ich mich nicht vom Fleck rührte, weil ich nicht verstand, was er damit meinte, sagte der Beamte an mir vorbei blickend: «Vielleicht ist ihr Visum dort.»

Nun begriff ich gar nichts mehr. Dennoch befolgte ich den Rat des Mannes und bewegte mich peinlichst berührt zur Trennscheibe. Vor lauter Wirrwar sah ich erst gar nichts. Dann, mit einem Mal, nahm ich Ibrahims Gestalt wahr und zwei Hände, die mir heftig zuwinkten. Er reckte sich sogleich hoch und liess einen Zettel über die Trennscheibe runterfallen. Ich fing das Blatt auf und der Herzschlag setzte wieder ein, als ich mein Visum erkannte. Aber Khalid, wo blieb Khalid? Und weshalb konnte er mich nicht besser unterrichten, wie die Einreise als

Privatperson hier funktionierte? Es war wieder mal typisch, er vertraute einfach auf Gott. Und ich, ich musste mich erst wieder daran gewöhnen.

Gleich darauf empfing mich Ibrahim mit einem Sturm von Willkommensgrüssen. Als hätte ich es nie anders gekannt, tat ich es ihm gleich und fragte weitschweifig nach seinem und Aileens Wohlergehen. Erst als wir draussen vor dem Terminal standen, das Begrüssungsritual zu Ende war, fragte ich nach Khalid.

«Er ist hier», meinte Ibrahim gelassen.

Das konnte heissen: in Abu Dhabi, am Flughafen, oder hinter meinem Rücken – alles. Jedenfalls sah ich keinen Khalid. Doch bestimmt würde sich das Rätsel gleich lösen. Erstaunlich, wie leicht ich mich innert Minuten wieder in die arabische Lebensweise einzufügen wusste. Scheinbar liebte ich dieses Land mitsamt seinen Geboten wie keinen anderen Ort auf der Welt.

Inzwischen rollte ein weisser Mercedes an uns vorbei, der unmittelbar stoppte. Ibrahim nahm mein Gepäck und folgte dem Wagen. Er öffnete den Kofferraum, lud die Sachen ein und hielt mir die hintere Wagentür auf.

«Welcome to Abu Dhabi, Sweetheart.»

Hatte ich es doch geahnt. Meine Hand strich flüchtig über Khalids Wange. Wonach ich mich sogleich der Sitte und dem Anstand entsprechend in den Sitz zurücklehnte. Dann rollte der Wagen an und wir verliessen den Abu Dhabi International Airport. In weiter Ferne glitzerte hell erleuchtet die Stadt und ich wusste, dass ich bis zur Ankunft nichts über unser Programm erfahren würde. Eines schien mir jedoch klar; Khalid durfte sich nicht am Flughafen zeigen. Was wohl bedeutete, dass sich in Al Waha nichts geändert hatte. Doch ich würde Khalid genügend Zeit gewähren – schliesslich waren wir in Arabien. Während meine Gedanken kreisten und die Lichter sich näherten, musste ich an den erzürnten Mattar denken. Dabei betete ich zu Gott, dass uns eine dumme Zufallsbegegnung erspart bliebe.

Wir fuhren schon eine ganze Weile durch die stille Wüstenstadt, als Ibrahim plötzlich rief: «Schau her, Verena, dort drüben ist die Electra Street, da ist unser Zuhause.»

«Aha. Und, werde ich Aileen gleich sehen?»

«Na, wenn du auf einen Sprung ins Spital fahren möchtest? Sie hat heute Nachtdienst in der Notaufnahme.»

«Nein danke, Ibrahim. Bestimmt werden wir uns morgen sehen, nicht wahr?»

Unterdessen parkte der Wagen vor dem gegenüberliegenden Meridien Hotel. Zu meinem Erstaunen ging nicht Khalid, sondern Ibrahim zur Rezeption und übernahm das Check-in. Scheinbar sollte unser Kommen den Eindruck erwecken, wir seien Ibrahims Gäste.

Ach, wie mir dieses Vertuschen missfiel. Es entsprach so gar nicht meiner Moral. Gewiss erging es Khalid ebenso, wenn nicht noch schlimmer. Zweifelsohne musste ihm vorkommen, als erdrückte ihn die Zentnerlast seiner Probleme demnächst.

Die drei Tage in Abu Dhabi verbrachten wir entweder bei Aileen zu Hause, im Auto oder auf dem Hotelzimmer. Wie hatte ich mir gewünscht, an Khalids Hand durch den Sand zu stapfen, das türkisgrüne Meer zu sehen und das Rauschen der Wellen zu hören. Oder auch nur aus der Ferne einen Falkner zu beobachten. Doch nichts dergleichen schien möglich zu sein. Alles durfte immer nur vom Auto aus, hinter verdunkelten Fensterscheiben, beobachtet werden. Zwar spielte ich die Unbekümmerte, lachte mit, doch in Wahrheit begleitete mich stets ein Gefühl von Traurigkeit und Frust.

Für Khalid dagegen schien alles ganz normal. Ihm bedeuteten all diese Dinge wenig. Er liebte es, in seinem klimatisierten Sportwagen bei aufgedrehtem Radio durch die Wüste zu brausen. Doch konnte einen die Stimmung von lauten Gitarrenklängen und vorbeiziehender Wüstenlandschaft auch in abgrundtiefe Melancholie versetzen. Je nach Gemütszustand schäumten wir vor Glückseligkeit über, oder es stimmte uns traurig. Letzteres war im Nachhinein immer wieder schwierig zu verscheuchen.

So verlief die erste Zeit in den Vereinigten Arabischen Emiraten als Ehefrau an Khalids Seite. Auf dem ersten Heimflug in die Schweiz begutachtete ich das neue Flugticket. Es zeigte, dass ich mich auf dem Hin- und nicht auf dem Rückflug befand, was mir stille Freude bereitete.

Seit nunmehr drei Monaten pendelte ich zwischen Abu Dhabi und Zürich hin und her. Ich bestieg Flugzeuge, als wären es Züge – direkt von der Arbeit kommend, und manchmal auch wieder dahin zurück. Einstweilen hatte sich nichts von Bedeutung geändert in Al Waha. Khalid vertraute unverrückbar auf Gott und die Zeit. Doch ohne den Segen seiner Familie, dem Herrscherclan, das war klar, würden wir nie Glück und Frieden finden.

Manchmal suchte ich Rat bei Aileen, doch immer wieder entzog sie sich dem Thema. Ich hatte das Gefühl, dass ihr Ibrahims Drohung weiterhin im Nacken lag.

Hingegen war sie jedesmal wie besessen darauf, an den Tagen, die ich hier verbrachte, mit uns auszugehen. Aileen legte stets ein Programm zurecht. So lernte ich viele aussergewöhnliche Restaurants und Lokale kennen, auch solche mit musikalischer Unterhaltung. Manchmal konnten die Orte nicht ausgefallen genug sein. So zum Beispiel die Karaoke-Bar im Al Ain Palace, wo man selbst singt – vornehmlich Beatles Songs.

An jenem Ort trafen sich hauptsächlich Expatriates. Ausländer wie Aileen, die den Arabischen Emiraten ihr Wissen und ihre Arbeitskraft zur Verfügung stellten. Gegen astronomische Gehälter notabene. Wo immer man eine Ansammlung von Expatriates traf, lag eine seltsam trunkene Atmosphäre von Fernweh und einem Quäntchen Heimweh in der Luft. Am wildesten jedoch ging es im Al Birkek, einem libanesischen Restaurant, zu. Dort funkten und sprühten die Emotionen nur so. Wenn die Libanesen tanzten, sangen und lachten, überbordete die Stimmung derart, dass kein Auge trocken blieb. In solchen Nächten konnte ich rundherum alles vergessen. Wenn auch nur für kurze Zeit.

Weder die täglichen Telefongespräche über den weiten Kontinent, noch unser Zusammensein, gab mir Aufschluss über Khalids Pläne. Die Idee mit dem Haus in der Schweiz hatten wir längst fallen lassen. Zum einen, weil mir nicht geheuer war, allein in einem Haus zu wohnen, zum anderen weil ich fürchtete, ich könnte danach nicht mehr nach Dubai fliegen. (Da, wo die Welt meiner Träume lag …) Ich wäre sozusagen versorgt gewesen, und Khalid hätte keine Eile mehr gehabt, seine Pläne voranzutreiben. Nein, nein, das wollte ich nicht.

Wie auch immer. Meine dunkle Vorahnung, dass Khalid sich den Gegebenheiten je länger je mehr beugte, bestätigte sich mit jedem Aufenthalt. Khalid wurde zusehends niedergeschlagener und ernster. Langsam wurde ich das Gefühl nicht los, dass er in seiner Not darauf hinsteuerte, eine Doppelehe zu führen. Als er schliesslich auch noch meine Mutter nach Abu Dhabi einlud, wurde das Ganze noch suspekter. Doch alles der Reihe nach.

Wir sassen gerade beim Nachtessen mit Blick über die Abu Dhabi Marina, als Khalid sagte: «Verena, was sagst du dazu, wenn ich ein Haus für uns kaufen würde, irgendwo an der schönen Jumeirah Beach. So könnten wir die eine Hälfte der Woche miteinander verbringen und die übrigen Tage wäre ich in Al Waha.»

Ich hielt entgeistert inne und blickte ihn ungläubig an. Natürlich war mir sofort klar, was er mit Al Waha meinte.

«Das ist wohl nicht dein Ernst?», sagte ich.

«Doch, es ist mein Ernst. Selbstverständlich müsste deine Mama mit ins Haus einziehen. Du brauchst einen Schutz, so sind die Sitten und Bräuche bei uns. Ich könnte für sie, damit sie nicht ganz auf das Gesellschafts- und Geschäftsleben verzichten muss, im Deira City Center eine Boutique einrichten. Und du Habibti, du wärst natürlich nur für uns beide da.»

«Hör zu, so habe ich mir die Zukunft nicht vorgestellt. Ich meine, dass du die eine Zeit in Al Waha verbringen willst.»

Seine Miene verdüsterte sich.

«Was glaubst du, wie ich mich anstrenge, wie ich mir den Kopf zermartere, und wie ich in Al Waha alle zum Wahnsinn treibe mit den immer neuen Ausflüchten. Denkst du, es ist einfach für mich? Wir müssen nun endlich eine Lösung finden.»

«Sieh mich bitte an», sagte ich ruhig. «Glaubst du im Ernst, dass ich dich mit einer anderen Frau teilen könnte?»

«Warum nicht? Meine Liebe, mein Leben gehört dir.»

«Niemals könnte ich das. Und denkst du wirklich, dein Gewissen könnte solch ein Leben in Lüge verkraften?»

Er seufzte.

«Ich sage dir, es würde dich zerreissen. Du würdest mich bald hassen. Begreifst du, wie unmöglich deine Ideen sind? Wir könnten uns niemals gemeinsam ausserhalb der vier Wände in der Öffentlichkeit bewegen. Ein Leben in Versteck und Lüge – nein Khalid, das ist unserer Liebe nicht würdig.»

Für einen Augenblick herrschte Funkstille.

«Verzeih mir Liebling, es ist die Verzweiflung, die mich auf solche Ideen bringt», sagte er.

In der folgenden Nacht fühlte ich mich von schleichender Ohnmacht befallen. Doch irgendeine Kraft, die mächtiger war als die Wüste oder stärker als der Verstand, liess mich wider alle Vernunft weitergehen.

Mama und Khalid

Als Mutter auf dem Abu Dhabi International Airport landete, war es, als würde ein Staatsbesuch eintreffen. Während Khalid seine Ehre erwies, indem er höchstpersönlich hinter der Glastrennwand in Erscheinung trat, hatte sich Ibrahim in feierlich traditionelle Kleidung gehüllt. In seinem wehenden Gewand, dem kunstvoll aufgetürmten Turban – der ihn riesenhaft erscheinen liess, sah er aus wie einer der drei heiligen Könige. Eine wahrlich märchenhafte Erscheinung.

Die beiden lachten und waren voller Vorfreude über die Ankunft der Schwiegermutter und den Plänen, die sie ausgeheckt hatten. Sie überfielen uns mit einem nicht enden wollenden Sturm von Willkommensgrüssen. Mama und ihre Freundin Ursina kamen aus dem Staunen nicht heraus.

Nachdem die «Weiberfuhr» eingeladen war, lenkte Ibrahim den Wagen singend durch die brettebene Wüste. Die beiden Frauen wechselten einen Blick. Auf einmal prusteten sie los. Wie es aussah, spornte dies Ibrahim geradezu an, noch einen aus dem Repertoire draufzulegen. Khalid schüttelte bloss immer wieder verzweifelt den Kopf, wenn die Plauderei zwischen ihm und Mama übertönt wurde. Er fragte sie namentlich nach jedem meiner Geschwister und deren Wohlergehen. Natürlich kannte Mama dieses Ritual schon vom Telefon, und hatte für jeden eine Geschichte parat. Zu guter Letzt fanden wir uns am äussersten Zipfel der Corniche, beim Inter-Continental Hotel.

Ibrahim schritt allen voran würdevoll durch die Lobby in Richtung Rezeption. Ich sah ihn zum ersten Mal in traditioneller Kleidung und war stark beeindruckt.

Dann bezogen wir unsere Zimmer. Als die Koffer ausgepackt waren, klopfte ich bei Mama an. Die Tür öffnete sich, ich ging an ihr vorbei ins Zimmer, setzte mich und sah, wie meine Mutter sich mit dem Rücken an die Tür lehnte.

«Was hast du mir bloss angetan, Verena», brach sie lachend heraus.

«Mit einem solchen Empfang hatte ich nun wirklich nicht gerechnet!»

Das ging so weiter, bis wir uns beide ausschütteten vor Lachen. Und jedesmal, wenn eine von uns beiden das Wort ergreifen wollte, krümmte es die andere von Neuem. Das kam wohl daher, dass wir beide ein Faible hatten, gewisse Dinge oder Situationen völlig übertrieben wahrzunehmen.

Inzwischen war auch Ursina dazugestossen. Wann die Frauen den nächsten Tag beginnen sollten, geschweige denn wie das Programm verlief, konnte ich ihnen nicht sagen. Das wusste einzig Allah – und sie würden sich daran gewöhnen müssen.

Schon früh läutete uns Ibrahim aus dem Bett. Während Khalid telefonierte, schob ich die Gardinen beiseite und warf einen Blick aus dem Fenster. Unter uns erstreckte sich das türkisgrüne Meer und ein stimmungsvoller, kreisförmig angelegter Yachthafen. Als Khalid auflegte, ging ich aus dem schillernden Licht zurück ins Zimmer.

«Die Aussicht ist grossartig hier», sagte ich.

Sein Gesicht strahlte vor Stolz, als er entgegnete: «Du solltest mal nach deiner Mama sehen.»

Ich hob den Hörer ab und schlug Mama vor, zunächst einmal mit Ursina zu frühstücken und die Aussicht zu geniessen. Wenn Gott wollte, würde ich bis dahin herausfinden, wie unser Tag verlaufen sollte.

Da der Nachmittag sehr heiss zu werden versprach, fuhren wir mit einer Hochseeyacht aufs Meer hinaus. Aileen und Ibrahim nahmen Picknick-Körbe, Schilfmatten, eine Kühlbox und einen Sonnenschirm aus dem Wagen. Schliesslich tuckerte die Yacht vollbeladen aus der Marina zum Meer hinaus. Der Ausflug sollte auf eine der vorgelagerten Inseln von Abu Dhabi führen. Mit von der Partie waren der Bootseigentümer, ein Libanese und Freund von Ibrahim, sowie ein Ärzte-Ehepaar aus Aileens Kreisen. Wir Frauen kuschelten uns eng aneinander und lachten im Wind. So abenteuerlich hatte sich Mama ihren Besuch in den Arabischen Emiraten nicht vorgestellt. Und schon gar nicht, dass sie am Ende einer Bootsfahrt auch noch durch hüfttiefes Wasser an Land waten sollte. Sie, die solche Angst vor Krabben, Quallen und Seeigeln hatte. Ibrahim, der Gentleman, tat so, als wolle er sie an Land hieven. Doch sie setzte sich vehement zur Wehr. Dabei steigerten sich die Wellen des Gelächters wieder mal, bis alle Tränen in den Augen hatten.

Nachdem wir einige Stunden später pitschnass in den Hafen zurückkehrten, hatte Ibrahim noch nicht genug gelacht. Er wollte uns unbedingt allesamt zum Nachtessen ins Al Birkek einladen.

Nach vier Tagen des Feierns war meine Mutter nahezu froh, dass ich in die Schweiz zurückfliegen musste. Sie dachte, damit hätte sie endlich ihre Ruhe. Aber da hatte sie sich gewaltig geirrt. In Arabien sind die Traditionen anders. Das Familienleben spielt eine übergeordnete Rolle und man lässt einen Gast nicht während Tagen auf sich allein gestellt. So kam es, dass Mama eines Abends aus Al Waha bei mir in Zürich anrief.

Zugegeben, als ich erfuhr, dass das Ganze gegen ihren Willen geschah, war ich eher belustigt als überrascht. Nichts war köstlicher, als vermeintlich unwissende, gutgläubige Europäer, die Arabern auf den Leim gingen.

Ibrahim holte die Frauen zu einem Ausflug nach Dubai ab. Vor dem Hotel habe eine riesige Limousine mit Fahrer bereitgestanden. Da es frühmorgens war, hätte man ihnen auf der Fahrt ein zweites Frühstück offeriert. Und dies alles zu arabischen Musikklängen, wie Mama mir überschwänglich erzählte. In Dubai stieg eine Sekretärin zu, die anscheinend die Aufgabe hatte, alles Unangenehme von den beiden Frauen fernzuhalten. Dazwischen schrieb sie Protokolle nach Ibrahims Diktat. Khalid rief mehrmals an während der Fahrt, um sich zu vergewissern, dass es der Schwiegermutter gut ging. Als er sich über kurz oder lang persönlich nach ihrem Wohlergehen erkundigte, erlebte Mama eine ziemliche Überraschung. In völliger Ruhe eröffnete er ihr, dass er sich auf ihren Besuch in Al Waha freue. Zu überrumpelt und aufgeregt war sie, um sich dem raffinierten Unterfangen zu widersetzen.

Inzwischen trafen sie auf einen der grössten und berühmtesten Kamel-Rennplätze der Region ein, wie die Sekretärin informierte. Da Khalid und Ibrahim seit kurzem stolze Besitzer von solchen Tieren waren, ging es zuerst zu den Trainingsplätzen. Dies dachte meine Mutter jedenfalls. Deshalb wollte sie auch erst gar nicht aussteigen, zumal Ibrahim den Wagen inmitten einer Kamelherde zum Stillstand brachte. Sie hatte enormen Respekt vor diesen Viechern. Doch sämtliche Ausreden wegen schlechtem Schuhwerk, der Hitze und so fort, nützten nichts. Irgendwie lockte er Mama mit seinem Charme und dem Versprechen, die Tiere auf Abstand zu halten, aus dem Wagen heraus.

Da stand sie nun, zwischen Dubai und Sharjah, inmitten einer grummelnden Kamelherde. Zu ihrem Entsetzen grunzte und beschnupperte sie ein Vieh, als prüfe es, ob sie geniessbar sei. Was den Tierpflegern wiederum heimliches Vergnügen bereitete. Schliesslich verirrte sich nicht alle Tage eine verängstigte Europäerin ins Camp.

Die Kleider klebten bereits und die Kehlen dürsteten, als Ibrahims Sekretärin verlauten liess, dass die Beduinen nun Tee servieren würden. «Gott, womit habe ich das bloss verdient», dachte Mama. Weshalb gab es hier keinen Kiosk, wo sie in Cola baden konnte.

Stattdessen musste sie heissen Tee aus schmutzigen Silberbechern trinken und ohnmächtig zusehen, wie Ibrahim in einem fort debattierte. Die lauten Diskussionen darüber, welchen Honig die Rennkamele zu fressen bekommen sollten, zogen sich endlos dahin. Kein Mensch hätte bemerkt, wenn die Schweizerin in der Hitze der Mittagssonne umgekippt wäre.

Nach Stunden des Referierens einigten sich die Männer über die Honigsorte, und man konnte weiterfahren. Endlich – ohne Halt bis Al Waha, dachten die Frauen. Doch weit gefehlt. Mit einem Mal bog der Wagen von der Strasse ab und hielt an. Während Ibrahim telefonierte und die Sekretärin eifrig schrieb, packte der Fahrer Brötchen und Cola-Büchsen aus. Noch einmal zog sich die Zeit unendlich dahin. In jener Stunde wurde Mama schmählich bewusst, dass sie ihr Hotelzimmer in Abu Dhabi an diesem Tag wohl nicht mehr sehen würde. Und so kam es denn auch.

Als die Sonne ihre Strahlen bereits flach über das Land warf, umkreisten sie endlich den Clock Tower von Al Waha. Kurz darauf wurden sie im gleichnamigen Hotel einquartiert, wo bereits eine Reservation vorlag. Ibrahim empfahl den Frauen, sich auszuruhen und sich zu erfrischen. Solange, bis Scheich Khalid eintreffen würde.

Den ganzen Tag über hatten die armen Frauen mit Warten verbracht und nun dauerte alles – wie es aussah, nochmals eine Ewigkeit. Keine Toilettenartikel, keine frischen Kleider, nichts hatten sie dabei. Nach und nach verfluchte Mama den Moment, an dem sie zu Ibrahim in den Wagen gestiegen war. Nie wieder würde sie sich zu einem Ausflug überreden lassen.

Als die Dämmerung bereits hereinbrach, rief Ibrahim zur Versammlung in die Hotellobby auf. Zu Mamas Verblüffung trat ein Khalid durch das Eingangsportal, den sie kaum wieder erkannte. Sein würdevolles Auftreten in traditioneller Kleidung verschaffte ihm sogleich rundum Respekt. War dies der Khalid, mit dem sie kürzlich durchs Wasser gewatet und den Picknickkorb geteilt hatte? War das derselbe Mann, der, ohne mit der Wimper zu zucken, beim gesamten Hotelpersonal Ehrfurcht und Bemühen evozierte?

In die bereits gewonnene Vertrautheit schob sich nun eine kaum erklärbare Mauer. Mama hatte alle Mühe, sich in der Rolle des offiziellen Gastes zurechtzufinden. Khalid musste es gespürt haben. Wie sie berichtete, versuchte er nach und nach, die Stimmung mit belanglosen Albernheiten aufzulockern. Allmählich wurde für sie die Begegnung zu einer einzigen Konfusion.

Als das Essen vorbei war, zog sich Ibrahim mit seinem Gefolge ins Billardzimmer zurück. Dabei äusserte er den Wunsch, Ursina möge sich zu ihm gesellen. Doch Ursina zeigte wenig Interesse daran. Als Khalid schliesslich auch noch anfing sie zu überreden, war klar, dass er mit Mama allein sein wollte.

Ausser ihnen fanden sich keine anderen Gäste im Restaurant. Scheinbar war das immer so. Mit Ausnahme des ständigen

Gezwitschers aus der Vogelvoliere gab es hier keinen Betrieb und keine Menschen. Nichts als lähmende Stille. Man hätte ebenso gut kein Hotel bauen können in Al Waha.

Während sich Khalid allein mit Mama unterhielt, wartete er scheinbar nur darauf, bis die asiatische Kellnerin in die Küche verschwand. Als sie endlich ungestört waren, ergriff er das Wort und Mama fragte sich, ob dies wohl alles zu seinem Plan gehörte?

«Ma'm», begann er, auf einmal sehr ernst, «ich möchte Ihnen sagen, wie viel mir Ihr Besuch in den Vereinigten Arabischen Emiraten bedeutet. Und wie sehr ich Sie wertschätze und achte. Sie haben mich immer, über all die Jahre hinweg, spüren lassen, dass Sie an mich glauben. Dafür möchte ich mich aufrichtig bedanken.»

«Ach, Khalid …»

Meine Mutter rang nach Worten.

Die Kellnerin kam wieder aus der Küche, warf einen Blick zum Tisch und verschwand in Richtung Rezeption. Khalids Gesichtszügen war Unruhe abzulesen, als er weiterfuhr: «Darf ich Sie etwas fragen, Ma'm?»

«Aber natürlich, Khalid.»

«Sie wissen, dass Ihre wunderbare Tochter die Liebe meines Lebens ist, und dass ich nicht mehr ohne sie existieren kann. Nun, sagen wir es mal so: Könnten Sie sich ein gemeinsames Leben mit uns in Dubai vorstellen?»

Nun verschlug es Mama endgültig die Sprache. Zwar hatte sie zuvor schon von dieser unglaublichen Idee gehört. Aber dass Khalid es wirklich ernst meinte, erschütterte sie nun doch.

«Ma'm, ich könnte für Sie im grössten Shopping-Center der Stadt eine Kleiderboutique einrichten», fügte er an. «Oder wir könnten eine Confiserie mit Sprüngli-Pralinen aufziehen.»

Sie atmete tief durch.

«Ach Khalid, ich bedaure es zutiefst, aber ich glaube kaum, dass ich dir diesen Wunsch erfüllen kann. Zu fremd ist mir das Leben am Arabischen Golf, und zu sehr heimatverbunden fühle ich mich der Schweiz gegenüber.»

Woraufhin Khalid antwortete, sie brauche sich nicht hier und heute zu entscheiden. So was solle wohl überlegt sein.

Bald darauf schritt er, unter den Verbeugungen des Personals, in die Nacht hinaus und Mama hinterher. Khalid hatte den Wunsch, mich zusammen mit ihr in Zürich anzurufen. So gingen die beiden zum Parkplatz, von wo sie meine Nummer wählten.

«Hi, Verena, was denkst du, wen ich bei mir habe», klang es frischweg aus der Leitung.

Im Hintergrund vernahm ich deutlich die Stimme meiner Mutter.

«Na, wie ich höre, hast du Mama ausgeführt.»

«Warte, ich geb sie dir gleich mal.»

«Verena, du glaubst es nicht, aber man hat mich nach Al Waha entführt», rief sie aufgelöst in den Hörer.

«Waas?»

Khalid nahm ihr das Handy wieder weg und lachte: «So ist es Verena, deine Mama logiert im «Al Waha Hotel» und wir haben eben zusammen gegessen.»

Während das Handy ständig hin und her wechselte und ich keine Ahnung hatte, welch ernstes Gespräch die beiden kurz zuvor geführt hatten, konnte ich mich nur noch kranklachen.

Am folgenden Tag nach dem Frühstück liess Ibrahim ausrichten, dass Khalid die Frauen draussen im Wagen erwarte. Hinter verdunkelten Fensterscheiben und in Begleitung seiner selbst, versteht sich. Khalid wollte Mama, bevor sie abreiste, auf jeden Fall sein Scheichtum zeigen, damit sie die Bilder in ihrem Herzen mitnehmen konnte. Was ihm auch nachhaltig gelang.

Ramadan, Ende April 1990

Seit unserer Heirat im Niltal waren bereits vier Monate vergangen. Meine Hoffnungen schwanden mehr und mehr dahin. Ich besass nichts mehr, absolut nichts, woran ich mich noch festhalten konnte. Der stille Kampf gegen alte Traditionen, Gesetze und Bräuche war längst verloren, das spürte ich. Alles was ich noch besass, war die Gewissheit, dass ich mein Herz niemals zum Schweigen gebracht hätte, wäre ich ihm nicht gefolgt.

Noch einmal atmete ich den Duft von Kerosin und Wüstensand, der schwer über dem Flugfeld hing, tief ein. In jener Nacht gab es keine Sterne und keinen Mond am Himmel. Das ganze Land schien wie in Nebel gehüllt, dermassen hoch war die Luftfeuchtigkeit.

Im Ankunftsterminal war es mäuschenstill. Die wenigen Passagiere des Swissair-Fluges hatten die Einreisekontrolle längst passiert, und die Menschen hinter der Glastrennwand waren abgezogen. «Was ist bloss geschehen?», fragte ich mich. Hat man mich etwa vergessen?

Peinlich berührt liess ich mich in einem der Sessel nieder und wartete ab, was geschehen würde. Nach und nach spürte ich verstohlene Blicke hinter weissen Suffras zweier Beamten, die noch ihre Stellung hielten. Doch für wie lange noch? Vielleicht würden sie nächstens die Schalter räumen, den Flughafen schliessen und mich hier einsperren. Die Minuten wurden immer unerträglicher. Bis plötzlich mein Name durch die Lautsprecher des stillen Terminals hallte. Ich atmete auf. Wenigstens ein Zeichen, dass man mich hier wusste oder erwartete. Ein Beamter brachte mich zu einem Büro, wo mir sogleich ein zweiter Beamte den Telefonhörer entgegenhielt. Den Zorn Gottes hätte ich auf Ibrahim herabgewünscht, als ich sein Lachen in der Leitung vernahm.

«Es tut mir ja so leid, Verena, dass ich mich verspätet habe, aber ich bin gleich am Flughafen.»

Natürlich dauerte es nochmals eine Dreiviertelstunde, bis Ibrahim eintraf und mich auslöste. In dieser Zeit kam kein einziges Flugzeug an, und ich fragte mich, ob man den Flughafen tatsächlich meinetwegen länger offen hielt.

«Wo bleibt denn mein Ehemann?», fragte ich enttäuscht, als wir losfuhren.

«Er fährt gleich hinter uns her, du kannst ihn schon mal vom Handy aus begrüssen.»

Ich schluckte die aufsteigende Enttäuschung hinunter und wählte seine Nummer. Als ich Khalids Stimme vernahm, erfuhr ich, dass uns etwa noch einhundert Kilometer trennten. Ich dürfe nicht traurig sein, meinte er, er wäre bald bei mir. Na ja, heute schien wohl jeder Verspätung zu haben – vermutlich lag das am Ramadan. Aileen hatte gerade wieder Nachtdienst in der Notaufnahme, und so fuhren wir direkt zum Meridien Hotel.

Im Garten lud eine langgestreckte Festtafel zum «Al Iftar», dem Ende des Fastentages ein. «Oh je», dachte ich. Im Garten des Meridien. Da, wo ich bestenfalls ein wenig seine Hand halten durfte, ohne das sittliche Empfinden der Einheimischen zu verletzen. Hier sollte ich Khalid sagen, wie schrecklich ich ihn vermisst hatte und wie unsagbar glücklich ich war, wieder bei ihm zu sein.

Als wir uns an einen der Tische setzten, fühlte ich, wie sämtliche Blicke der Einheimischen auf mich gerichtet waren. Zum ersten Mal sah ich nichts als tief verschleierte Frauen und fühlte mich wie ein Eindringling in der Gesellschaft. Obendrein klebte und triefte alles, derart hoch war die Luftfeuchtigkeit. Das Wasser perlte richtiggehend an Handtasche und Locken herunter.

Laufend setzten sich neue Bekannte von Ibrahim, vorwiegend Männer, zu uns. Das alles rief furchtbare Beklemmung in mir hervor. Ich sollte das Kunststück fertig bringen, gleichzeitig auf Khalid zu warten und Anstand zu beweisen. Doch das ging gar nicht. Jedenfalls nicht in diesem Kreise – und nicht, solange Khalid unsere Heirat nicht offiziell bekannt gab. Schliesslich betete ich nur noch, dass er jeden Moment kommen und mich erlösen würde.

Nach eineinhalb Stunden war es endlich soweit. Zuerst hatte ich ihn gar nicht wahrgenommen. Ich sah bloss eine weitere Kandora – ein Bekannter von Ibrahim, der die Runde machte und einen nach dem anderen begrüsste. Doch plötzlich war es, als würde die Welt stillstehen, wie er allgewaltig und in schneeweissem, traditionellen Gewand vor mir stand. Seine Augen blickten mich eine Sekunde lang an, als könnten sie sich nicht zwischen einem Lächeln oder Ernsthaftigkeit entscheiden. Noch bevor ich überhaupt reagieren konnte, war der Spuk vorbei. Wie vom Donner gerührt blickte ich der majestätischen Erscheinung nach, die mir eben die Hand gereicht hatte. Zur vollendeten Verblüffung setzte sich die weisse Gestalt auch noch zwischen fremde Männer. Mir blieb der Mund offen stehen. Dabei spürte ich, wie sich alles in mir verkrampfte und sämtliche Glieder erstarrten. Wie konnte er mir das bloss antun. Sitten und Bräuche hin oder her, er musste doch wissen, wie furchtbar ich mich dabei fühlte?

Ibrahim tat es jedenfalls. Er versuchte mich sogleich abzulenken. Sprach von Aileen, ihrer Beförderung und den Plänen, was wir alles unternehmen würden, wenn der Ramadan vorbei sei. Dazwischen schob er mir immer wieder Speisehäppchen zu. Als ich mich weigerte zu essen, sagte er eindringlich: «Verena, du musst sehen, dass du zu Kräften kommst. Es steht dir ein langer Fastentag bevor.»

Schliesslich schluckte ich mit jedem Bissen einen Kloss im Hals hinunter und wünschte, dass alles schnell ein Ende nähme. Doch es kam kein Ende. Khalid blieb sitzen wo er war.

Derweil löste sich die Erstarrung Schritt für Schritt. Mein Herz klopfte wie wild und ich war wütend. Gleich würde es eine Explosion geben. Es war bereits nach drei Uhr morgens und Khalid verharrte immer noch zwischen fremden Männern. Ich überlegte, ob ich kurzerhand ein Taxi nehmen und fliehen sollte.

Schliesslich bat ich Ibrahim mit bebender Stimme, er möge

sofort aufbrechen mit mir. Für eine Sekunde lang stand grosse Besorgnis in seinen Augen. Dann tätschelte er meine Hand, und sagte: «Das werden wir gleich tun, Verena.»

Sein Blick war dabei fest auf Khalid gerichtet, der sich ungetrübt am anderen Ende der Tafel unterhielt. Zu meinem Erstaunen wurden nun stillschweigend Plätze getauscht. Und Khalid sass, schneller als ich begreifen konnte, plötzlich neben mir. Ich fühlte mich so verletzt, dass ich innerlich bebte.

Mit gesenktem Blick zischte ich: «Wie kannst du es nur wagen!»

«Ich erkläre dir alles später», flüsterte es hinter der weissen Suffra hervor, «wir werden so bald wie möglich aufbrechen.»

Kurze Zeit später befanden wir uns auf dem Weg nach Dubai.

Kaum hatten wir uns vom Hotelgarten entfernt, verlor ich endgültig die Beherrschung.

«Wie konntest du mir bloss so was antun?», brach es aus mir heraus.

«Da fliegt deine arme Frau über den weiten Kontinent, wartet Stunden auf dich, und du weisst nichts Besseres, als dich zwischen fremde Männer zu setzen. Was glaubst du eigentlich, wie es mir ergangen ist dabei?»

Seine Augen richteten sich peinlich berührt nach links und rechts, als er mich über das Autodach hinweg schalt: «Wie kannst du nur mitten auf der Strasse die Fassung verlieren und eine solche Szene machen?»

«Na, und wenn schon», lag es mir auf der Zunge. Doch ich hielt mich zurück.

Der Motor lief an und wir fuhren ohne ein weiteres Wort los.

Was sich in jener Nacht über Abu Dhabi gelegt hatte, war schlimmer als englischer Nebel. Die Feuchtigkeit triefte dermassen, dass Khalid die Scheibenwischer einschalten musste. Streckenweise tasteten wir uns förmlich durch die Suppe hindurch. Irgendwann betrug die Sichtweite kaum noch fünf Meter. Es war, als führen wir direkt gegen eine weisse Wand. Bestimmt würde Khalid den Wagen sogleich stoppen und neben der Strasse abstellen. Doch unser Fahrzeug bohrte sich immer weiter durch die Wand. Mir wurde beinahe schlecht vor Angst. Doch ich traute mich nicht, auch nur einen Mucks von mir zu geben. Es passte ja alles. Natürlich war jetzt nicht der Moment, um über Beziehungsprobleme zu diskutieren. Unsere einzige Sorge war wohl, nicht mit einem schlagartig auftauchenden Fahrzeug zu kollidieren.

So tasteten wir uns lange in Schweigen gehüllt durch die Nacht. Als Khalid endlich den Mund aufmachte, war es, als zerreisse der Nebelvorhang.

«How is your mother doing?»

Einen Moment lang war ich unfähig, etwas zu antworten.

«Gottlob kann sie nicht sehen, was ihre arme Tochter in dieser Nacht durchmacht», sagte ich schliesslich.

Khalid berührte meinen Arm, ohne den Blick von der Strasse abzuwenden. «I'm so sorry for that, sweetheart.»

Allmählich stieg der Nebel auf und die Sicht verbesserte sich.

Dann plötzlich, Knall auf Fall, sahen wir uns inmitten der hellen, klaren Nacht. In der Ferne tanzten die Lichter Dubais und ich begriff, dass es sinnlos war, einen Konflikt heraufzubeschwören. Jene Nacht führte so deutlich vor Augen, wie unmöglich es für uns war, eine Beziehung in Würde zu führen. Sämtliche Verletzungen waren dem Problem der Geheimhaltung zuzuschreiben. Wäre ich in seinem Land und seiner Familie integriert, würden solche Dinge nicht passieren. Zumal ich heute Nacht mit eigenen Augen gesehen hatte, wie Araberinnen ausgeführt wurden, und wie lustig sie es hatten hinter ihren Schleiern. Die Einzige unter all den Frauen, die Qual und Ungemach erlitt, war ich. Das erfüllte mich mit Bitterkeit. Als die Lichter der Stadt näher kamen, fragte ich mich langsam, wo uns Khalid hinbringen mochte. Obwohl ich mich immer wieder in Geduld zu üben versuchte, kostete diese Art der Selbstbeherrschung oft Nerven.

«Weshalb müssen wir bloss morgens um fünf nach Dubai fahren?»

«Es ist doch Ramadan.»

«Tut mir leid, aber ich verstehe den Zusammenhang nicht.»

Er warf mir einen Blick zu, bemerkte, dass ich ungeduldig war und grinste.

«Du wirst es gleich verstehen.»

Die nächsten Kilometer fuhren wir abermals schweigend, bis der Weg vor einem emporragenden Gebäude endete. Der Wolkenkratzer lag jenseits der Schnellstrasse westlich des Dubai-Creek.

«Ich sehe kein Hotel. Was tun wir hier?», fragte ich beim Aussteigen.

Khalid hob den Kopf und blickte zur Fassade auf: «Da oben ist unser neues Zuhause, ich habe es vor zwei Wochen gekauft.»

Ich starrte ihn an. «Du hast was?»

Seine Augen leuchteten voller Stolz, als hätte er etwas Wunderbares getan. Völlig überrumpelt und unfähig, auch nur ein weiteres Wort zu sagen, folgte ich Khalid zum Haus. Nach all dem Geschehenen wusste ich erst recht nicht mehr, ob ich nun Freude oder Widerwillen empfinden sollte. Unsere junge Ehe hatte bereits einige Schläge einstecken müssen.

Eine kleine Shopping-Arkade führte zu dem Hauseingang. Schliesslich fanden wir uns inmitten einer weiten Marmorhalle. Die Gedanken jagten umher, erwogen alles Mögliche und rätselten, was mir die Zukunft von nun an bringen würde. Als der Fahrstuhl nach oben schwebte, spürte ich nichts als aufsteigende Besorgnis. Bestimmt wusste Aileen nichts von dem Appartement, und bestimmt würde ich sie kaum mehr zu Gesicht bekommen. Sie, meine einzige Bezugsperson in diesem Land.

Während Khalid in majestätischer Haltung durch den neu erstandenen Besitz schritt, versuchte ich, mein Missbehagen zu verbergen.

«Wenn alles fertig ist, und auch der grosse Saal in Kürze möbliert ist, wirst du ein wunderschönes Zuhause haben», schwärmte er.

«Ja, natürlich», sagte ich.

In dem Augenblick hätte ich es nicht fertig gebracht, ihm

die Freude zu nehmen. Im Grunde wusste ich ja, dass er nur das Beste für mich wollte. Solange eben, bis Gott einen Weg fand.

Als ich am folgenden Tag erwachte, lag noch alles im dunkeln. Sämtliche Jalousien waren heruntergelassen, so dass kein Lichtstrahl eindringen konnte. Ich ging zum Bad und sah auf die Uhr. Die Zeiger standen auf zwölf. Zu früh zum aufstehen. Khalid hatte mir erklärt, dass wir den Tag umkehren müssten. Denn Essen und Trinken war während des Ramadan erst wieder nach Sonnenuntergang erlaubt.

Im Eisschrank gab es ausser ein paar Cola-Dosen tatsächlich nichts zu finden. Also legte ich mich wieder ins Bett.

Ich verharrte lange im Dämmerzustand, fand aber keinen Schlaf mehr. Zuletzt schlich ich mich ins Wohnzimmer und schaltete den Fernseher ein. Ich war bereits am Verhungern, als ich heimlich eine Cola-Büchse leerte. Eigentlich war nicht vorgesehen, dass Khalid später im Supermarkt Eier und Tomaten besorgen musste, um mir ein Omelett zu braten. Doch die Cola auf nüchternen Magen bekam mir nicht. Seither verspüre ich keine Lust mehr auf dieses Getränk.

Die letzten zwei Stunden waren ein einziges Warten auf den Ruf des Muezzins, dem Ende des Fastentages. Endlich erschallte die erlösende Stimme aus dem Fernseher: «La ilaha illa l'Lah wa Mohammed Rassul ul-Lah ...»

Khalid verschlang gierig ein paar Datteln, dann sprangen wir in den Wagen und ab gings zu einem Restaurant. Ich verstand gleich, dass er im Verborgenen bleiben wollte, als wir das kleine Touristenhotel betraten. Tatsächlich speisten hier nur ein paar wenige verirrte Urlauber auf der Terrasse. Lange würde ich dieses Versteckspiel nicht mehr ertragen. Der gestrige Abend war derart entwürdigend gewesen, dass ich keine weiteren Demütigungen mehr einzustecken vermochte. Das hatte ich ganz einfach nicht verdient. Nicht als das erklärtermassen Liebste, was Khalid hatte auf der Welt. Und schon gar nicht als seine Ehefrau.

An diesem Abend, das schwor ich mir, würde ich mich dem Schicksal stellen. Ich musste wissen, wie weit sich Khalid im Kampf um unsere Liebe vorgewagt hatte. Zwar hatte ich gelernt, dass man in der Wüste unendlich viel Zeit und Geduld braucht. Doch nun war die Schmerzgrenze erreicht. Ich wollte endlich Klarheit. Auf Khalids Mut und Entschlossenheit vertraute ich je länger, je weniger. Sein Treffen mit Mama, die damit verbundene Unterredung – und nun auch noch dieses Appartement – all dies rief Missmut in mir hervor.

Während Khalid schweigend Lammfleisch und Reis vertilgte, entspannten sich seine Gesichtszüge sichtlich. Ich erlebte hautnah, welche Qualen das Fasten bedeutete, und wie streng dieses Ritual auch tatsächlich befolgt wurde.

«Erzähl mir mal von Al Waha, von deiner Familie, wie geht es allen?», wagte ich mich behutsam vor.

«Oh, es geht allen gut.»

«Und deiner Mutter, wie geht es ihr?»

«Sie ist bei bester Gesundheit.»

Die Stimme klang angespannt. Ich wurde das Gefühl nicht los, dass er mir einiges verschwieg.

«Sag Khalid, dieses Appartement, du hast es gekauft, damit wir nicht mehr in Hotels logieren müssen?»

Sein Blick schweifte ab aufs offene Meer.

«Und auch, damit du nicht mehr die weite Strecke nach Abu Dhabi fahren musst?», fragte ich.

«Ja, Verena, und auch, damit du …» er stockte, zeigte Anzeichen von Nervosität.

«Damit ich was? Bitte sag es, Khalid.»

«Damit du dich in Dubai endlich zuhause fühlst», kam es etwas zu rasch über seine Lippen.

Mein Gefühl täuschte mich nicht. Der Entscheid, dieses Appartement gekauft zu haben, versetzte ihn bereits in inneren Aufruhr. Ich konzentrierte mich darauf, ruhig und gefasst zu bleiben. Nur so konnte ich Khalids Vertrauen gewinnen. Ich wollte die ganze Wahrheit wissen, hier und jetzt. Und wenn ich sie tief ausgraben musste.

«Ist es wirklich das, was du dir aus tiefster Seele wünschst?», fragte ich.

«Ja, das tue ich – sag bloss, dass du daran zweifelst?»

«Sagen wir es mal so; du glaubst, ich wüsste nicht nachzuempfinden, was in dir vorgeht. Aber man kann alles von deinem Gesicht ablesen», entgegnete ich ruhig.

Ein unsicheres Lächeln huschte über sein Antlitz.

«Na, was sagt mein Gesicht denn?»

«Es sagt, dass du von Sorge erfüllt bist», antwortete ich.

Er musste lachen.

Nun hatte er also wieder mal sein berühmtes Pokerface aufgesetzt. Vielleicht sollte ich mitspielen. Ja, vielleicht war es am Besten das, was wir ernst meinten, im Spass zu sagen.

«Deine Sorgen bringen dich also zum Lachen», sagte ich, «das finde ich bemerkenswert. Sowas möchte ich auch können. Sag bloss, wie schaffst du das?»

«Du willst nicht aufgeben, was, Sweetheart?»

«Stimmt. Ich kann sehr hartnäckig sein, wenn ich will.»

Er trank einen Schluck Wasser und schwieg.

«Nun», fuhr ich weiter, «ich befürchte einfach, dass du in Sorge bist, weil ich noch nicht weiss, dass du zwischenzeitlich mit deiner Cousine verheiratet wurdest. Stimmts?»

An sowas hatte ich natürlich nicht ernsthaft geglaubt.

Khalid lachte: «Aber nein, Verena!»

Dann wurde er wieder ernst: «Nun, ich muss zugeben, der Druck der Familien wächst. Und ich weiss nicht, wie lange es mir noch gelingt, diese Heirat hinauszuschieben.»

Endlich war es heraus.

Eine ganze Weile sassen wir schweigend da. In meinem Kopf trommelten und wirbelten die Bilder von Khalids Hochzeit in allen Farben. Ich sah die Vorbereitungen in vollem Gange – und er hatte mir alles verschwiegen.

In jener Stunde war es schwierig, ruhig zu bleiben. Und noch viel schwieriger, grossherzig zu reagieren, wenn man als Verlierer dasteht.

«Pass auf, Khalid, ich glaube, der Tag ist gekommen, an dem wir uns voneinander trennen sollten. Die ganze Situation wird nur noch unheilvoller, je länger wir das Unabwendbare aufschieben.»

«Aber, Schatz, meine ganze Liebe, mein Leben gehört dir. Nichts wird sich jemals ändern.»

Er lehnte sich über den Tisch, sah mich an, und die ganze Verzweiflung sprach aus seinen Augen.

«Ich will dich nicht verlieren, hörst du?»

Ich schüttelte verständnislos den Kopf und seufzte: «Aber ich bin keine Wüstenfrau, ich bin keine Araberin, ich kann dich nicht teilen.»

In seinem Gesicht stieg ärgerliche Röte auf. Ich war mir nicht sicher, ob das Eine oder das Andere die Reaktion ausgelöst hatte.

«Versteh mich bitte nicht falsch», sagte ich sofort, «du weisst, dass ich grossen Respekt vor dem Islam und seinen Bräuchen habe. Doch ich könnte dich trotzdem niemals teilen. Das haben wir schon vor Wochen und Monaten besprochen, und es hat sich nichts geändert seitdem.»

Ein uneinsichtiger Seufzer, dann kam jedes Wort gleich deutlich und scharf artikuliert: «Wir beide sind verheiratet. Und das wird auf ewig so bleiben.»

Damit war das Thema für ihn erledigt und der Abend gelaufen. Verstört verliessen wir das Metropolitan Hotel.

Da wir uns allein nicht in der Öffentlichkeit zeigen durften, blieb uns nur die lähmende Stille unseres Appartements. Keine Terrasse, kein Rasen, kein Meer, nichts als Sandstaub und Schwermut.

Am folgenden Tag erwachten wir noch früher. Es war einfach unmöglich, den Tag zur Nacht zu machen. Jedenfalls nicht, solange wir uns verstecken mussten und die Nacht nicht zum Tage machen konnten. Khalid telefonierte mit Gott und der Welt. Aus Langeweile fing ich an, ihn aus allen möglichen Blickwinkeln zu fotografieren. Sein Profil mit der rotweiss karierten Suffra zog meine Kamera wie magisch an. An diesem Tag trug er sie wie ein Beduine um den Kopf gebunden. Wären wir nicht in diesen düsteren vier Wänden gewesen, hätte es Bilder von ausserordentlicher Schönheit gegeben.

«Wir sollten mal deine Mama anrufen», sagte Khalid plötzlich.

Das fehlte noch. Bestimmt würde Mama meine Bedrücktheit herausspüren. Auch wenn ich lachte, es hätte nichts genützt. Nein, das wollte ich nicht. Ich wollte mit meinem Schmerz allein sein. Khalid wunderte sich bloss. Er begriff nicht, dass man nicht in Stimmung sein konnte, seiner Mutter Hallo zu sagen. Er hatte ja keine Ahnung.

«Doch lass mich Aileen anrufen, oder noch besser, lass uns die Beiden besuchen gehen, ja?»

Ein Hoffnungsschimmer auf eine ersehnte Abwechslung flackerte auf. Doch die Enttäuschung folgte unmittelbar. Khalid erklärte mir, dass er im Verlaufe des Nachmittags Nabil aus Kairo erwarte. Schliesslich wählte ich völlig frustriert Aileens Nummer. Doch was sollte ich ihr eigentlich erzählen? In Gegenwart von Khalid konnte ich eh nicht reden. Jedenfalls nicht über die Dinge, die mich zu dieser Stunde bewegten.

In Abu Dhabi meldete sich niemand. Das Problem hatte sich von selbst erledigt.

An jenem Nachmittag sollte es noch schlimmer kommen. Die Zeit zwischen fünfzehn und achtzehn Uhr verbrachte ich allein und eingesperrt in diesem Appartement. Einstweilen fuhr Khalid zum Flughafen und holte Nabil ab. Während auf sämtlichen Radio- und TV-Kanälen unerbittlich Suren aus dem Koran erklangen, wurde jede Minute zum Prüfstein der Selbstbeherrschung. Ich verstand kein Arabisch, hatte weder etwas zu lesen noch gab es ein Telefon. Mit einem Mal war ich auf mich selbst zurückgeworfen. Und ohne dass es mir bewusst war, hatte der Ramadan, die Zeit der Besinnung, mich eingefangen.

Meine ganze Lebensgeschichte raste an mir vorbei und ich spürte, dass es auch bald mit meiner Liebe so wäre. Liebte ich diesen stolzen, schönen Araber, der jede Sure aus dem Koran auswendig zitieren konnte, liebte ich ihn überhaupt noch? Oder hielt ich bloss an verklärten Erinnerungen, an einem Märchen fest? War es am Ende die Wüste, die solche Sehnsucht in mir geweckt hatte? Der klare Sternenhimmel über den Dünen und dem Strand, die Ruhe, wie sie der Seele gut tat? Mittendrin der lebhafte Dubai-Creek mit seinen Windtürmen, den dickbäuchigen, verträumten Dhaus, die heute, ebenso wie vor hundert Jahren, schwerbeladen zwischen Indien und Afrika kreuzten? Die kulissenhafte Skyline, ein schmaler Streifen Luxus, wo Ost und West sich vereint hatten, und wo gleich dahinter, in grossen Bazaren, das alte Arabien weiter fortlebte?

Wie hatte doch alles angefangen? Ich musste unvermittelt an Faisal, an England denken und schämte mich. Vor Faisal.

Nach drei Stunden kehrte Khalid endlich vom Flughafen zurück.

«Schatz, wir werden mit Nabil zum Essen fahren. Du solltest dich beeilen, er wartet unten im Wagen auf uns.»

Damit hatte ich zwar nicht gerechnet. Doch mit der Herzlichkeit, mit der mich Nabil begrüsste, kehrte sogleich die alte Vertrautheit zurück.

Zu meinem Erstaunen besuchten wir in Dubai zum ersten Mal ein einheimisches Restaurant. Als wir die steile Treppe zum ersten Stock erklommen hatten, bot sich ein Bild von tiefer, heimischer Intimität. Dunkle, schwer verschleierte Araberinnen beherrschten das Bild so stark, dass ich im ersten Moment nur noch eine schwarze Wolke sah. Verwirrt ging ich an den Tischen vorbei. Erst als uns der Kellner Wasser und Kamelmilch brachte, wagte ich, kurze, verstohlene Blicke in die Umgebung zu werfen. Ganze Familienclans – die Frauen den Blick gegen die Wand gerichtet – sassen ruhig da und schmachteten dem Ende des Fastentages entgegen. Ein paar Minuten noch, dann würde der Ruf des Muezzins durch die Fenster dringen. Ich fragte mich, ob sich die Menschen an meiner Anwesenheit als Unverschleierte nicht störten. Khalid zu fragen wäre sinnlos gewesen. Er hätte es nie zugegeben. Doch vielleicht waren die Menschen aus der Golfregion toleranter und weltoffener als andere Araber. Inzwischen hatte der Muezzin das Ende des Fastens verkündet. Gleichzeitig erhob sich die ganze Gesellschaft und machte sich über das Buffet her. Zu meinem Erstaunen sah ich, wie eine der Frauen es schaffte, selbst während des Essens ihr Gesicht zu verbergen. Mit der linken Hand hob sie den Schleier an, mit der rechten führte sie geschickt die Gabel darunter.

Trotz Schleier umgab die Frauen eine Aura anziehender Weiblichkeit. Als wäre es ein Spiel, zogen sie mit ständig auf- und niederschlagenden Blicken ihre Männer in Bann und beraubten sie der Sinne.

Als wir das Restaurant verliessen, war ich erleichtert, weil ich mich unter all den verschleierten Frauen als Aussenstehende gefühlt hatte. Und ich wusste, dass das nicht in Ordnung war. Es hätte nicht so zu sein brauchen. Das war allein Khalids Verdienst. Alles lag in seiner Hand. Seinetwegen musste ich mich so fühlen. Ich war wütend auf ihn, auf Gott, die Welt und auf mich selbst. Mit einem Schlag war mir dieser Zustand ganz unerträglich geworden.

Kaum waren wir zu Hause angekommen, folgte der Zusammenbruch. Ich setzte mich auf den Diwan, zog die Knie an und vergrub das Gesicht in den Armen. Lautlos liefen mir die Tränen der Qual hinunter. In dieser Stunde verfluchte ich, dass ich einst meinem Herzen gefolgt war. Ich wünschte, ich hätte alles, aber auch wirklich alles, rückgängig und ungeschehen machen können. Doch es gab nichts, was zu ändern war. Ich musste da durch. Oder ich konnte sterben – wenn ich wollte.

Auf einmal hörte ich Khalids verzweifelte Stimme: «Ich wusste es ja Schatz, ich sollte dich nicht während des Ramadan herkommen lassen. Es war ein Fehler. Doch du wolltest es ja so. Du wolltest wie eine Muslima leben.»

Es schüttelte mich bloss still. Er hatte ja Null Ahnung.

«Schau, du brauchst nicht mehr traurig zu sein. Morgen fahre ich dich in ein schönes Hotel mit Pool, wo du schwimmen kannst und den ganzen Tag soviel essen und trinken wie du magst, okay?»

Ich weiss nicht warum, aber dieser Vorschlag löste einen noch grösseren Strom von Tränen aus.

«Ach, was soll ich bloss mit dir machen? Gott hilf mir», klagte Khalid.

Zwischendurch läutete das Handy. Der Vertrautheit nach musste Ibrahim an der Leitung sein. Khalid warf ab und zu einen verzweifelten Blick in meine Richtung. Die beiden unterhielten und berieten sich lange. Als das Gespräch beendet war, schloss mich Khalid in seine Arme und meinte: «Lass uns noch etwas hinausgehen, das wird dir guttun. Wir könnten ins Metropolitan fahren und einen Kaffee trinken».

«Das geht nicht Khalid. Ich kann so nicht unter die Menschen gehen.»

«Was können wir denn tun Liebling, damit es dir besser geht?»

«Ich weiss nicht – lass uns meinetwegen in die Wüste fahren.»

«Wie bitte, in die Wüste? Mitten in der Dunkelheit?»

«Es ist aber doch Vollmond.»

«Na schön. Du weisst aber, dass es da draussen Dschinns gibt in der Nacht.»

«Ach, Khalid, lass die albernen Scherze.»

«Du denkst, ich scherze», schmunzelte er vieldeutig.

Ich ging ins Bad, um die aufgeschwollenen Augen unter dem Wasser abzukühlen. Khalid bereitete inzwischen einen Thermoskrug mit Kaffee zu und steckte ein paar Datteln in eine Papiertüte. Dann brachen wir in Richtung Wüste auf. Nachdem die Stadt hinter uns lag, kreuzte uns kein einziges Fahrzeug mehr. Hin und wieder sahen wir gespenstische Umrisse von Kamelen. Einmal musste Khalid scharf abbremsen, weil eines mitten auf der Strasse stand. Allmählich türmten sich links und rechts der zweispurigen Fahrbahn Sanddünen auf.

Khalid verlangsamte die Fahrt und suchte nach einem geeigneten Platz. Etwas unheimlich war sie schon, diese Dunkelheit. Wir klemmten unsere Sachen unter den Arm und gingen ein paar Schritte zu Fuss durch den Sand.

«Khalid?», fragte ich, nun doch etwas ängstlich geworden, «wie sieht eigentlich ein Dschinn aus?»

«Ich weiss es nicht, ich habe nie einen zu Gesicht bekommen. Sag bloss, du fürchtest dich plötzlich davor – es sind ja bloss Hirngespinste.»

Ich rollte beleidigt den Teppich aus, setzte mich hin, und war schon fast wieder den Tränen nahe.

Khalid legte den Arm um mich, «Habibti, entschuldige, das war nicht fair von mir.»

«Ach, schon gut, heute ist eben nicht mein Tag.»

Doch ich wusste genau, dass es nicht an dem Tag, und auch nicht am Ramadan lag. Diese Depression war weitaus tiefgreifender. Es war die unendliche Enttäuschung eines verlorenen Kampfes. Die Ohnmacht gegenüber der Macht islamischer Gesetze und Bräuche. Hilflos musste ich zusehen, wie Khalid, der einst mit voller Entschlossenheit gekämpft hatte, sich dem Willen seiner Familie beugte. Dieser obersten Autorität, die über alles gesiegt hatte. Einzig Gott, Aileen und Ibrahim waren Zeugen der Geschehnisse. Miteingeschlossen der Imam von Assuan und die beiden ägyptischen Trauzeugen. Auch wenn ich längst begriffen hatte, dass Khalid keine andere Wahl blieb, so bestand doch all die Zeit über ein winziger Hoffnungsschimmer. So ist es eben mit dem Leben. Die Hoffnung stirbt zuletzt. Doch nun war mein Herz endgültig müde geworden. Diesmal würden wir uns auf ewig trennen. Das war klar. Eines wurde mir in jener Stunde auch klar: ich musste Khalid wehtun. Er sollte noch ein paar Qualen durchmachen. Dafür, dass er sich für sich selbst entschieden hatte.

Nicht, dass er ernsthaft zu Schaden kommen sollte, nein, sowas lag mir fern. Dazu hatte ich viel zu grossen Respekt vor der Liebe, der Freundschaft und der Menschlichkeit. Und so ist es bis heute geblieben.

Doch verdammt nochmal, Khalid, glaube mir, beim Schreiben dieser Zeilen bin ich dauernd in Sorge, ob ich auch wirklich alles gut genug vertusche.

Nun gut, so sei es. «Wenn du wüsstest, Khalid», dachte ich bei mir. «Wenn du bloss wüsstest, dass es heute so weit gekommen ist, dass ich dich nie mehr wiedersehen möchte.»

Vor meinem inneren Auge sah ich die Abschiedsszene am Flughafen. Das Bild seines vor Schreck zusammenzuckenden Herzens. Der ohnmächtige, verzweifelte Blick eines Mannes, der in der Falle sass. In der Falle seiner Herkunft. Ein Jammer, aber zuviel Betroffenheit gehörte sich nicht für einen Scheich. Schon gar nicht in der Öffentlichkeit des Flughafens von Dubai. «Dummerweise bist du auf meine Täuschung hereingefallen, was? Na, so ganz ohne Schmerz geht es eben in der Liebe nicht. Das gilt auch für dich.»

Khalid öffnete den Thermoskrug und reichte mir einen Becher Kaffee. Für einmal genoss ich diesen starken, fremdartigen Duft von Kardamom und süssem Rosenwasser.

«Ist es nicht wunderbar, diese Weite, die Stille und nur der Himmel über uns», sagte ich.

Seine Augen sahen mich prüfend an, als fürchte er gleich wieder einen Wolkenbruch oder Sturzbach.

«Und sieh mal die Milliarden glitzernder Sterne, als hätte der Himmel eine Schatztruhe über uns ausgeschüttet. Ist das nicht phänomenal?»

«I'nti metschnun, Habibti» (du bist verrückt, Schatz), lachte Khalid.

Für ihn waren sternklare Nächte ganz normal.

«Vielleicht bin ich das wirklich. Arabien hat mich von klein auf fasziniert – ich war schon immer anders als die anderen.»

«Wie anders?»

«Na, während meine Geschwister auf Bäumen herum kletterten, zeichnete und malte ich lieber. Es waren fast immer Gestalten aus Märchenbüchern von Tausendundeiner Nacht. Oft kniete ich allein vor dem Fernseher, sah mir biblische Geschichten an und träumte von Arabien. Diese wunderbaren Gestalten in ihren langen, weissen und goldenen Gewändern zogen mich völlig in ihren Bann, liessen mich nicht mehr los. Nachts schlief ich mit Aladins Wunderlampe ein und in der Schule war ich oft verträumt. Nicht selten wurde ich deswegen geneckt und ausgelacht.

Ausser, wenn meine Geschwister spannten, dass sie durch mich Geld für Schleckereien verdienen konnten. An solchen Tagen liessen sie sich ohne viel Brimborium vom Spielplatz fortbewegen. ‹Hier sind eure Rollen›, sagte ich. In fünf Minuten fangen die Theaterproben an.» Fast immer übten wir Stücke aus Büchern und Filmen ein wie: Lawrence von Arabien, die Heiligen drei Könige, Josef von Ägypten und so fort. Das Bett meines Bruders diente als Bühne, und sämtliche Leintücher im Haus verwandelten sich – zu Mamas Unmut – in arabische Gewänder. Nach dem Nachtessen durften wir die Aufführungen jeweils vortragen. Meine Eltern hatten, wie im richtigen Theater, Eintrittsgeld zu bezahlen. Amüsiert bis hin und wieder genervt, sahen sie den Aufführungen zu, die jedesmal in einem Desaster endeten. Grund dafür war mein Bruder. Er konnte es einfach nicht bleiben lassen, immer wieder auf den Bettfedern an die Decke zu hüpfen. Bis er sich schliesslich in seiner Djalabija verfing und damit den ganzen Bühnenvorhang herunterriss.»

Khalid krümmte sich vor Lachen, bis wir einander eng umschlungen in den Armen lagen. Plötzlich spürte ich, wie seine Unwissenheit eine seltsam animalische Sinneslust in mir weckte. Ich genoss es aus tiefster Seele, noch einmal – vielleicht das letzte Mal – seine zärtlichen Küsse zu erwidern. Dabei fühlte ich mich wie die Spinne, reglos verharrend, bis das Opfer ins Netz geht.

Am folgenden Tag fuhr mich Khalid wie versprochen zu einem Hotel. Es war das Inter-Continental mit Blick auf den Dubai-Creek und die Dhaus. Khalid sagte noch beiläufig, beim nächsten Mal könnten wir für ein paar Tage nach Abu Dhabi zu Ibrahim und Aileen fahren. Es wäre nicht zwingend, fortan in unserem Appartement in Dubai zu bleiben.
«Wenn du wüsstest», dachte ich.

So verabschiedeten wir uns um elf Uhr morgens beim Hoteleingang. Khalid bezog am Bancomat noch ein paar Dirhams, drückte sie mir in die Hand und sagte: «In ungefähr zwei Stunden werde ich dich wieder auf der Dachterrasse abholen.»

Wer's glaubt ... Ich stellte mich auf einen langen Nachmittag ein. Erst schlenderte ich durch die Lobby, deckte mich mit Lesestoff ein und trat dann, wohlerzogen wie ich war, vor den

Concierge.

«Tut mir leid Madame, auf der Dachterrasse und am Pool sind nur Hotelgäste zugelassen.»

Weshalb konnte mich Khalid nicht bis hierher begleiten und sicherstellen, dass ich gut aufgehoben war? Ach, wie ich dieses Versteckspiel satt hatte.

Nun gut, es wäre das letzte Mal. Ich machte kehrt und wollte eben eine Telefonkabine aufsuchen, als mich ein Europäer in englischer Sprache anredete.

«Verzeihung, ich habe soeben ihr Problem mitgekriegt, Madam. Wenn Sie möchten, kann ich Sie gerne als meinen Gast ausgeben. Ich logiere hier im Hotel.»

Ich sah den Fremden abwägend an und fühlte mich peinlich berührt.

«Sie brauchen sich nicht zu sorgen», fuhr der Mann fort, «ich werde nicht am Pool sein. Ich habe ohnehin Geschäftliches zu erledigen.»

Ob ich mich wohl in Schwierigkeiten begab, wenn ich dem Angebot zustimmte? Ich schob den Gedanken rasch beiseite und antwortete: «Okay, ich nehme ihre Hilfe gerne an.»

Zusammen begaben wir uns in den Aufzug zur Dachterrasse. Damit sich der Fremde nichts Falsches erhoffte, erzählte ich umgehend, dass mich mein «Freund» in zwei Stunden hier abhole. Worauf mich der Engländer nicht minder freundlich behandelte. Bei der Badetuch- und Eingangskontrolle wies er sich mit dem Zimmerschlüssel aus, stellte mich als Gast vor und wünschte mir einen angenehmen Nachmittag. Damit war die Sache erledigt. «Welch ein Gentleman», dachte ich und liess mich beruhigt auf einem der zahlreichen leeren Liegestühle nieder.

So vergingen die Stunden. Mal sehnte ich den Moment herbei, wo ich Khalid überraschen wurde. Wo ich zusah, wie er dem Augenblick der Überraschung ohnmächtig gegenüberstand. Allein schon der Gedanke daran brachte meinen Puls vor Aufregung ins Rasen. Und, das Faszinierende daran war, dass nur ich davon wusste. Doch je mehr ich mich damit beschäftigte, desto trauriger stimmten mich die Bilder wiederum. Irgendwann glaubte ich, dass ich diesen Abgang nie und nimmer durchstehen würde.

Es war bereits halb vier Uhr Nachmittags, als ich zufällig den Retter aus meiner Not herannahen sah. Als sich unsere Blicke trafen, errötete ich.

«Ach, Sie sind immer noch da, Madam?»

«Ja, leider, mein Freund hat sich verspätet.»

«Na, das muss wohl am Ramadan liegen. Zumindest die Geschäfte wickeln sich äusserst schleppend ab. Man braucht grenzenlos Zeit, Geduld und starke Nerven.»

«Das kann ich mir lebhaft vorstellen», erwiderte ich.

Worauf sich der Engländer einige Meter entfernt niederliess. Doch nur für kurz. Bald packte er seine Habseligkeiten zusammen und ging zum Lunch. Etwas verschämt fragte er, ob er mich dazu einladen dürfe.

Ich überlegte. Das Angebot klang verlockend. Schliesslich entschied ich, dass dieses Unterfangen doch zu heikel war. Ich durfte Khalids Ehre nicht verletzen. Nicht hier in seinem Land. Und schon gar nicht am letzten Tag. Sonst würde er später einmal denken, dass ich eh keinen Pfifferling wert war. Nein, nein, das wollte ich nicht.

Schade zwar, dieser nette Mensch schien geradezu besorgt um mich. Aber so sind die Launen des Schicksals.

Eine Stunde später sass ich mit Khalid im Wagen auf der Heimfahrt. Gott und die Welt trugen Schuld, dass er mich nicht eher von dieser Hotelterrasse befreien konnte.

«Lass es gut sein, Khalid, es ist Ramadan», sagte ich gelassen.

Nichts, aber wirklich nichts, konnte mich mehr erschüttern.

«Wie geht es Nabil?», fragte ich schliesslich.

«Wir waren auf den Kamel-Trainingsplätzen und hatten wichtige Besprechungen. Nun ist er zusammen mit Ibrahim auf dem Weg nach Al Waha.»

«Ah, verstehe. Demnach wirst du den Männern später nachfolgen?»

«Ja, Habibti, nachdem ich dich auf den Flughafen gebracht

habe. Doch zuerst nehmen wir eine Dusche, fahren anschliessend ins Metropolitan zum Nachtessen und hinterher dann direkt zum Airport. Ach, übrigens, schöne Grüsse von Aileen, sie hat deine Gesellschaft vermisst.»

«Wirklich, – das freut mich zu hören.»

Ich würde ihr schreiben, ihr alles auf Briefpapier erklären. Arme Aileen. Nein. Ich meine, arme Verena. Wie würde ich ihre Freundschaft und alles hier vermissen.

«Nächstes Mal werdet ihr euch wiedersehen», sagte Khalid.

«Mhm.» Ich spürte einen Stich in der Brust.

«Hoffentlich bemerkt er mein Herzklopfen nicht», dachte ich.

Als Khalid kurz danach nichtsahnend unter der Dusche stand, machte ich mich ans Kofferpacken. Heroisch und ohne Furcht, entschlossen, der Schmach für ewig ein Ende zu setzen, nahm ich den Kampf mit mir auf. Wie aus heiterem Himmel tappte Khalid klatschnass im Badetuch daher. Er schüttelte seine wilde Mähne, an der das Wasser herunterperlte, und sagte: «Habibti, vergiss das Packen! Du kannst doch jetzt deine Sachen in Dubai lassen.»

Das hatte ich befürchtet. Die Katastrophe war nahe.

Entweder legte ich jetzt die Karten offen auf den Tisch, oder ich riss mich zusammen und täuschte ihn weiter bis zum bitteren Ende.

Während mein Gehirn alle möglichen Ausreden erwog, umarmte ich Khalid lachend und versuchte krampfhaft, Zeit zu gewinnen.

«Ach, Darling, bin ich dusslig», sagte ich, «lass mal sehen, ob es irgendwas gibt, was ich hierlassen könnte.»

Damit zufrieden verschwand er wieder im Bad. Ich schluckte. Die Situation gefiel mir gar nicht. Unaufrichtigkeiten und Täuschungen waren noch nie mein Ding gewesen. Doch der vielversprechende Plan, wie ich meinen Abgang bestimmte, die Furcht vor Tränen, vor einem Drama – all dies bewog mich, so zu handeln.

Nein, ich hätte es nicht ertragen. Wirklich nicht.

Gegen elf Uhr nachts glitt unser Pontiac lautlos durch die Wüste zum Flughafen. Die Gewissheit, was gleich passieren würde, bestärkte den ganzen Abend lang meinen Willen, äussere Ruhe zu bewahren.

Khalid war völlig ahnungslos. Die wenigen Kleider, die ich für Dubai eingepackt hatte, mussten dringend zur Reinigung mit in die Schweiz zurück. Doch Toilettenartikel, von denen konnte ich jede Menge hierlassen.

Als wir den Terminal betraten, zeichnete sich Unbehagen in Khalids Gesichtszügen ab. Vergeblich hatte er seit Stunden versucht, seinen Freund Zayed, den Militärpsychiater, zu erreichen. Der sollte uns nämlich, gewissermassen als Alibi, hierher begleiten. Wie demütigend.

Der Flug nach Zürich war ein Malaysia Airlines-Flug von Kuala Lumpur kommend. Nur wenige Passagiere aus Dubai stiegen der Maschine zu.

Während des Check-in blickte ich über die Schulter und sah mit Befremden, wie mein geliebter Khalid nervös auf und ab ging. Er spähte wie ein Falke auf der Lauer um sich. Etwas weh tat es schon.

«Nun gut, so sei es», dachte ich. «Diesmal werden wir uns auf ewig trennen. Ich brauche diese Herabwürdigung nicht länger zu ertragen.»

«This is your boarding card, we wish you a pleasant flight.»

Mein Gott, wie schnell plötzlich alles ging.

Wie würde ich diesen Ort vermissen.

Augenblicklich erfasste mich ein und dieselbe Wehmut wie damals in jener Nacht. Die Nacht, in der die Scheinwerfer der Landepiste von Sharjah immer näher kamen und ich keine Ahnung hatte, was mich da unten erwarten würde.

War ich dem Herzen Arabiens etwa so nahe gekommen, dass ich hilflos gefesselt war wie in einer unglücklichen Liebe? Ich musste wohl von allen guten Geistern verlassen sein!

Khalid und ich standen uns etwas unbeholfen in der gehassten Atmosphäre des Terminals, direkt vor der Sicherheitskontrolle, gegenüber. Umarmen durften wir uns ja nicht, so redeten wir eben Belanglosigkeiten. Schliesslich kam es zum Abschied.

«Also Darling, lass alle grüssen in Al Waha» (dies sagte ich jedesmal, auch wenn Khalid und ich wussten, dass es nur leere Worte waren), «und gib acht beim Fahren.»

«Ja, das werde ich. Grüsse mir deine Familie und einen ganz speziellen Gruss an deine liebe Mama, okay?»

«Okay.» Meine Stimme zitterte.

Ich holte tief Luft: «Bring es hinter dich, Verena.» Ich reichte ihm die Hand zum Abschied.

«Fahr gut, Khalid – und, es ist das letzte Mal, dass ich hier war.»

Ich hatte bereits zum Schritt angesetzt, als die letzten Worte sein verdutztes Herz erreichten: *«Diesmal trennen wir uns auf ewig.»*

Der uniformierte Beamte streckte sogleich die Hand aus, nahm meine Reisepapiere entgegen und Khalid stand da wie gelähmt, seine Augen fest auf mich gerichtet, und als ich die Kontrolle passiert hatte, stand er noch immer da. Paralysiert, erstarrt, vom Schicksal erschlagen – *«verzeih mir bitte, K.»*

Wie gerne wäre ich zurückgerannt.
Doch ich tat es nicht.
Und so ist es bis heute geblieben.

Kaum war ich zu Hause angekommen, läutete unser Telefon Sturm. Ich wusste, dass du es warst.
Doch ich antwortete nicht. Ich wollte deine Stimme nie wieder hören.
Und so ist es bis heute geblieben.

Nachwort

Zürich, 1997. Inzwischen sind sieben Jahre vergangen, seit ich von Scheich Khalid getrennt war und diese Geschichte niedergeschrieben habe.

Durch Aileen hatte ich später erfahren, dass die Hochzeitsvorbereitungen damals, im April 1990 – zur Zeit meines endgültigen Bruches – in vollem Gange waren. Obwohl Ibrahim und Aileen zu den geladenen Hochzeitsgästen zählten, hatten die beiden entschieden, nicht an der Feier teilzunehmen.

Kurz nach Ende des Golfkrieges 1991, begegnete ich Aileen noch einmal in Abu Dhabi. Unser Brief- und Telefonkontakt dauerte bis zu dem Zeitpunkt, wo sie erahnte, dass ich dieses Buch schreiben würde. «Schade, Aileen. Doch unsere guten Zeiten werden immer in meinem Herzen bleiben.»

Khalid war nach einem anfänglichen Sturm der Telefonanrufe für einige Jahre verstummt. Was auch gut war so. Fünf Jahre später, also 1995, kontaktierte er erstmals wieder meine Mutter. Seither meldet er jedes neugeborene Kind bei ihr an (letztmals, kurz vor Weihnachten 2004, war es das fünfte Kind), und will sich vergewissern, ob ich auch wirklich glücklich bin.

Ja, ich bin es.

Zwei Jahre nach meiner Trennung von Khalid, im August 1992, traf ich meinen zweiten und jetzigen Ehemann. Ein neues Aufblühen des Glücks in meinem Leben.

Und hoffentlich für ewig …

Aktuelle Ereignisse, Januar 2006

Scheich Khalids unerwartete Medienpräsenz löste einiges an Emotionen in mir aus. Nach sechzehn Jahren der Kontaktverweigerung konnte ich nicht anders, als Khalid zu seinem erreichten Erfolg zu gratulieren. Am 19. Januar 2006 schrieb ich in gerade mal einer E-Mail-Zeile:

Dear Khalid
I am so happy to see that you are in a good health and that you became
so great and successful – even here in Switzerland …
Lot's of regards from my family too.
Verena

Am 31. Januar 2006 kam die Antwort aus Dubai:

Dear Verena!
It was so great to get your e-mail even though it was a great surprise
for me. How are you? And how is your family? How are your mother,
Lilian and Dagi? I hope all of them are fine!!!
Listen Verena, I owe you something and I have to tell you this. Maybe
our life changed too much and we changed too much too but I must say
this to you, it may put a smile on your beautiful face or it may give you
some pain, I don't know. But I must say it. I say this because I owe it to
you and I don't want anything or think of something from you.
Listen! You are the first person I fall in love with but also the last person.
What I did in our relation was right but it was hard for all these years.
I have never had a feeling for any woman the same as my feelings for
you. Because I didn't love any woman before you and when we were
together in the start I didn't try to protect my feelings from you. So my
love to you was so open and free I let you go deep inside of my soul and
be part of my life. One time of my life you made me feel so bad and sad
and I could not understand that time why you did this to me … After

311

that I always protected myself not to fall in love with some one like I did with you and that's why I didn't love some one like I loved you. But when we meet each other again in Jebel Ali I was already mature and I could control my feelings but with you it was still hard. Till this moment and till now you are still my real, clean and pure love … my love for you changed almost everything in my life to the better. So thank you my love for the happiness and the sadness you gave to me and I am sorry if I acted stupid sometimes and hurting you. Don't think I say this because I want to see you or meet you or anything like that … No, it's just something I wanted you to know and its been inside of me and I have to say it to you. That's all I wanted.

I know you are married and you know I am married and we respect this … so now, even if you don't like to write to me I also respect this … I already told you what I wanted to tell you all these years, so if I die now, then I am a happy man.

Khalid

Worterklärungen

Abaya – langer, meist dunkler Mantel aus Wolle, manchmal mit Gold eingefasst.

Assuan – Oberägyptische Stadt, am Ostufer des Nils, berühmt durch ihren immensen Staudamm (erbaut 1898–1912).

Bakschisch – Almosen, Trinkgeld

Djalabija – weites arabisches Männergewand

Dhau – arabisches Zweimast-Holzschiff mit Trapezsegeln – Relikt aus der Vergangenheit. Heute, allerdings mit starken Motoren ausgerüstet, machen die Dhaus noch immer einen wesentlichen Teil des Handelsverkehrs im Golf aus.

Dirham – in der Währungsabkürzung AED = Arab Emirates Dirham.

Dschinn – Arabisches Geisterwesen

El Ashar Moschee – Zweitgrösste Moschee von Kairo mit fünf Minaretten, in der heute die bedeutendste Universität des Landes untergebracht ist.

Emirat – Emir heisst im Arabischen «Befehlshaber», es ist der Titel der arabischen Stammesführer. Ein Emirat ist das Herrschaftsgebiet eines Emirs.

Fellachen – Bezeichnung für die arme Schicht der ägyptischen Bauern, die ihre Töchter gerne als Dienstboten unterbringen.

Felukke – Segelboot mit zwei Masten und einem dreieckigen Segel, auf dem Nil.

Goldsouk Dubai – grösster Goldmarkt im mittleren Osten, der sich über mehrere überdachte Gassen erstreckt. Ein Markt, bei dem sich ein Laden an den anderen reiht und in denen Goldschmuck per Pfund oder Gramm verkauft wird.

Habibti – (arab.) weibl. Kosewort (auch für Kinder) Darling, Schatz.

Hamour – Einheimischer Meeres-Speisefisch

Harem – Gemeinschaft der Frauen und Kinder eines Muslim, die getrennt von den Männern für sich im Anwesen des Herren leben.

Imam – (arab. = Vorsteher) Vorbeter in der Moschee. Religiöses Oberhaupt, Ehrentitel für verdiente Gelehrte des Islams.

Incentive Reise – Gruppenreise, die eine Firma ihren Angestellten bietet, als Belohnung für geleistete Arbeit und Anreiz zu weiterer guter Arbeit.

Inshallah – «Wie Allah es will, so möge es geschehen» – Ausruf der gläubigen Muslime.

Kandora – Das Oberkleid von Männern und Frauen in der Golfregion.

Koran – höchstes heiliges Buch im Islam (7. Jh.): Sammlung der Offenbarungen Mohammeds, dem Propheten.

Kuwait – Ölstaat und Emirat am nordwestlichen Ende des Arabischen Golfs; errang 1961 die Unabhängigkeit und gilt als einer der reichsten Staaten der Welt.

Male – Hauptstadt der Inselrepublik Malediven im Indischen Ozean.

Marhaba – Ehrerbietiger Gruss: Seid hochwillkommen

Mashwi – Lammfleisch, in Zitronensaft mit Gewürzen mariniert

Mekka – Geburtsort Mohammeds, des Propheten, dem Begründer des Islam – Stadt in Saudiarabien und wichtigster Wallfahrtsort des Islam für Tausende von Pilgern jährlich.

Mezzeh – Vorspeisen, Appetizer.

Minarett – Turm der Moschee, von dem der Muezzin mit dem Ruf «Allahu Akhbar» die Gläubigen zum Gebet aufruft.

Monday-Teppich – Jeden Tag (im Wochenturnus) wurde ein anderer Teppich im Hotel ausgelegt.

Montechristo – Edle Zigarre entsprechenden Preises, benannt nach dem legendären Graf von Monte Christo, Held eines beliebten Romans.

Moschee – Islamisches Gotteshaus

Pharao – Bezeichnung für die Person des Königs im sog. Neuen Reich des alten Ägypten.

Piaster – Münzeinheit in Ägypten

Pyramiden – Grosse Bauwerke über den Grabstätten der Könige (Pharaonen), ca. 2500 v. Chr. gebaut ausschliesslich durch Muskelkraft von Tausenden von Sklaven; die berühmteste ist die Pyramide von Cheops in Gizeh.

Ramadan – Fastenmonat im Islam, die Zeit der Besinnung;

tagsüber darf weder gegessen noch getrunken werden, erst nach Sonnenuntergang.

Rub Al Khali – (= das leere Viertel), grösste Sandwüste der Erde, im Süden und Südosten der Arab. Halbinsel, etwa 700'000 Quadratkilometer gross.

Scheich – ursprünglich Oberhaupt eines Stammes; heute auch Sohn eines Scheichs, jeder angesehene Mann und seine Söhne; Geistlicher.

Scheicha – ursprünglich Tochter eines Scheichs; heute auch Frau eines Scheichs.

Sphinx – Grosses Alabaster–Monument in Memphis (15. Jh. v. Chr.): 20 m hoch und 73.5 m lang. Die Sphinx symbolisierte die höchste geistige und körperliche Kraft des Königs.

Strasse von Hormus – Meeresenge, die den Persischen Golf mit dem Arabischen Meer verbindet.

Suezkanal – Der 163 km lange Suezkanal verbindet das Mittelmeer mit dem Roten Meer. Er wurde 1858–1868 in Kooperation von Grossbritannien und Frankreich gebaut, unter der Leitung Ferdinand Lesseps. Erst 1956 erwarben die Ägypter die Kontrolle über den Suezkanal.

Suffra – Arabische Kopfbedeckung der Männer (weiss oder auch kariert).

Sushi – Japanisches Gericht aus rohem Fisch

Tag der Freiheit – Die Loslösung aus der britischen Kolonial-Vorherrschaft 1956, bewirkt durch Anwar Sadat. Interessante, hautnahe Schilderung dieses Vorgangs durch seine Frau, Jehan Sadat, in ihrer Autobiographie «A Woman of Egypt» (1987).

The Great Gatsby – Männliche Hauptfigur aus dem gleichnamigen Roman (1925) von Francis Scott Fitzgerald, die immer chic und tadellos gekleidet war, eine Art Manifestation des Amerikanischen Traums.

Tutanchamun – Grabschatz im Ägyptischen Museum Kairo. Es ist der vollständigste und kostbarste Grabfund, der je in Ägypten gemacht wurde. (1922 durch Howard Carter im «Tal der Könige» entdeckt.)

Vereinigte Arabische Emirate – Diese Staatengruppe erlangte 1971 ihre staatliche Unabhängigkeit (1968 bereits Förderation). Sie besteht aus den folgenden 7 Emiraten auf der Arabischen Halbinsel, entlang des Persischen Golfs und des Golfs von Oman: Abu Dhabi, Ajman, Dubai, Fujairah, Ras Al Khaimah, Sharjah, Umm Al Qaiwain. Die Hauptstadt ist Abu Dhabi, der Hauptwirtschaftszweig Erdöl. Die Erdöl-Förderung wurde 1958 begonnen und brachte den Emiraten schnell Reichtum.